Para Sumico Yamada Okada
e Eurico Ferreira de Souza,
com carinho...

Revisão: Sumico Yamada
Projeto gráfico e diagramação: Meco Simões
Foto capa: Gettyimages
Edição 2015/2016
8000 exemplares
ISBN 978-85-99039-72-4
Índices para catálogo sistemático:
1. Romances espíritas psicografados: Espiritismo

BARBARA EDITORA
Rua Primeiro de Janeiro, 396 - 81 - Vila Clementino
São Paulo - SP - CEP: 04044-060/ Tel.: (11) 26158082
(11) 992084999 - (11) 55815472
E-mail:barbaraeditora@outlook.com.br
americosimoes@outlook.com.br
americo.simoes@uol.com.br
Face: Américo Simões - livros
www.barbaraeditora.com.br

Todos os direitos reservados. Proibida a reprodução total ou parcial desta obra, por qualquer forma ou meio, seja ele mecânico ou eletrônico, fotocópias, gravação etc., tampouco apropriada ou estocada em sistema de bancos de dados, sem permissão expressa do editor (lei n° 5.988, de 14/12/73).

Cautela com o homem fera, pois ele é o peão do mau. Sozinho entre os primatas de Deus ele mata por esporte, cobiça ou ambição.
Sim, ele matará o seu irmão para possuir a terra dele.
Não o deixe ser ganancioso, pois ele deixará deserta a sua casa e a dele, pois na verdade é o mensageiro da morte...

Michael Wilson,
baseado no romance de Pierre Boulle "Planet of the apes".

Prólogo

Antes de a Pérsia conquistar os povos que lhe permitiram ter um dos maiores impérios da história da humanidade, a região que dominou era ocupada por reinos diversos, muitos deles aliados para se protegerem de ataques inimigos. Um desses reinos chamava-se Sarmad onde o rei Nizan reinava com os princípios da dignidade, do caráter e do respeito humano. Era bom para o seu povo e todos verdadeiramente o adoravam por sua generosidade e bondade.

Havia também, não muito longe dali, o reino de Kansbar onde o rei do local também exercia seu poder com os mesmos princípios de dignidade e respeito humano. Eram tempos em que a maioria dos povos acreditavam que o Universo era regido por deuses e não somente por um, como acreditamos na atualidade. Esses povos cultuavam mitos (mitologia) diferentes dos gregos e dos romanos que viemos a conhecer mais tarde, mas seus hábitos e objetivos de vida, bem como seus tormentos psíquicos não eram muito diferentes dos que temos hoje.

Ali também muitos viviam sob a ânsia pelo poder, os desvios de caráter, o ciúme, o ódio, a raiva, a inveja, o medo e as glórias e desalinhos da paixão, construindo dívidas e mais dívidas de amor que a vida não deixa de cobrar de todos um dia, mais tarde ou numa vida depois.

É nessa época e nesse lugar, precisamente no reino de Sarmad que começa a nossa história...

PRIMEIRA PARTE

E DO AMOR NASCEM OS FILHOS...

I

Uma forte tempestade desabava sobre a cidade de Sarmad, construída ao longo do tempo numa planície onde o Sol e a Lua pareciam derramar suas luzes como em nenhum outro lugar do planeta.

A rainha estava parada em frente a uma das enormes janelas do lindo palácio onde vivia com o rei. Seus olhos estavam voltados para o céu, examinando o temporal quando um leve e inesperado ruído fez com que ela se voltasse para trás e avistasse a figura do marido, parado sob o batente da porta em arco.

– Minha rainha, está tudo bem?

Ela procurou sorrir, antes de responder:

– Acordei com os trovões e raios e não consegui mais pegar no sono. Decidi vir para cá observar a tempestade. Algo que sempre apreciei desde menina.

– Que gosto diferente!

– Você acha? É que ela, de algum modo, faz com que eu me sinta mais viva.

O marido abraçou a esposa por detrás e murmurou:

– Pensei que fosse eu que a fizesse se sentir mais viva.

Ela voltou-se para ele e o beijou.

– Você também, meu querido.

Voltando os olhos para sua barriga de grávida, o rei a acariciou e perguntou:

– E o nosso bebezão, como vai?

– Dando seus primeiros chutes.

– Mesmo?!

O marido agachou-se e colocou o ouvido direito bem rente ao umbigo da esposa.

– Que loucura, não? – comentou. – Saber que viemos daqui. Que nascemos da barriga de nossa mãe.

– É um milagre da natureza, Nizan.

– Sem dúvida. A vida em si é um milagre da natureza.

– Só não entendo uma coisa, meu rei. Por que uns nascem bons e outros maus?

– Deve ser porque a vida é feita de opostos. Homem e mulher, luz e escuridão, alegria e tristeza, saúde e doença, amor e desamor...

– Pois penso que o mundo seria um lugar bem melhor se todos fossem bons.

– Concordo, mas infelizmente não é assim que acontece, minha rainha. E muitas vezes os de bom coração têm de se tornar maus para se protegerem dos maus.

Nisso, o marido sentiu o bebê se mexer no útero da esposa.

– Mexeu! O bebê se moveu! – exclamou, feliz.

– Eu disse, não disse, que ele vinha dando seus chutes?

O rei se levantou, abraçou a esposa e a beijou.

– Que maravilha! – exclamou novamente todo alegre. – Mal posso acreditar que dentro em breve o herdeiro do trono estará entre nós.

– Você acredita mesmo que será um menino?

– É que um rei sempre espera herdeiro, minha rainha, entende?

– Sim, eu sei...

– Mas se for uma menina, também será extremamente bem-vinda. Mas minha intuição diz que será um menino, não sei por que tenho tanta certeza.

– Se for um menino que nome daremos a ele?

– Que tal Harian? É um nome de que sempre gostei muito.

– O que você escolher, estará bom para mim, meu querido.

A tempestade estremeceu o aposento mais uma vez com seus trovões e raios. Dessa vez, porém, o rei Nizan e a rainha

Yazda, envoltos num beijo apaixonado não se deram conta do fato. Logo jaziam novamente sob a cama, entregues ao sono, viajando noutra dimensão.

II

Semanas depois, a rainha entrava em trabalho de parto num dia em que também caía dos céus uma forte e assustadora tempestade que alagou diversas regiões do reino, destruiu casas e mais casas com sua força e deixou muitos desabrigados.

Quando o rei avistou a parteira, saindo do quarto, toda vermelha e transpirando em profusão, quis logo saber:

— Hetty, o que houve? Onde está indo assim tão desesperada?

— Volto já, Vossa Majestade. Volto já! — respondeu a mulher muito estranhamente.

Nizan não contente com a resposta, agarrou a parteira pelo braço e mirando fundo seus olhos perguntou, quase num grito:

— Qual é o problema, Hetty?! Diga-me, vamos! Eu lhe ordeno!

— O bebê — gaguejou a mulher ainda mais tensa do que já estava — está virado, meu rei!

— Virado?! O que significa isso?

— Solte-me, Majestade, por favor. Se quiser que seu filho nasça, deixe-me tomar as devidas providências.

O bom senso, ainda que sufocado pelo desespero, fez com que Nizan atendesse ao pedido da pobre mulher que, ao se ver livre, correu em busca de uma espécie de fórceps usado na época.

— O que é isso? — indagou o rei, ao ver o instrumento na mão da parteira.

— Terei de usar isso para tirar a criança de dentro de sua esposa.

— Você vai matá-la com isso.

— Não, Majestade. Deixe-me tentar.

Outro raio iluminou o local seguido de outro trovão, assustando todos, especialmente Nizan que acabou aceitando o que a parteira sugeria, por não ver outra escolha.

– Vá e faça o seu melhor! – ordenou no ápice do desespero. – Mas não deixe que nada aconteça a minha esposa e ao bebê.

A parteira correu. Sabia que poderia machucar a vagina da rainha ao usar o instrumento, mas era a única forma de salvar a criança. Dito e feito, minutos depois, o bebê deixava o ventre da mãe para a luz da vida.

– É um menino! – anunciou ela, pouco antes de cortar o cordão umbilical da criança. – Um menino forte e sadio! Avisem ao rei!

Uma das aias correu até ele.

– Majestade! – exclamou, eufórica.

– Diga, mulher!

– Nasceu! A criança nasceu! E é um menino! Um menino forte e sadio!

O sorriso e a emoção tomaram conta do pai, bem no exato momento em que um novo trovão rompia os céus, estremecendo tudo, e um raio ensurdecedor estalava, assustando todos.

– Maldita tempestade – irritou-se Nizan. – Se não parar, vai destruir todo o reino.

E voltando-se para a aia, o rei perguntou:

– Posso ver meu filho, agora?

– Acredito que sim, Majestade.

– E quanto à rainha? Como ela está?

– Se recuperando, meu rei.

– Cuidem bem dela, que nada lhe aconteça, por favor!

Minutos depois, sorrindo e chorando ao mesmo tempo de emoção, Nizan tomava o filho nos braços.

– É de fato um menino forte e sadio. Os deuses sejam louvados!

Após admirar a criança por alguns minutos, quis saber:

– E quanto à rainha?

A parteira afrouxou a gola molhada de transpiração e respondeu, lépida:

– Ela está bem, Majestade, recuperando-se, sofreu muito para ter a criança. Nunca vi uma mãe sofrer tanto. Mas ela vai ficar boa. Em alguns dias estará novamente sadia.

– Assim espero.

O pai voltou a admirar o filho em seus braços e, ao perceber que a parteira parecia ansiosa para lhe dizer algo, ele lhe deu chances para falar:

– O que foi?

A mulher, um tanto sem graça, explicou:

– Com ajuda médica, futuramente, teremos de fazer uma pequena cirurgia na rainha...

– Cirurgia? Por quê? O que houve?

– O instrumento usado para tirar a criança, por mais cuidado que eu tivesse, feriu sua vagina... Será preciso costurar a parte que se rompeu. Eu sinto muito, Majestade.

– Façam o que tiver de ser feito para que a rainha volte a ser como antes.

– Assim será feito, Vossa Majestade.

Sem mais, a parteira pediu permissão para deixar o aposento.

III

Uma hora depois, Nizan encontrava-se finalmente diante da esposa que acabara de despertar do sono, induzido pelas ervas que tomara para que pudesse se restabelecer do parto. O rei estava visivelmente ansioso para lhe falar:

– Como está se sentindo, minha rainha?

– Ah, meu querido... sofri demais. Foi tão dolorido. Mas valeu todo o sacrifício, o herdeiro do trono nasceu para a glória de todos, não?

– Sim, minha querida. O herdeiro do trono nasceu. O príncipe...

– Ai... – gemeu ela.

– O que foi?

– Uma pontada.

– Vou chamar o médico.

Ela suspirou e respondeu:

– Já passou.

– Acalme-se.

Os olhos de ambos se prenderam um ao outro, ternos, até que ela desviasse o olhar para a janela e comentasse com desagrado:

– O tempo...

– Sim... O que tem o tempo, Yazda?

– Continua fechado... Despencando todo esse aguaceiro. Parece que nunca mais vai parar.

– Nenhuma tempestade é eterna, meu bem.

– Você tem razão... Nem mesmo as tempestades da alma! Ele sentou-se ao lado dela e a beijou na testa, demorado.

– Sinto-me mais tranquilo, em vê-la se recuperando, Yazda. Temi que...

– Se eu tivesse morrido para dar à luz ao herdeiro do trono de Sarmad, teria sido uma morte digna, meu rei.

– Teria sido para mim um preço caro demais para deixar meu substituto. Acho até que me revoltaria com os deuses. Eu a amo muito, Yazda, você sabe. Não suportaria viver sem você.

Novo raio. Novo trovão.

– E essa tempestade que não passa... – reclamou a rainha, lançando novamente um olhar de esguelha para a janela. – Até parece que os céus vão desabar...

– Relaxe, meu amor, logo, logo o tempo se firma como sempre se fez.

E depois de lhe dar um novo beijo, o rei pediu licença para a esposa para ir comemorar o nascimento do filho com seus súditos em meio a um grande banquete. Brindes e brindes foram feitos, votos e votos de sucesso e bem viver foram desejados ao recém-nascido.

IV

Foi quando Nizan voltava para a ala dos quartos do palácio, que ouviu, sem querer, uma das aias que assistira ao parto do filho recém-nascido, comentar com suas colegas de trabalho:

– O parto foi um desespero só. A rainha, pobrezinha, agonizava de dor, fazendo um esforço danado para a criança nascer, mas ela... ela parecia não querer.

– Ela?! Ela quem? – indagou uma das aias.

– A criança, o bebê.

– Ora, Sadira, desde quando uma criança tem consciência

para isso? Não diga tolices.

– Digo sim, todos que estavam lá, assessorando o parto, tiveram a mesma impressão de que a criança não queria nascer.

– Nunca ouvi uma besteira tão grande, Sadira.

– Pergunte à parteira e aos seus auxiliares, todos pensamos o mesmo, se não confirmarem o que eu digo, é porque não têm coragem.

Nizan suspirou, tenso. Por um minuto não quis ter ouvido o que ouviu. Em todo caso, aquilo lhe pareceu ser a mais pura verdade. Mas não podia ser, o menino não tinha poderes para decidir se nasceria ou não. Até onde sabia, ninguém tinha esse poder.

Ao retomar seus passos, Nizan sentiu vontade, ou, melhor dizendo, necessidade de rever o filho. Por isso encaminhou-se até seu quarto onde era assistido por aias dedicadas e experientes com recém-nascidos. A criança dormia em paz quando ele se aproximou de seu berço, olhando ternamente em sua direção.

Admirando o filho, Nizan lembrou-se do que ouvira há pouco. Se aquilo fosse mesmo verdade, por que haveria a criança de não querer nascer? Não, definitivamente, aquilo não fazia sentido. Como uma das aias dissera: "Nunca ouvi besteira tão grande!".

Foi somente quando Nizan estava prestes a adormecer que algo lhe ocorreu em relação a toda dificuldade em torno do nascimento do pequeno Harian. Não fora a criança quem criara dificuldades para nascer, foram os deuses, que tentavam impedir uma pobre criança de vir ao mundo, mas a hipótese também não tinha o menor cabimento, por que haveriam eles de querer fazer isso a uma criança inocente?

Nem bem se perguntou e a resposta chegou até ele na velocidade de um raio: para evitar o mal, um mal futuro!

O Rei estremeceu tal como os céus que não cessavam de derramar aquela chuva que parecia interminável.

– Isso é loucura... – murmurou para si mesmo com desagrado. – Uma sandice!

E sentiu, de repente, vontade de rir histericamente daquilo

que para ele não passou de um delírio. Algo provocado pelos brindes intermináveis que fez junto aos súditos em nome do nascimento do pequeno Harian, o herdeiro do trono do reino de Sarmad.

E lá fora, os trovões continuavam retumbantes e os raios, iluminando sinistramente os céus.

V

Nos dias que seguiram, o pequeno Harian adoeceu gravemente e nenhum dos médicos, por mais que se esforçassem, conseguia diagnosticar sua enfermidade. Mesmo com todos os sacerdotes, orando por sua melhora, para que os deuses o protegessem de todo o mal, o pequenino parecia cada vez mais perto da morte.

Foi quando o menino estava literalmente ficando roxo que o rei tomou-o nos braços e correu para o templo sagrado dentro do palácio em busca dos sacerdotes.

– Rápido, por favor! – gritou ele, assim que ali chegou. – Abençoem o meu filho! Ele está morrendo! Não quero que morra sem receber uma bênção nessa hora.

Os sacerdotes imediatamente tomaram as devidas providências e um dos presentes no local, jura que foram as lágrimas do pai, que por estar curvado sobre a criança, que ao caírem sobre o rostinho do pequenino, despertaram-no, reconduzindo-o à vida, desviando-o da morte.

Ali, onde as lágrimas do pai tocaram a face do menino, ficou para sempre uma pequena mancha, como sinal para marcar o poder do amor de um pai em relação a um filho. Ou algo mais que só se tomou consciência muitos anos depois.

VI

Um ano depois, num dia lindo de céu azul intenso, a rainha dava à luz a Yasmine, a filha do casal, por meio de um parto tranquilo em que a mãe não chegou a sentir dor alguma além do suportável.

– Uma menina – murmurou o rei, saboreando cada silaba. – Que bênção... Nossa filha também nos fará muito feliz, Yazda, minha rainha.

– Sim, meu rei! É para isso que nascem os filhos, para trazerem alegria à vida dos pais... Que sentido teria a concepção e o nascimento deles se não fosse por esse propósito?

– Yasmine... – murmurou Nizan com grande satisfação. – É um nome tão lindo quanto ela.

– Sim! Um nome lindo para uma menina linda. De alma linda!

E o céu permaneceu lindamente azul para a alegria de todos, por muitos dias.

VII

Desde os últimos relatos, haviam se passado sete anos. Com isso, Harian já estava com 8 anos de idade e Yasmine com 7. Eram duas crianças de aparência muito semelhante, tal como se fossem gêmeos univitelinos.

Enquanto Nizan exercia brilhantemente suas funções de rei, Yazda se dedicava aos filhos, procurando lhes ensinar bons modos, respeito e dignidade. Harian não suportava muito ficar sob a guarda da mãe. Assim que podia, fugia para os fundos do palácio, um lugar verdejante, com lindas palmeiras, onde se entretinha, caçando esquilos ou fazendo outras travessuras.

Por muitas vezes, Yazda o observava de longe, pela janela do quarto da filha, enquanto a menina brincava com suas bonecas. Assim pôde ver o dia em que Harian persuadiu um esquilo a comer um pedaço de pão e, quando o bichinho finalmente se aproximou, ele o agarrou tão rápido quanto um raio e torceu-lhe o pescoço como se fosse o de uma galinha.

Yazda levou as mãos à boca para conter o grito de horror e rapidamente pediu a aia que ficasse com a filha. Correu, então, desembestada, pelo corredor, descendo a seguir a grande escadaria que levava até o local onde o filho se encontrava. Pegou firme em seus ombros e perguntou:

– Por que matou o bichinho, Harian?

O menino, assustado com a chegada repentina da mãe, pareceu que jamais lhe daria uma resposta. Yazda, chacoalhando a criança, insistiu na pergunta:

– Por que matou o animalzinho, Harian? Diga-me, vamos!

O menino finalmente atendeu ao seu pedido, falando, melodramaticamente:

– Porque ele tentou me morder, mamãe.

A resposta da criança deixou Yazda ainda mais assustada do que vira há pouco.

– Ele ia me morder, mamãe... – repetiu o garoto com voz chorosa.

Ela não esperava por aquela resposta, subitamente rompeu-se num choro agonizante e envolveu a criança em seus braços.

– Desculpe-me, filho. Desculpe-me por ter pensado mal de você.

Yazda culpou-se pelo resto do dia, por ter feito mau julgamento do filho adorado. É lógico que ele só fizera aquilo para se defender. Jamais por prazer. Onde estava ela com a cabeça para pensar isso de uma criança inocente?

VIII

Quando o marido a encontrou no quarto naquela noite, estranhando o seu abatimento, perguntou-lhe:

– Você não me parece bem esta a noite, Yazda, o que houve?

– Você realmente me conhece muito bem, Nizan – respondeu ela, voltando seus olhos lacrimejantes para ele.

– O que a perturba? Diga, abra-se comigo.

– Julguei mal o nosso filho esta tarde.

– Harian?

– Sim.

E ela relatou ao marido o que se passara naquele dia.

– Harian agiu certo, Yazda – argumentou Nizan, depois do que ouviu. – É bom que aprenda desde cedo a se defender. Este mundo é repleto de maldades, quanto mais cedo ele aprender a se proteger, melhor!

Ele abraçou a esposa e cochichou ao seu ouvido.

– Agora, acalme-se, por favor.

Assim, Yazda relaxou.

Outros acontecimentos estranhos continuaram acontecendo dentro e fora do palácio, fatos que não chegaram ao conhecimento do rei e da rainha.

13

IX

Ao atingir seus 10 anos, Harian estava cada vez mais inteirado com as obrigações de um príncipe/rei.

– Quer dizer, papai, que um rei é mais do que tudo e mais do que todos? – perguntou o garoto ao pai que se mostrava sempre disposto a lhe ensinar tudo devidamente.

– Sim, filho. Você foi escolhido pelos deuses para me substituir e se foi, é porque eles sentem muito orgulho de sua pessoa.

– Orgulho?

– Sim! Eles o consideram especial, Harian.

– Especial...

– Sim, Harian. Especial. Um ser divino!

– Quer dizer que as outras crianças não são tão especiais quanto eu, certo? Se fossem, teriam sido escolhidas pelos deuses, não é verdade?

– Sim, Harian. Por outro lado, ser um escolhido dos deuses, nascer para se tornar um rei, como você nasceu, é algo de extrema responsabilidade. Pois o reino ao qual pertence estará totalmente em suas mãos, e você deve defendê-lo com bom senso e justiça. Em troca você terá uma vida abastada nesse palácio maravilhoso, com todos lhe servindo, com todos o respeitando.

Harian refletiu por um instante e perguntou:

– E Yasmine, ela terá as mesmas responsabilidades que eu?

– Não, filho.

– Mas terá as mesmas regalias que eu, não?

– Por ser sua irmã, sim, certamente que sim. Não todas, mas a maioria.

– Sei...

Desde então, Harian passou a prestar mais atenção às atitudes do pai como rei diante de tudo e todos a sua volta. O pai podia tudo, todos se curvavam diante da sua presença, todos respeitavam suas ordens, todos pareciam adorá-lo como a um dos deuses. E ele seria o seu substituto, receberia as mesmas glórias e os mesmos mimos quando ocupasse o trono. E poderia também mandar e desmandar em todos, como o pai fazia. Na verdade, ele já podia mandar e desmandar em todos que o mimavam e o paparicavam constantemente, ainda que fosse apenas um príncipe criança.

Durante as aulas com seu preceptor, Harian aprendeu:
– Nada é mais importante do que ser rei neste mundo, Harian. Só os grandes serão respeitados e lembrados. Nascer príncipe e tornar-se rei é uma raridade no mundo em que vivemos, por isso, o príncipe, futuro rei, deve honrar o destino que os deuses lhe concederam.

Os olhinhos de Harian moviam-se cada vez mais impressionados com o poder que se encontrava em suas mãos.

– Se meu pai e eu fomos escolhidos pelos deuses, quer dizer que temos poder para mover céus e terras como fazem os deuses, não?

– Não, Harian, o poder de um rei não chega a tanto.

– Como não?

– Um rei é um semideus. Só terá grande poder quando se juntar aos deuses no Além da vida.

O desapontamento era visível nos olhos da criança que depois de breve reflexão, disse:

– Se fui um escolhido dos deuses, então também tenho poderes para mover céus e terras. Os reis que já existiram talvez não tenham sabido disso por nunca terem refletido a respeito. Mas eu penso que um rei é bem mais poderoso do que julga ser e eu vou provar isso a todos.

E desde então, Harian passou a querer invocar tempestades, especialmente quando soube que seu nascimento foi cercado por várias durante longos dias. Para surpresa e espanto de todos, o garoto começou a ter êxito nas suas invocações e logo ganhou o apelido de Príncipe das Tempestades.

XI

Enquanto Harian se inteirava, com grande interesse, dos poderes que teria, ao se tornar rei, algo muito estranho começou a acontecer com os pássaros engaiolados, espalhados por diversos pontos do palácio. Dia após dia, muitos apareciam mortos e ninguém sabia o que estava por trás de suas mortes repentinas.

Considerou-se a hipótese de que eles estavam sucumbindo a uma praga qualquer e temeu-se até que a praga atingisse os moradores do Palácio e se alastrasse pelo Reino. Mas foi Yazda quem descobriu a causa *mortis* dos emplumados e preferiu, depois, jamais ter descoberto.

Certa noite, por ter dificuldades para dormir, ela deixou seus aposentos para dar uma volta e, assim, relaxar. Foi quando avistou o filho, saindo do quarto e o seguiu na calada da noite. Sob o luar intenso da madrugada, ela pôde vê-lo, chegando a uma das gaiolas dos pássaros e estrangulando um deles, sem dó nem piedade, como se fosse a coisa mais natural do mundo.

Yazda sentiu um sopro no coração, ao notar a facilidade e a frieza com que o menino fizera aquilo. Fechou os olhos na esperança de apagar o que viu, mas foi em vão. A cena permanecia ali, cravada e latejante em sua memória.

Ela sempre suspeitou que o filho estivesse por trás da morte das aves, mas por ser mãe, preferiu ignorar o que sua intuição lhe dizia. Era triste, muito triste descobrir que o menino tão amado sentia prazer em matar. Era preciso falar com ele a respeito e o quanto antes. Faria no dia seguinte, sem falta.

Ela voltava para o quarto quando se lembrou do garoto, matando o esquilo. Só agora percebia que ele havia mentido e com a cara mais deslavada do mundo para acobertar seu ato. Ele de fato havia matado o bichinho e o mais assustador foi sua lábia para ocultar o que fizera à criaturazinha. A descoberta a deixou arrepiada e estarrecida, a ponto de precisar parar, apoiar-se contra a parede e respirar fundo.

Ela sabia que um homem deveria ser muitas vezes impiedoso para se defender das maldades alheias, para proteger seu reinado dos inimigos, mas Harian era uma criança, não fazia aquilo por proteção e, sim, por prazer, prazer de fazer o mal, isso é que a assustava tanto.

— O que foi, minha rainha? — estranhou Dedi, a aia com quem Yazda tinha mais afinidade.

— Nada, não, Dedi.

— Algo a preocupa, eu sinto... O que é?

— É Harian.

– O jovem príncipe, o que tem ele, Majestade?

– Foi algo que ele fez, pela segunda vez e que me deixou preocupada.

– Seja o que for, foi certamente coisa de menino, minha rainha. Não se aborreça com isso.

– Minha mãe sempre dizia que uma mãe conhece o filho bem mais do que ele a si próprio. A mãe dela dizia-lhe o mesmo. Acho que é algo que passou de geração para geração e, bem, eu sei que estou certa quando digo que Harian tem instinto assassino.

– Majestade, não diga isso!

– Digo sim, Dedi. Eu o vi primeiramente, atraindo um esquilo para em seguida torcer-lhe o pescoço. Depois foram os pássaros e quando eu o questiono a respeito, ele se faz de vítima da situação.

– Quer dizer que é o jovem príncipe quem está por trás das mortes repentinas e estranhas dos emplumados?

– Sim, Dedi! E eu lhe pergunto: por que haveria uma criança de destroncar a cabeça dos pássaros na calada da noite e fingir que não foi ela?

A mulher não soube o que responder.

– É duro para uma mãe, perceber que seu filho tem instinto assassino, mas eu tenho de ser franca, pelo menos comigo mesma.

– Harian é ainda muito menino para transparecer sua real personalidade, Majestade. Com o tempo aprenderá a ser e ter mais responsabilidade para com tudo.

– É, talvez você esteja certa. É precipitação da minha parte me preocupar com ele nessa idade. Que juízo pode ter uma criança, não é mesmo?

XII

Nos dias que se seguiram, Yazda tentava apagar da memória o que viu o filho fazer, mas, por mais que tentasse, não conseguia. Certa tarde, trancou-se na sala de oração do palácio e se pôs a orar:

– Como pode? – indagou ela aos deuses. – Uma criança com instinto assassino ter nascido de dentro do meu ventre?

Digam-me, o que fiz eu para merecer tamanho desgosto? O que devo fazer para mudar a índole dessa criança, torná-la um ser humano de brio? É muito importante que isso aconteça, afinal, ele será o novo rei.

Yazda estava tão concentrada em seu pedido, que não percebeu a chegada do filho. Somente ao virar-se, para deixar o local, é que ela avistou o menino, olhando fixamente para ela com seus olhinhos vivos e brilhantes.

– Harian! – exclamou Yazda, arrepiando-se toda. – Você me assustou!

O menino manteve-se quieto.

– Há quanto tempo está aí parado me observando? Quem permitiu que entrasse aqui? Não importa. Venha até aqui, meu filho. Quero muito falar com você.

Assim que o menino se achegou, ela o voltou para o altar e pediu:

– Prometa aos deuses que será um bom menino.

Diante da quietude do garoto, a mãe insistiu:

– Prometa!

Visto que a criança parecia ou se fazia de surda ao seu comando, Yazda começou a chacoalhá-la, gritando:

– Prometa, Harian! Prometa!

Diante dos gritos histéricos da rainha, uma aia entrou correndo no templo. Ao vê-la, Yazda foi severa:

– Não se intrometa, Dedi. Deixe-me a sós com meu filho!

Mas os berros da rainha também foram ouvidos pelo Rei que imediatamente correu para lá e ao ver a esposa, fora de si, chacoalhando o filho, foi em seu auxílio, libertando o menino de suas mãos e o confortando em seus braços.

– Calma, meu garoto. Está tudo bem. Sua mãe ficou um pouco nervosa, só isso. Não se preocupe. Nada de mal irá lhe acontecer. Eu tomo conta de você de agora em diante, Harian. Sou seu pai, o pai que tanto o ama.

Enquanto Yazda rompia-se num choro convulsivo, Nizan levou o pequeno Harian para fora do santuário e só mais tarde foi interrogar a esposa a respeito do que acontecera.

– O que houve com você, Yazda? Nunca a vi antes, descontrolada assim. Está perdendo o juízo, por acaso?

Ela queria muito responder mas não conseguia.

– Não me decepcione, Yazda – continuou Nizan seriamente. – Não me decepcione, por favor. Se eu pegá-la outra vez, fazendo o que acabou de fazer com o nosso filho, nem sei do que sou capaz. Tudo o que fizer, farei em nome do nosso reino, para protegê-lo, pois Harian, você sabe bem, é quem vai governá-lo assim que os deuses me levarem para junto deles.

Ele já se retirava do aposento quando ela finalmente tentou se explicar:

– Nizan, espere.

Ele travou os passos e voltou-se para ela, estudando atentamente sua face. Levou quase um minuto até que ela conseguisse dizer:

– Agi como agi com Harian, porque, bem, eu o vi, fazendo algo que me deixou muito preocupada.

– O quê?

– Algo vil.

– Ora, minha esposa, Harian é apenas um menino. Não tem consciência do que faz. Nenhuma criança tem. Por isso precisam de preceptores, para que possam aprender o que é certo e errado ao longo da vida.

– Mas... – Yazda calou-se, ao perceber que de nada adiantaria contar a ele sobre o que viu o filho fazendo, pois ele encararia os atos do menino como normais.

E sem mais, Nizan deixou o local, pisando duro e respirando acelerado. Desde então, a relação do casal ficou estremecida e Yazda se culpava por ter agido daquela forma.

XIII

Dias depois, após Yazda brincar com a filha no seu terraço favorito do palácio, a menina foi levada para tomar banho, acompanhada de um séquito de aias. Foi então que Harian surgiu no local em surdina, pegando novamente a mãe desprevenida.

– Harian! – assustou-se ela, consideravelmente.

O menino olhou bem para a sua face e disse, estudando atentamente seus olhos:

– A senhora não gosta de mim, não é mesmo?

A pergunta deixou Yazda sem palavras, enquanto Harian parecia ter um monte delas.

– Eu sei por que – continuou ele, parecendo um adulto.

– É porque a senhora gosta mais de Yasmine do que de mim, não é?

Yazda finalmente se defendeu:

– Não, Harian, você está enganado.

– É verdade, eu sei!

– Não é verdade. Não, mesmo! – enervou-se Yazda mais uma vez.

– É porque eu a fiz sofrer quando nasci, não é?

– Quem lhe disse isso?

– Não importa! É por isso que prefere Yasmine a mim, não é mesmo?

– Não, Harian, não mesmo! Só quero que seja um menino bom.

– Prometa-me que será!

– Um bom menino? Está bem, se é isso que a senhora quer...

– Não sou eu quem quero, Harian. São os deuses.

– Está bem, eu prometo!

– Ser um bom... – ajudou a mãe.

– Menino – completou ele sem tirar os olhos dela por um segundo sequer.

Yazda agachou-se diante do filho e disse com ternura:

– Você me deixa muito orgulhosa, Harian. Muito mesmo!

Ela o abraçou forte e completou ao seu ouvido:

– Você é um garoto e tanto.

Ela não viu, não tinha como ver a expressão diabólica que se estampou na face do garoto. Foi como se uma chama tivesse sido acesa no fundo de seus olhos, reflexo de uma alma em chamas.

Minutos depois, Yazda desabafava com Dedi:

– Dedi, diga-me com sinceridade. Você acha que eu trato Yasmine melhor do que trato Harian? Se faço, faço sem querer. Não percebo. Pelo menos até hoje nunca percebi. Será mesmo que uma mãe é capaz de preterir um filho ao outro?

– Não, minha rainha. Não creio...

– Harian acredita que sim. Será que estou dando mais atenção a minha filha do que a ele depois que...

– Depois...

Yazda calou-se. Naquele instante decidiu nunca mais falar mal do garoto.

– Nada não, Dedi. Preciso ir ao banheiro agora. Desculpe a minha pressa.

Disposta a mudar o menino com muito amor, paciência e dedicação, Yazda passou a se dedicar mais ao filho. Foi então que algo novamente surpreendente aconteceu entre os dois. Certo dia, enquanto os dois andavam de mãos dadas por entre os jardins que havia ao redor do palácio, Harian, assim que avistou o pai, soltou-se da mão da mãe e correu na sua direção.

O rei, ao avistar o filho, sorriu e abriu os braços para poder acolhê-lo em um abraço apertado e afetuoso. Mas quando Harian se aproximou, a expressão de pavor que havia em seu rosto assustou o rei.

– O que foi, Harian? Aconteceu alguma coisa?

O menino começou a chorar desesperadamente e se agarrou ao pai como se dependesse dele para a sua sobrevivência. Os lábios e o queixo dele tremiam e os olhos pareciam que iam saltar as órbitas.

– O que foi, meu filho? Diga-me! – ordenou Nizan, elevando a voz.

Foi preciso apenas um gesto do menino para que o pai compreendesse a razão de seu desespero. Ele apontou a mãe que vinha na direção dos dois.

– Yazda, o que você fez a ele? – questionou Nizan assim que ela se aproximou.

– Fiz?! Não fiz nada, Nizan. Do que está falando?

– Como explica então o estado de desespero desta criança?!

– Estávamos passeando pelo jardim quando ele, subitamente, soltou-se da minha mão e correu na sua direção.

– Yazda, você fez, sim, alguma coisa contra ele e não

21

quer me contar.

– Nizan, você está duvidando da minha palavra?

– Estou!

– Você acha que uma mãe seria capaz de fazer algo para machucar um filho?!

– Uma mãe desequilibrada, sim! E você tem andado um bocado estranha em relação a Harian nos últimos tempos. Estou começando a achar que...

– Não me ofenda, Nizan. Por favor!

– Não quero mais vê-la só na companhia do menino. Faço isso pelo bem dele e pelo seu próprio bem.

– Nizan...

Mas o marido não a ouviu, seguiu para longe, levando o garoto consigo, deixando Yazda estupefata mais uma vez com o que o filho acabara de fazer. Só então notou que o menino há tempos vinha pondo o marido contra ela. O amor de Nizan por ela já não era mais o mesmo, extinguia-se conforme o garoto crescia.

Só agora ela percebia também que não era ela quem odiava Harian e, sim, ele quem a odiava e, aparentemente, sem motivo algum. Diante da constatação, ela estremeceu da cabeça aos pés.

Desde então, a relação do casal se agravou ainda mais nos meses que se seguiram. E quando Yazda encarava Harian, perguntava-se se o que via transparecer em seus olhos era real ou imaginação. O menino parecia olhar com prazer por vê-la sofrer, como vinha sofrendo por causa do desprezo do marido. Ela ainda mal podia acreditar que um filho fosse capaz de fazer tal maldade a uma mãe, àquela que o gerou em seu ventre abençoado e o pariu.

XIV

Visto que Harian aos 11 anos de idade já se portava como um adulto, Nizan decidiu levá-lo consigo numa de suas viagens a outros reinos orientais. Harian se empolgou tremendamente, afinal, nunca tirara os pés do palácio, tampouco do reino; o passeio seria para ele uma grande aventura, o que de fato foi.

Foi na viagem que Nizan encontrou Eleazar, o mais famoso e respeitado vidente da época. Com grande orgulho, o rei apresentou o filho ao homem.

– Oh, grande Eleazar, este é meu filho Harian, o herdeiro do trono de Sarmad.

– É um prazer conhecê-lo, jovem príncipe – exclamou Eleazar, fazendo-lhe uma reverência. E foi quando o vidente tocou os ombros do menino que teve um súbito e mau pressentimento. O sorriso desapareceu de sua face e diante de sua reação, Nizan enviesou o cenho e perguntou:

– O que houve? Algum pressentimento mau?

O homem procurou disfarçar, dizendo, com um sorriso forjado:

– A personalidade do garoto, é bem forte... Extremamente forte, eu diria.

– Sim, sim – respondeu Nizan, sorrindo, orgulhoso do garoto. – Harian tem realmente uma personalidade marcante. Algo de que muito me orgulho. Até parece um homem em corpo de criança.

– Ou um lobo em pele de cordeiro – completou Eleazar e, ao perceber que havia sido rude, desculpou-se rapidamente: – Perdoe-me pela comparação. Não foi nada elegante da minha parte.

Nizan assentiu e Eleazar voltou novamente a se concentrar no jovem príncipe, pegou seus ombros com suas duas mãos fortes, fechou seus olhos grandes e se deixou levar pelo dom da vidência.

– O jovem tem mesmo uma personalidade muito forte e é capaz de tudo pelo poder – falou quase dois minutos depois. – Todavia...

Nizan empertigou-se diante da palavra:

– Diga logo, Eleazar, o que é. Não me mantenha em suspense, por favor!

O homem de voz de tenor, limpou a garganta e falou finalmente sem floreios:

– Ele será subjugado por uma mulher.

Tanto os olhos de Nizan quanto os de Harian se abriram de espanto.

– Uma mulher?! Tem certeza?

O vidente afirmou que sim com a cabeça.

– Quem será ela, Eleazar?

Novamente, após limpar a garganta, o homem respondeu com seu vozeirão:

– Isso, só o tempo poderá nos revelar.

Seu tom amedrontou o rei que imediatamente pousou a mão direita no ombro do filho, como se quisesse protegê-lo daquela triste e inesperada previsão.

Somente quando pai e filho ficaram a sós, Harian perguntou:

– O que é o destino, papai?

– O destino, meu filho, é o que os deuses traçaram para nós antes mesmo de nascermos.

– Com assim? Explique-se melhor.

– Você é ainda muito menino para compreender, meu bom Harian.

– Não sou, não, papai. O senhor é quem pensa.

– Você sempre fala como um adulto, Harian.

– Diga-me, papai. O que é o destino?

– É o rumo que terá a vida de uma pessoa de acordo com suas atitudes. Acredita-se, então, que só os deuses podem intervir nesse resultado e daí, o porquê das orações e oferendas a eles.

O menino fez ar de compreensão.

– Esse tal de Eleazar, papai...

– Sim, Harian, o que tem ele?

– O senhor disse que ele é um vidente, certo?

– Isso mesmo. Muito conceituado, por sinal. Chamado por muitos povos para fazer uso do seu dom.

– O vidente pelo que entendi é alguém que pode prever o futuro das pessoas, é certo?

– Sim, Harian.

– Como isso é possível?

– É um dom. Os deuses abençoam alguns com esse dom e Eleazar foi um deles. Há outros com certeza, mas nenhum tão famoso quanto Eleazar.

– Entendo.

O menino ficou pensativo mais uma vez.

– E os videntes nunca erram? Digo, fazem uma previsão errada?

– Alguns, sim. Eleazar, não, por isso é considerado o melhor, tudo o que prevê sempre acontece.

– Pelo menos até então – observou o menino, pensativo.

– Sim, pelo menos. Por que tanto interesse nisso, Harian?

– Porque ele previu que eu serei subjugado por uma mulher no futuro, não é isso?

Nizan surpreendeu-se mais uma vez com o filho, jamais pensou que ele haveria de dar importância àquilo, tampouco registrando em sua memória uma palavra que não pertencia ao seu vocabulário usual.

– Sim, ele disse... Mas não se preocupe com isso agora, Harian. Os deuses o protegerão de todo mal, pois farão de você um rei.

Naquela noite, assim que o pai adormeceu, Harian deixou a tenda com muito cuidado para que Nizan não despertasse e correu tal e qual uma lebre afoita, até o local onde Eleazar estava hospedado. Sua chegada inesperada não surpreendeu o vidente, foi como se ele já esperasse por sua vinda.

– Harian... – murmurou o homem com sua voz de tenor.

O garoto, lançando-lhe um olhar de desdém, falou com deboche e petulância:

– Você foi sempre certeiro em suas previsões, não é mesmo?

Eleazar assentiu, admirado com a audácia do menino.

– Pois bem, você previu que eu serei subjugado por uma mulher, certo?

Eleazar novamente concordou com um leve aceno de cabeça.

– Pois bem, isso não acontecerá comigo!

– Não?!... – O tom de Eleazar também soou irônico.

– Não! – afirmou o príncipe com uma certeza de impressionar.

O homem riu e disse:

— Ninguém desvia o destino, meu bom rapaz.

Harian empinou o rosto, estufou o peito e respondeu:

— Eu farei.

O vidente riu novamente e Harian continuou a desafiá-lo:

— Ria agora, chore depois quando eu provar a todos que o grande Eleazar errou feio numa de suas previsões. E saiba que todos irão saber, porque farei todos saberem. E eu serei não só conhecido como aquele que desviou o destino, mas aquele que também derrotou o grande Eleazar.

O homem tornou-se sério a seguir.

— Não brinque com o destino, meu bom Harian.

O menino peitou ainda mais o vidente:

— Não vou brincar, vou derrotá-lo!

— O destino pertence aos deuses, Harian. Não provoque a ira dos deuses.

Um sorrisinho matreiro escapou pelo canto dos lábios do garoto.

— Eu não temo os deuses porque serei um rei e um rei é um deus encarnado.

— Cuidado, príncipe Harian. Um deus terreno nunca se compara a um deus dos céus.

— Você jamais vai se esquecer de mim. Nem você nem todos!

E novamente Eleazar sentiu arrepiar-se diante de uma visão do futuro. Um reino mergulhado nas trevas, um povo sofrido, oprimido e humilhado. E sentiu vontade de fazer um alerta ao Rei, mas ele poderia se revoltar contra ele. Como todo pai, seria capaz de defender o filho até as últimas circunstâncias. Sendo assim, Eleazar decidiu alertar o jovem príncipe:

— Mas você pode mudar seu destino, Harian. Para isso existem as previsões, para nos precaver e mudar o futuro. Torne-se bom, siga o exemplo de seu pai que é um rei justo, amado e querido por seu povo e você terá um futuro tão brilhante quanto o dele.

— Eu vou ser o que eu tiver de ser porque nada pode me deter.

– Ouça o meu conselho, jovem príncipe. Ouça-o enquanto é tempo!

– Pois eu continuarei a ser quem sou e ainda derrotarei você, o destino e todos mais que se opuserem a mim. Você verá! O que mais desejo é que se mantenha vivo para presenciar a minha vitória.

E Eleazar não soube mais o que dizer. Só desejou que o Rei pudesse ver o verdadeiro espírito do jovem príncipe, além da aparência forjada de inocente e frágil que ele tanto se esforçava em aparentar. Talvez, assim, ele pudesse salvar seu reino de um futuro obscuro e oprimido. E novamente ele se lembrou da mulher que subjugaria Harian no futuro e quis muito saber quem era ela, algo que infelizmente não pôde alcançar com seu dom. Mas fosse quem fosse, que existisse de fato, para que salvasse um povo das garras de um líder inconsequente e maldoso como previu que Harian seria.

XV

Por entre tempestades, terremotos e furacões, o tempo seguiu seu curso... Nesse período, Harian intensificou sua relação com a irmã, sendo-lhe sempre gentil e demonstrando grande interesse por tudo o que ela fazia.

Até com a mãe ele mudou seu comportamento, a ponto de fazê-la crer que tudo que pensou e se preocupou a seu respeito não passara de maldades de uma criança sem juízo.

Nesse período, Harian também fez amigos, brincava, demonstrando grande alegria por estar sempre cercado de garotos da sua idade. Era querido por todo reino, não havia lugar algum por onde passasse, que não fosse aclamado e reverenciado. Todos depositavam em suas mãos o futuro do reino, afinal, um dia ele substituiria o pai, e, certamente, reinaria com a mesma elegância e caráter de Nizan.

Assim Harian chegou aos seus quinze anos e Yasmine aos seus catorze.

Numa tarde de primavera, Nizan deu à filha seu primeiro traje de adulta – uma túnica escarlate do mais fino linho egípcio, presa nos ombros com broches, e uma estola violeta transparente.

– Poucas podem usar essas cores em conjunto, minha querida – disse ele com orgulho. – Por isso se sinta honrada com a combinação.

Encantada com sua sorte, Yasmine correu para fora do quarto. Queria mais do que tudo mostrar às pessoas que agora ela era adulta. Por onde passava, não havia quem não se voltasse para ela, sorrindo, acenando e cobrindo-a de elogios. Agora ela era mulher, uma mulher de verdade e se sentia maravilhada, ao ver-se admirada pelos moços, do mais bonito ao mais feio. Lágrimas de orgulho e satisfação lhe vinham aos olhos.

Quando Harian a viu vestida daquele jeito e transbordando de felicidade, suas sobrancelhas sedosas se juntaram.

– Você gostou, Harian? – perguntou-lhe, girando de um lado para o outro.

Ele, exibindo seus dentes brilhantes, respondeu com fingida alegria:

– Yasmine, você está muito bonita. Bonita e elegante.

– Obrigada.

Ela deu-lhe um beijo carinhoso na bochecha, deixando-o todo avermelhado e, assim que se foi, Harian voltou a pensar em Eleazar.

"O jovem tem mesmo uma personalidade muito forte e é capaz de tudo pelo poder. Todavia será subjugado por uma mulher. Quem será ela? Só o tempo poderá nos revelar."

Emergindo de seus pensamentos, o príncipe, rubro, comentou consigo mesmo:

– Uma mulher... Uma mulher como Yasmine está se tornando. Só pode ser ela a tal que o vidente falou e, por isso, eu tenho de dar um jeito nela o quanto antes. Não só para me proteger, mas também para derrotar o destino e o vidente ao mesmo tempo.

XVI

Dias depois, Harian convidou a irmã para uma volta pelos lindos campos verdejantes próximo ao palácio. Diante do lago, onde ninguém podia observá-los, o jovem príncipe arrancou a roupa e se jogou na água. Refestelando-se ali, sob os olhos encantadores de Yasmine, disse:

– A água está uma delícia, geladinha que só vendo. Venha!

– Eu não sei nadar, Harian.

– Eu sei, sua boba. Por isso estou me prontificando a ajudá-la. Além do mais, se você não se arriscar, nunca irá aprender.

"Isso é verdade", pensou a jovem princesa.

– Larga de manha e pule, vamos! – ordenou o jovem, parecendo muito entusiasmado.

– Não sei se devo. Mamãe pode não gostar.

– Yasmine, como você é medrosa... Que vergonha, a irmã do futuro rei ser uma patife como você. Não me envergonhe, pule nessa água e deixe que eu a guio.

– Está bem.

A menina despiu-se, apertou o nariz e pulou.

Tchibum!

Assim que submergiu, exclamou:

– Você mentiu, Harian! A água está pelando.

– Só podia estar sua boba, sob um sol forte como este...

– Não deveria ter mentido.

– Se eu não tivesse mentido, você não teria pulado.

A garota se viu obrigada a concordar novamente com o irmão.

– Agora venha, mais para o fundo – sugeriu o adolescente, esticando a mão direita na sua direção.

– Eu tenho medo.

– Quantas vezes eu vou ter de dizer que eu a amparo nos meus braços se preciso for?

– Está bem...

– Vem.

– Dê-me sua mão.

Ela esticou a mão, mas por mais que ela tentasse alcançá-la, não conseguia. Parecia estar se distanciando.

– Você está se distanciando de mim, seu chato.

Um riso matreiro arreganhou os dentes do jovem. Um riso que a assustou, consideravelmente.

– Sabe de uma coisa, minha querida irmã? – disse ele a

seguir.

– Não foi só uma mentira que lhe contei...

Ele riu, sinistramente e num repente submergiu na água. Yasmine ficou imediatamente em pânico.

– Harian, não brinque comigo! Cadê você?! Volte aqui! Por favor!

O desespero começou a deixar a garota em pânico. Logo ela se debatia na água como fazem os que estão prestes a se afogar. Em dado momento achou que sentia o fundo do rio e quando tentou tocá-lo, afundou para o seu total desespero. Foi a pressão da água que a levou de volta para a superfície. De tanto bater os braços, começou a engolir água, enchendo seus pulmões. Três verões antes, um tornozelo quebrado impediu-a de aprender a nadar com as outras crianças. Nesse momento amaldiçoou sua sorte.

Bracejando freneticamente, ora flutuando até a superfície, ora afundando de novo, Yasmine debatia-se em desvario à procura de algo a que pudesse se apegar para flutuar, mas não havia nada senão água e mais água. O pavor se apoderou dela enquanto fazia força para prender a respiração. Tornou a subir à superfície, mas só para engolir mais água. Seus pulmões pareciam prestes a explodir; ela lutava contra o desejo de abrir a boca. Já não conseguia prender o fôlego. Ia morrer.

Por que, Harian? Por que Harian fizera aquilo? Arquejou e inalou mais água.

– Harian! – gritava ela, com a voz começando a falhar. – Harian!

Nisso ela viu o irmão, submergindo da água e subindo às margens do lago. O desespero se agravou. Ainda mais quando ele riu alto e sarcástico e acenou para ela como quem dá um adeus. Era o fim de Yasmine...

Minutos antes do que se passava às margens do lago, um mau pressentimento com a filha fez com que Yazda sentisse uma súbita falta de ar e, mesmo arquejando, deixasse seus aposentos em busca da garota.

– Yasmine! – chamava ela. – Yasmine!

Diante de seu desespero, as aias também começaram a

procurar pela princesa.

– Yasmine... – repetia Yazda com lágrimas ao vento. – É tarde demais!

Um dor forte invadiu seu peito então.

Enquanto isso, no lago, Yasmine dava suas últimas braçadas porque já não lhe restavam mais forças. Foi então que Gilvan, um jovem camponês, que assistira a tudo de longe, pulou no lago para salvá-la.

Nizan, que também vira tudo o que aconteceu a distância, também quis salvar a filha, mas morreria afogado com ela, uma vez que também não sabia nadar.

Gilvan nadou até a jovem, segurou-a devidamente e pediu com doçura:

– Acalme-se, princesa. Estou aqui para salvá-la. Confie em mim.

Ela continuou se debatendo enquanto ele a segurava firme e nadava para a margem do rio. Com grande esforço conseguiu fazê-la sair da água sob os olhos atentos do rei que assistia a tudo com muita atenção e comoção. Yasmine arquejava e cuspia água. Restara agora somente uma dor esmagadora em seu peito, quase insuportável.

Cuspindo, com a barriga doendo e o corpo envergado, Yasmine era de dar pena.

Gilvan saiu do lago a seguir e, voltando-se para o rei, fez-lhe uma reverência e disse:

– Majestade, eu só... – tentou se explicar, mas a falta de ar pelo feito há pouco o impediu.

– Você será recompensado à altura por ter salvado a minha filha.

– Fiz o que fiz com muito gosto, Majestade. Servi-lo, para mim, não é uma ordem e sim, um dever. Não precisa...

O rapaz foi interrompido pelo grito que Yasmine deu, ao cair novamente em si.

– Oh, papai...

A mocinha se agarrou ao pai com voracidade e começou a chorar. Nizan a confortou em um abraço afetuoso.

– Calma, minha princesa... Está tudo bem agora.

31

E ele quis muito acreditar no que dizia.

XVII

Ao ver Yasmine, chegando ao palácio, enlaçada ao pai, Yazda correu até a filha e a abraçou forte, chorando por sobre seu ombro.

– Filha, está tudo bem? Tive um mau pressentimento com você, minha querida.

Deixando a jovem com a mãe, o rei partiu em busca do filho.

– Onde está o príncipe? – perguntou a um serviçal que não soube lhe dar uma resposta precisa.

Sem delongas, o rei partiu atrás do rapaz, vindo a encontrá-lo no melhor ponto do palácio para admirar o pôr do sol. Harian parecia distante, tinha um sorriso maldoso, pairando nos lábios e demorou a perceber a aproximação do pai.

– Harian – chamou Nizan.

O jovem voltou-se para ele com ares de um homem que acaba de ser despertado de um sonho. Em meio a uma corrente de pensamentos destoantes, desencadeados pela visão do filho, deixando a irmã morrer afogada, Nizan esqueceu-se temporariamente do que ia dizer.

– Papai... O senhor está bem? Aconteceu alguma coisa?

A cor assomou-se ao rosto de Nizan que mesmo com grande dificuldade, falou:

– Eu estava lá, Harian.

– Lá? Lá onde, papai?

– Às margens do lago onde...

O pranto repentino impediu Nizan de completar a frase.

– O senhor não me parece nada bem.

– Não estou mesmo, Harian. Não, depois de ter visto você tentar matar sua irmã há pouco.

– Tentar?!...

– Tentar, sim! Só que ela não morreu, Harian.

O rosto do jovem príncipe minguou.

– O quê?

– É isso mesmo o que você ouviu, Harian! Yasmine não morreu! Foi salva a tempo por um jovem camponês e, pelo semblante seu, percebo que você está decepcionado. Muito decepcionado.

Fingindo não ter ouvido uma palavra sequer, o rapazinho se defendeu:

– Eu não quis matá-la, papai. O senhor me compreendeu mal.

– Você quis matá-la, sim! Eu vi com meus próprios olhos!

Harian suspirou e disse:

– Fiz o que fiz para a boboca da Yasmine largar de ser besta, fraca e medrosa. Para que aprenda a se virar quando a vida encurralá-la contra a parede feito um crocodilo encurrala um homem na região pantanosa do Nilo.

Nizan não esperava por aquela resposta e se impressionou ainda mais com a afirmativa seguinte:

– No último momento eu voltaria para salvá-la. Fiquei de olho nela, e ao ver o camponês pulando na água, voltei para o palácio. Sabia que ele a salvaria.

– Você não estava lá, Harian! Está mentindo! Eu vi quando se afastou.

– Ora, papai...

O pai agarrou firme o braço do filho e foi austero mais uma vez:

– Você mente, mente deslavadamente.

Pela primeira vez o menino olhou assustado para o pai que disse:

– Por que se tornou o que se tornou, se só recebeu amor desde que soubemos que sua mãe estava grávida de você? Se é amado por nós e por todo o povo?

O garoto não respondeu, apenas se manteve encarando o pai com um olhar desafiador, em total silêncio, parecendo sequer respirar.

– Só agora percebo que sua mãe estava certa quando me contou que havia percebido que você era mau.

– Mamãe é uma tonta.

Nizan agarrou o rosto do filho, na altura do queijo e falou enfurecido:

– Não fale assim de sua mãe, sem ela você não estaria

aqui!

– Eu não pedi para nascer! Vocês é que quiseram ter filhos.

Nizan soltou o garoto e enxugou o rosto com o dorso do braço.

– Você é mesmo mau... Por quê? De onde vem essa maldade?

Harian fez ar de mofa.

– Eu sou o que sou e ninguém vai me fazer mudar.

– Eu vou! Nem que seja por meio de surras.

Harian, rindo, debochado, retrucou:

– Veremos!

– Não me desafie, Harian.

– Você depende de mim, rei. Você e todo o reino.

– Os deuses se enganaram redondamente em tê-lo feito herdeiro do trono.

– É meio tarde para reclamar, não acha?

XVIII

Naquela noite, quando Nizan finalmente se viu a sós com a esposa, desabafou, choroso:

–Yazda, você estava certa o tempo todo a respeito de nosso filho. Ele é realmente mau. Despudoradamente mau e imoral.

– O quê?!

– É isso mesmo o que você ouviu.

E a seguir lhe contou tudo o que se passara no lago naquela tarde.

– Que horror...

– Sim, Yazda, foi mesmo um horror. E eu só me pergunto: como pode? Como pode um jovem desses ter nascido de mim e de você? Nós dois somos bons e justos. O que fizemos de errado para que os deuses tenham nos enviado um filho como este? O que o nosso povo fez de errado para que seu futuro rei seja uma pessoa de índole tão vergonhosa quanto a de Harian?

– Eu não sei, Nizan. Já fiz as mesmas perguntas aos deuses e não obtive resposta.

– Eu fui injusto com você, minha esposa. Muito injusto. Será que é capaz de perdoar a este homem tão iludido e ignorante?

– É lógico que sou, Nizan. Eu o amo. Nada do que fez contra mim fez com que eu deixasse de amá-lo.

Nizan silenciou-se por um momento, causando ainda mais pena na esposa, ao perceber seu desespero, seu martírio, seu vendaval interior.

– Não se aflija mais, Nizan, por favor.

– Como não me afligir, Mazda?

– É inevitável que Harian se torne o novo rei do Egito após a minha morte.

– Sem dúvida.

– Você faz ideia do que acontecerá a este reino se ficar nas mãos de um ser humano como ele? Nem quero pensar...

– Não se preocupe com isso agora, Nizan. Você é ainda muito moço para morrer.

– Ninguém vive para sempre, Yazda. Dia mais, dia menos, eu hei de partir para junto dos deuses e Harian ocupará o trono.

– Não se martirize com isso, por favor.

– Deveria ter sido Yasmine a herdeira do trono. Ela, sim, seria perfeita para liderar nosso povo com dignidade e respeito.

– Mas não foi assim que aconteceu, Nizan.

– Infelizmente. Ainda assim, penso que o reino estaria melhor em suas mãos. De qualquer modo, terá de ser ela a rainha se Harian, por acaso, vier a morrer.

Yazda arrepiou-se inteira.

– Nizan, você não seria capaz de...

– Não, é lógico que não, Yazda! Por mais que nosso filho seja de má índole, o papel de um pai e de uma mãe é protegê-lo de todo mal.

Yazda assentiu porque sabia que aquilo era a maior verdade do mundo.

XIX

Quando Yasmine reencontrou o irmão no dia seguinte, Harian enfrentou seu olhar severo sobre ele, transparecendo o mesmo sarcasmo de antes.

35

– Você quis me matar, Harian? Foi isso? – indagou a jovem com voz embargada.

– Se tivesse aprendido a nadar não teria corrido perigo – respondeu ele secamente.

– Como pôde ter sido capaz de uma maldade dessas? Sou sua irmã. Sangue do seu sangue!

– Você é uma boba, Yasmine. Boba e fútil.

– Você pensa que é muito superior às pessoas, não é, Harian? Mas um dia os deuses lhe mostrarão que não é.

– Quando esse dia chegar, Yasmine, você já estará morta há muito tempo. Porque os deuses não vão permitir que uma tonta como você continue vivendo por muitos anos, ainda mais ao lado de alguém tão magnífico como eu.

– Os deuses devem sentir muita vergonha da sua pessoa, Harian. Muita vergonha.

– Com o tempo você irá perceber de quem realmente os deuses sentem vergonha, Yasmine. Os deuses abominam os fracos, abominam os medíocres, os inúteis como você!

XX

Nesse mesmo dia, Gilvan foi chamado ao palácio e Nizan falou a sós com ele.

– Você salvou minha filha. Por isso sou-lhe muito grato.

O jovenzinho fez nova reverência. Quando partiu, Harian cruzou com ele sem deixar de avaliá-lo com um olhar de superioridade e repugnância ao mesmo tempo. Quando pai e filho se reencontraram, Harian desafiou Nizan mais uma vez:

– Papai – chamou o príncipe com a mesma naturalidade de sempre, como se nada houvesse ocorrido.

Nizan voltou-se para o rapaz com grande dificuldade.

– Olá, papai – continuou Harian sem se importar com seu estado. – Noite bonita esta, não?

– Não seja cínico, Harian. Não suporto cinismo.

– Você me disse hoje que sou mau, não disse? Suas palavras foram "Você é mau... Por que você é tão mau? De onde vem tamanha maldade?".

Nizan nada respondeu, permaneceu encarando o garoto e sua audácia.

36

– Pois você é tão mau quanto eu, meu pai.

Aquilo foi demais para Nizan.

– Nunca! – revidou, furioso.

– É, sim. Quer ver só...

Harian deu um passo à frente e, aprofundando o olhar sobre o pai, falou com toda frieza:

– Aposto que passou pela sua cabeça que seria melhor me ver morto do que rei, não foi? Eu morto para Yasmine ocupar o trono no meu lugar.

Nizan perdeu o chão. Seu rosto desmoronou como um castelo de areia, ao ser atingido por uma onda.

– Você é tão cruel quanto eu, papai – prosseguiu Harian, determinado. – Você desejou e deseja a minha morte.

– Não me provoque, Harian.

– Vamos, meu pai, assuma!

Nizan perdeu de vez a paciência:

– Assumo! É isso que você quer ouvir, pois então ouça: seria melhor mesmo vê-lo morto!

O garoto riu.

– Está vendo? Eu disse: você é tão mau quanto eu! E se você quer saber até onde vai sua maldade, eu o ajudarei. A única diferença entre mim e as pessoas que se mostram boazinhas é que elas mascaram sua perversidade. Eu não, eu exponho, abertamente!

Sem mais, o jovem e audacioso príncipe partiu, deixando Nizan transtornado.

Minutos depois, ele resumia o pequeno diálogo para a esposa. Ao término, disse:

– Harian está certo, Yazda. Se eu não tivesse o mal dentro de mim, como ele, eu jamais teria pensado na sua morte.

Yazda, após breve reflexão, respondeu:

– Ainda que tenhamos o mal dentro de nós, somos capazes de subjugá-lo. Somos capazes de não deixar que nos domine.

– É verdade...

– Isso nos difere de Harian e de qualquer outro que se deixa ser dominado pelo mal.

37

O marido abraçou a esposa e murmurou:

– Sim, Yazda, é verdade. Isso nos faz superiores de alguma forma. Só me pergunto por que os deuses não permitem que somente os bons vivam?

– Não sei, Nizan. Só sei que cabe a nós impedir que o mal domine e destrua todos que são de bem.

– Sim.

Houve uma breve pausa até Nizan dizer:

– Mas Harian pode mudar, Yazda... Pode sim, se lhe dermos uma chance para provar que mudou.

A rainha sentiu seu peito se incendiar de esperança.

– Vamos lhe dar essa chance. Mais uma!

– Sim!

A esperança do casal não durou mais do que alguns dias. O jovem Gilvan foi encontrado morto, boiando sobre o lago onde ele próprio havia salvado Yasmine da morte, por afogamento. Segundo os médicos, ele morrera atingido por um dos raios da tempestade que caíra subitamente na noite do dia anterior. Ninguém conseguiu explicar, porém, o que o rapaz fazia às margens do lago em meio a uma tempestade àquela hora da madrugada.

XXI

Nizan ficou arrasado, ao receber a notícia, tanto que chegou a sentir falta de ar. A esposa e a filha juntaram-se a ele, na esperança de consolá-lo, o que lhes pareceu impossível. Foi então que ele desabafou:

– Harian, ele não pode assumir o trono, Yazda. Não pode!

– Mas ele é o herdeiro.

– Eu sei, mas o povo precisa saber quem é Harian na alma e o perigo que ele significa para todos. Ainda que seja uma tremenda vergonha para mim revelar a espécie de filho que tive.

Yasmine opinou:

– Eles não acreditarão, papai. Como o senhor não acreditou em mamãe quando ela tentou preveni-lo. Eles pensarão que o senhor perdeu o juízo, por causa de sua idade. O próprio Harian com sua lábia fará o povo acreditar nisso.

– Você tem razão, Yasmine. Toda razão. Ainda assim nós temos de afastar Harian do trono e, consequentemente, do poder.

O silêncio caiu pesado a seguir. Durou por quase dez minutos, envolto de tristeza e mal-estar. Foi então que Nizan teve uma ideia.

– Filha, só você pode nos ajudar.

As palavras do pai surpreenderam e assustaram Yasmine.

– Aonde o senhor quer chegar, papai?

– Filha... Você e seu irmão são tão parecidos um com o outro que parecem gêmeos. Só na altura é que são diferentes.

Yasmine engoliu em seco.

– E daí?

Yazda alarmou-se tal e qual a filha.

– Sim, Nizan, e daí?

– E daí que se você for capaz de cortar seus cabelos bem curtos...

– Curtos?! – exclamou Yasmine, pasma. – Meus cabelos são o que mais gosto em mim, papai.

– Será por uma causa nobre, Yasmine. Muito nobre. Tenho a certeza de que os deuses a recompensarão por isso.

Mãe e filha se entreolharam novamente e Nizan explicou:

– Eu quero que você ocupe o lugar do seu irmão, passando-se por ele quando eu morrer.

A jovem arrepiou-se toda.

– O senhor enlouqueceu?

– Não, filha, essa troca, essa farsa é o único modo de salvarmos o nosso reino do caos. Você terá de se tornar Harian.

– E quanto a Harian, o que farão com ele?

– O levaremos para longe, para um lugar onde ele possa viver sem pôr ninguém em risco. Até que ele prove ter se tornado um ser digno de ocupar um trono, liderar um reino.

– Ele será aprisionado como um animal selvagem?

– Sim, filha. Por ele ser tal e qual um. Pelo menos por hora.

– Mas se eu ocupar o lugar de Harian e ele for para longe

daqui, o que dirão a meu respeito? Como vão explicar o meu desaparecimento?

— Encontraremos uma desculpa. Os deuses nos ajudarão a encontrá-la. Só resta saber se você aceita tomar parte neste plano para salvar o nosso povo.

Ele tomou ar e acrescentou em tom de desabafo:

— Será uma vergonha para mim, mesmo depois de morto, saber que deixei meu povo nas mãos de rei cruel. Uma vergonha também saber que nasceu de mim tal criatura.

Houve uma pausa até a jovem dizer:

— Mas o senhor ainda é muito saudável, papai. Levará ainda muitos anos para morrer.

— Não sabemos, Yasmine. Pode ser daqui a muito tempo, pode ser amanhã, pode ser daqui a pouco. Mas se me der a certeza agora de que pode me ajudar neste plano para salvar e proteger o nosso reino, poderei gozar novamente de certa tranquilidade.

Houve um silêncio prolongado até ela dizer:

— Está bem, papai. Se é pelo bem de todos, farei o que me pede.

O rei, sorrindo de ponta a ponta, segurou firme os ombros da jovem e lhe agradeceu, emocionado:

— Obrigado, filha. Muito obrigado.

XXII

O próximo passo de Nizan foi mandar levar o filho para longe como castigo por seus atos indevidos, na esperança de que ele pudesse mudar sua índole e assim ocupar o trono que lhe era de direito. Para isso, escolheu seus homens de maior confiança. Ao ser encurralado em seu quarto, acordado abruptamente pela chegada repentina dos enviados do pai, Harian riu, com ares de vitória, explodindo nos olhos.

— Não vou reagir, papai... Se pensou que eu faria, enganou-se redondamente.

E visto que Nizan nada lhe diria porque doía fundo em sua alma ter de chegar àquele ponto, Harian concluiu seus pensamentos entre um riso e outro:

— Um pai aprisionando um filho como um animal selvagem.

Quer prova mais concreta de que o senhor é tão mau quanto me julga ser?

Nizan engoliu em seco, deu um passo à frente e mirando fundo os olhos do filho, com os seus lacrimejantes, respondeu, decidido:

– Faço isso pelo bem de um povo, Harian, pelo bem do meu povo. E peço aos deuses que iluminem o seu coração. Que façam de você um homem do bem, de caráter e digno de ocupar o trono para liderar um reino.

O príncipe tornou a rir, cínico e audacioso:

– Você é capaz de tudo, papai! Capaz de tudo assim como eu! Tudo o que está fazendo, revela nitidamente que é tão perverso e sórdido quanto me julga ser.

Nizan tentou responder à altura, mas a voz falhou. O filho, então, soltou novamente a voz em meio a um risinho sórdido e matreiro:

– Nossa história não termina aqui, papai. O senhor pensa que me venceu, mas sou eu quem vai triunfar no final. O senhor me verá! Não daqui logicamente, mas lá do reino dos mortos, pois o desgosto pelo que está me fazendo, agravará sua doença em poucos dias. Na podridão dos mortos, você me verá, sendo um vencedor no final de tudo.

– Você há de mudar sua índole, Harian – desafiou Nizan, querendo muito acreditar no que dizia. – Se não pelo amor, pela dor!

– Não conte com isso, papai. A dor não muda ninguém e o amor não existe!

Assim que o levaram, o sacerdote que Nizan mais podia confiar, aproximou-se dele e disse:

– Majestade... O senhor acha mesmo que deve?

Nizan voltou-se para o homem, derramando-se em lágrimas.

– Sou o rei, não sou? Ninguém sabe tanto quanto um o que é melhor para todos, não é o que dizem as escrituras?

De cima do mural, Nizan assistiu à carruagem, levando o filho para o local que acreditava ser o ideal para transformá-lo num homem de caráter e bondade.

41

XXIII

Ao se ver aprisionado e só, Harian gritou com toda força que dispunha. Caiu ao chão de joelhos e esmurrou o solo. Espumava de raiva e de ódio.

– Vão todos me pagar caro! Muito caro! Eu vou destruir um por um!

Recordou-se então das palavras do vidente Eleazar e disse:

– Estou sendo subjugado pelo meu próprio pai, seu vidente otário! Não por uma mulher! A mulher que pensei ser Yasmine e, por isso, quis vê-la morta o quanto antes.

Ele deu um novo grito de raiva e trovejou:

– Eleazar, você não passa de um farsante e eu vou provar isso a todos! Desmoralizá-lo perante todos os reinos do oriente, nem que seja a última coisa que eu faça na vida! Eu vou destruir você, destruí-lo da mesma forma cruel que farei com meus pais, minha irmã e todo aquele que se opuser a minha grandeza!

XXIV

Não levou mais do que alguns dias para que o rei adoecesse inexplicavelmente. Foi como se a praga lançada por Harian o houvesse atingido em cheio. Diante das circunstâncias, Nazin decidiu pôr seu plano em ação, para que morresse em paz caso acontecesse de uma hora para outra.

Na manhã do dia seguinte, ao raiar do sol, Yasmine, vestida num branco diáfano, com andar ereto e nobre, caminhou até o cômodo onde uma cabeleireira aguardava por ela. Assim que chegou, a mulher fez sinal para que ela se sentasse para que começasse o seu trabalho. Pousou então as mãos em seus sedosos cabelos pretos e quando estava prestes a começar, Yasmine disse:

– Espere!

Ela tentava esconder de si mesma o impacto e a dor que aquilo estava lhe causando, mas não era forte o suficiente. Quando se encarou novamente no espelho, seu rosto estava totalmente riscado de lágrimas e foi assim que ela assistiu sua cabeleira sendo cortada, cacho por cacho, lentamente.

Chorou ainda mais, ao perceber que uma vez ocupando

o lugar do irmão, jamais poderia voltar a ter os cabelos longos e bonitos dos quais sempre teve muito orgulho.

O rosto da mãe tinha a mesma expressão de tristeza da filha, seus olhos brilhavam de tristeza e amargura. Quando a última mecha de cabelo caiu, a jovem de rosto iluminado e espírito entusiasmado pela vida, a qual todos haviam conhecido durante a vida inteira, desapareceu diante dos olhos dos presentes.

Com a vestimenta certa e o rosto despido de pintura ela se assemelhava quase cem por cento ao irmão. Os olhos do rei brilharam de contentamento, ao ver que seu plano estava dando certo.

– Ficou perfeito, filha! Perfeito! – exclamou Nizan com certa euforia.

Ela tentou sorrir, mas ao invés disso, chorou.

– Não, minha querida. Não chore, por favor, eu lhe peço. Se chorar, sentir-me-ei muito mal.

– Não é sua culpa, papai. São as circunstâncias.

– Pense no reino, minha querida... No que significa seu sacrifício para todos!

– É a isso que me apego a todo instante, papai.

Precisamos lembrar que nessa época não havia fotos ou retratos de rosto das pessoas, pintados com precisão para perceberem a troca dos irmãos. Poucos também tinham acesso ao rei. Sabia-se que ele existia, mas vê-lo de perto, era privilégio de poucos. Mesmo os que o viam, por timidez, submissão e respeito evitavam olhar diretamente para ele o que ajudaria no plano audacioso de deixar Yasmine no lugar de Harian.

Para todos que perguntassem da princesa, seria dada uma desculpa convincente e quando fosse realmente exigida sua presença na frente de todos, dar-se-ia um jeito de vestir-lhe uma peruca.

Seu pai, cada vez mais trêmulo pela doença, segurou a mão da filha e a conduziu até o trono.

– Este será o seu lugar, Yasmine – disse, emocionado. – Depois da minha morte, até a sua.

E os olhos da jovem se abriram um pouco mais diante da responsabilidade depositada em suas mãos. E voltando-se para seus súditos de confiança, Nizan pronunciou algumas palavras e em segundos foram todos para o templo orar.

Naquela noite, quando o rei e a rainha se recolheram em seu aposento, Yazda tentou reanimar o marido:

– Seu plano está dando certo, Nizan. Agora você pode ficar mais tranquilo e assim recuperar sua saúde por completo. Penso mesmo que adoeceu de preocupação.

Ao ver seus olhos vermelhos e lacrimejantes, Yazda assustou-se:

– O que foi? Por que chora?

– Yazda... – respondeu ele com grande dificuldade. – Eu cometi um tremendo equívoco.

– Do que está falando, Nizan?

– Nossa querida Yasmine... Ao fazê-la se passar por Harian, eu a condenei a uma vida solitária e infeliz.

– Não o estou entendendo.

– Ao ter de se passar por um homem, ela não poderá se casar. E toda mulher se apaixona um dia e quer se casar e ter filhos. Ela não poderá engravidar.

– Deverá haver um jeito de salvá-la de um destino assim, Nizan!

– Quando ela perceber o que eu fiz, vai me odiar, Yazda. Vai me odiar eternamente.

– Não pense assim, Nizan. Não pense!

O marido se agarrou forte à esposa e chorou profundamente. Nos dias que se seguiram, a decepção com o filho e com o que fez à filha só serviu para piorar ainda mais sua saúde.

Quando os médicos perceberam que não havia mais nada a ser feito para ajudar o rei, chamaram a rainha e o falso príncipe para vê-lo. Yasmine e Yazda aguardaram os sacerdotes fazerem a última oração e só então puderam ficar a sós com o moribundo.

O rei estava estirado em seu leito, com os olhos abertos parecendo, porém, não enxergar mais ninguém. Era de dar pena. Então ele se voltou para a esposa e para a filha e tentou dizer algumas palavras, as que ainda tinha força para pronunciar:

– Filha, prometa-me que não deixará o nosso reino nas mãos de qualquer um.

Yasmine imediatamente atendeu seu pedido.

– Eu prometo, papai. Prometo do fundo do meu coração.

– Obrigado, filha. Obrigado por tudo e perdão por tê-la posto numa situação tão hedionda quanto esta em que se encontra agora.

Ela ajoelhou-se ao lado da cama e disse carinhosamente:

– Eu o amo, papai... Eu o amo.

Ela beijou-lhe a face bem no momento em que as pálpebras do rei se fecharam e sua cabeça tombou para o lado. Nizan estava morto e uma nova era começaria a partir de então para o reino de Sarmad.

A jovem levantou-se e olhou para a mãe que também se derramava em lágrimas. Dê a notícia a todos, filha, por favor.

E quando Yasmine se preparava para deixar o aposento, Yazda a lembrou:

– E não esqueça, minha querida, que a partir de agora você é definitivamente o rei. E para não haver mais confusão, eu a chamarei de rei, somente assim, para não revelarmos o nosso segredo.

A jovem assentiu e em seguida foi avisar a todos que o rei estava morto. Todos baixaram os olhos, entristecidos e o luto se espalhou imediatamente pelo reino. Todos choravam a morte do rei ao qual tanto queriam bem por ter-lhes sido sempre bom, justo e humano. Infelizmente, o funeral tradicional feito para um rei não pôde ser concluído da forma devida, uma vez que os céus se fecharam nos dias que se seguiram, derramando fortes tempestades sobre a região. Algo fora do normal e assustador para todos.

– É ele, Yasmine... É ele! – desabafou Yazda com a filha.

– Ele quem, mamãe? – empertigou-se Yasmine com o tom e as palavras da mãe.

– Seu irmão! É ele quem está provocando essas terríveis tempestades.

– A senhora acredita mesmo que ele tenha esse poder?

– Penso que sim, filha. Tudo sempre nos levou a crer que sim! Desde o dia do seu nascimento aos seus achaques de criança e mais tarde, de adolescente.

E a jovem estremeceu no mesmo instante em que um trovão rompia os céus.

Nos dias que se seguiram, uma forte depressão prendeu Yazda à cama e foi então, entre um cochilo e outro, que ela ouviu uma estranha conversa entre os médicos que a atendiam. O médico barbudo comentava com o outro que deveria estar ao seu lado, mas da posição em que ela se encontrava na cama, não podia vê-lo. O que ele disse a deixou completamente em choque. Teria delirado?, perguntou-se Yazda mais tarde e por diversas vezes. Não, ela ouvira de fato e fazia todo sentido o que escutou sem querer.

Naquela noite, quando a filha foi visitar a mãe, encontrou-a falando consigo mesma. O rosto de Yazda continuava tenso, sem qualquer centelha de paz. As palavras dos médicos se repetiam incansavelmente em sua cabeça.

– Falando sozinha, mamãe?

– Oh, minha querida! – exclamou a mulher acamada, parecendo aliviada e feliz com a chegada da filha. – Que bom que veio! Estava mesmo ansiosa para vê-la.

Yasmine assustou-se com o tom e a ansiedade da mãe.

– O que houve, mamãe? Qual a razão por trás desse desespero todo?

– Eu preciso dividir com você algo que ouvi dos médicos esta tarde.

– Diga-me, mamãe, o que foi.

– Eles não sabem que eu os ouvi...

– Então fale, não me mantenha mais em suspense, por favor.

– Um comentava com o outro a respeito da enfermidade de seu pai... A que resultou na sua morte.

– Sim e daí?

– E daí que o médico barbudo suspeita que seu pai vinha sendo envenenado há dias e ninguém percebeu.

– Papai, envenenado? Não pode ser!

– Por isso ele adoeceu tão rápido e morreu tão precocemente.

– Papai, envenenado?!... Chego a me arrepiar só de pensar. Quem faria algo tão monstruoso com ele? Quem? Não foi preciso Yazda revelar suas suspeitas, seus olhos disseram tudo por ela.

– Não pode ser Harian, mamãe – a voz de Yasmine transparecia grave perplexidade. – Ele está preso naquele calabouço horrível, longe de tudo e de todos. Não pode ser ele!

– É exatamente o que pensei. Não pode ser, no entanto...

– A senhora ainda suspeita dele.

– Sim, Yasmine, suspeito. Não sei por que, mas algo me diz que seu irmão tem o poder de transpassar as paredes.

– Os deuses não o privilegiariam tanto, mamãe.

– Se permitiram que fosse rei...

E Yasmine não soube mais o que dizer. Ao deixar o quarto, pensou em conversar com o tal médico barbudo a que a mãe se referiu e quando descobriu que não havia nenhum no palácio que fizesse uso de tão longa barba, concluiu que a mãe só podia mesmo ter delirado por causa da febre.

XXV

Dias depois, a rainha adoecia gravemente e, por mais que os médicos tentassem curá-la de seu mal, e os sacerdotes orassem por sua recuperação, seu corpo sucumbia rapidamente.

Yasmine estava mais uma vez ao seu lado, chocada com a fisionomia tensa e contorcida da mulher que jazia sobre o leito real, respirando profunda e estertorantemente. A dificuldade que ela tinha para respirar era o que mais a impressionava.

Subitamente a pálpebra direita de Yazda tremeu, abriu-se e houve uma leve mudança em seu rosto quando reconheceu a filha. Mirando aqueles olhos molhados, a mulher fez uso de suas últimas forças para lhe fazer um pedido muito sério:

– O reino agora está inteiramente em suas mãos, Yasmine.

A jovem respondeu imediatamente, apertando carinhosamente a mão da mãe:

– A senhora não vai morrer, mamãe...

– Estou fraca. Sinto-me muito fraca...

Novo trovão ribombou nos céus, anunciando novamente

a forte tempestade que seguia naquela direção.

– Parece até que os céus vão desabar tal e qual aconteceu antes de seu pai morrer... – comentou Yazda, voltando os olhos para a janela.

De fato, percebeu Yasmine, o tempo parecia igualzinho ao dia em que seu pai desencarnou. A constatação fez com que ela sentisse um arrepio esquisito que vibrou dos pés até a altura do peito.

– Foi num dia assim que seu irmão nasceu, Yasmine. Um dia de forte tempestade enquanto você nasceu num dia esplendoroso de sol e alegria primaveril.

Outra súbita falta de ar fez com que Yazda se desesperasse por inteira e falecesse antes que os médicos pudessem correr em seu auxilio. Diante da mãe, morta, Yasmine apertou novamente a mão dela que envolvia entre as suas e disse, chorando:

– Prometo, mamãe... Prometo que não vou decepcioná-la. Nem a senhora, nem o papai, nem o reino de Sarmad.

O funeral de Yazda aconteceu da mesma forma que o do rei, sob uma tempestade que parecia interminável. Depois do sepultamento, quando Yasmine conseguiu finalmente ficar a sós, as palavras do pai e da mãe voltaram a ecoar na sua memória. Palavras que continuavam vivas em sua mente e ficariam para sempre.

O próximo passo da jovem foi visitar o irmão no calabouço em que foi enjaulado. Ao vê-lo, ela se assustou com sua barba, seus cabelos longos e sua pele que parecia imunda.

– Vim lhe dizer...

Ele não lhe deu tempo para completar a frase:

– Veio me dizer que a mamãe também morreu!

– Sim, Harian. Como soube?

– A tempestade me contou.

– Não brinque...

– Eu nunca brinco, Yasmine.

Ela emudeceu e ele, aproximando o rosto da grade, completou, entre dentes, preciso como nunca:

– E a tempestade me contou também que eu logo vou sair daqui! E quando esse dia chegar... eu serei o dono do mundo!

E Yasmine recuou dois, três passos, arrepiando-se inteira, apavorada só de pensar na possibilidade.

Nesta obra não detalharemos totalmente os costumes da época, os mitos adorados e as religiões que seguiam os povos que serão retratados aqui. Seriam muitos detalhes para serem descritos num livro só.

Os que tiverem interesse em saber mais sobre a vida desses povos, aconselhamos a ler os livros sobre História que abordam sua existência sobre a Terra.

O que nos interessa aqui é retratar os desalinhos da índole humana e a necessidade de aperfeiçoá-los para uma existência mais feliz em sociedade e ao longo da eternidade. Porque não importa em que região do mundo ou época se passe uma história, a necessidade do homem de se harmonizar consigo mesmo, com o próximo e com a vida é a mesma. E o que o leva ao caos emocional, também.

Sentimentos e emoções como o ciúme, a inveja, o rancor, a revolta, o ódio e a ânsia pelo poder e pela competição, todos os povos sofrem desses males até hoje e temos de aprender a lidar melhor com eles para não mais cultivar dívidas de amor. (Nota do Autor)

SEGUNDA PARTE

E DOS ENCONTROS NASCEM O AMOR

I

Semanas haviam se passado desde a morte de Yazda. Yasmine continuava no poder, honrando a promessa que fizera a seus pais e a seu povo, passando-se impecavelmente pelo irmão. Por muitas vezes ela própria se esquecia de quem era na verdade. Se alguém mais que tinha acesso ao "rei", entre aspas, além dos súditos fiéis a Nizan, os quais sabiam da troca, suspeitava que o rei não fosse propriamente o rei, guardava para si suas desconfianças. Para ele, bem como para todos, o que importava mesmo era o reino estar em boas mãos, gozando de paz e boa-venturança que sempre existiu desde que Nizam assumira o poder.

O surpreendente aconteceu quando o príncipe de Kansbar chegou ao palácio de Sarmad para fazer uma visita ao rei. Javed era seu nome. Um rapaz de corpo atlético, queixo quadrado e nariz reto, lábios levemente carnudos e olhos negros, vivos e admiráveis. Usava um manto cinza-claro, bem talhado, com lindas pinturas quadriculadas. Parecia um rei da cabeça aos pés, ainda que não tivesse assumido o trono. Ao seu lado estava Darice, sua noiva, jovem também de exuberante aparência.

— A quem devo anunciar? – perguntou o serviçal que os recebeu à porta do palácio.

— Diga ao rei que o príncipe do palácio de Azur do reino de Kansbar está aqui e gostaria muito, se possível, de vê-lo.

— Pois não. Aguarde um minuto, por favor.

Minutos depois o prestativo serviçal reaparecia para informar:

— Harian, o nosso *rei,* irá recebê-los agora. Queiram me

acompanhar.

As cornetas soaram, portas se abriram e Javed e Darice foram levados à presença de Yasmine, passando-se pelo rei Harian.

Quando os olhos dos dois se encontraram, abriram-se consideravelmente. Houve algo, um brilho que só os dois perceberam.

– É um prazer estar na sua presença, Rei Harian – falou Javed em meio a uma reverência.

– Sejam muito bem-vindos ao nosso reino – respondeu Yasmine, engrossando a voz como de hábito.

– É com muito gosto que visito suas terras – continuou Javed, pomposo. – Jamais, eu e minha noiva, tivemos uma recepção tão calorosa.

Yasmine assentiu com um leve sorriso. Os olhos dele, de cílios pretos e abundantes, sob sobrancelhas pretas e espessas, olhando para ela com atenção, parecendo querer atravessar seus olhos e enxergar-lhe a alma oculta pelos deuses, causavam-lhe forte impressão. Javed era definitivamente o que ela podia chamar de homem bonito.

Javed, após breve momento preso aos olhos da anfitriã, caiu em si novamente e disse:

– Sentimos muito em saber que o senhor seu pai faleceu. E que o mesmo aconteceu a sua mãe semanas depois.

Yasmine fez o devido gesto de agradecimento e o príncipe visitante, voltou-se para trás, estendeu a mão à noiva e a trouxe para frente.

– Vossa Majestade, esta é minha noiva, Darice.

O rosto da jovem era razoavelmente bonito, assim como os cabelos castanhos penteados de forma um pouco sofisticada para época. Usava um colar de pérolas muito graúdas e tinha em uma das mãos um anel com uma enorme esmeralda e na outra um imenso rubi.

– Muito prazer. Sejam muito bem-vindos!

Darice fez uma reverência em agradecimento.

Houve uma pausa até que alguém mais no interior do grande salão real falasse. Foi Yasmine quem quebrou o gelo:

– Vocês me darão a honra de hospedá-los em minha

morada, não?

– Se não for incômodo para Vossa Majestade.

– Incômodo algum. Que seus pertences sejam levados para o quarto de hóspedes deste palácio.

Javed fez nova reverência e agradeceu:

– Obrigado, muito obrigado, estamos de fato exaustos da viagem e a estada aqui será de grande benefício para a nossa recuperação.

O casal de visitantes deixou o salão real, seguido por um séquito de criados.

Yasmine voltou-se para Narda e comentou:

– Eles me parecem muito idôneos.

– Sou da mesma opinião, Majestade.

A seguir, Yasmine fechou-se para o mundo exterior, ficando atenta somente aos seus pensamentos e sensações. No centro de tudo estava a imagem de Javed, no calor que ele lhe provocara e, ao mesmo tempo, medo. O modo como ele a encarou, parecendo querer enxergar mais do que podia. Teria suspeitado de algo? Percebido que se tratava de uma mulher, passando-se por um rei? Não. Que os deuses quisessem que não, para o bem de todos no reino. Apesar de Javed parecer-lhe de confiança, podia ser apenas aparência, era muito cedo para confiar nele. Muito cedo.

Naquela noite, Yasmine recebeu o casal para um jantar real. Foi então que teve a oportunidade de conhecer Javed um pouco melhor e comprovar que ele era realmente uma pessoa especial. De repente, os dois conversavam como se fossem dois velhos conhecidos, debatendo ideias, preferências e antipatias, o futuro e os mistérios que envolviam o ser humano e o mundo em si.

Cada minuto corrido e Yasmine se via cada vez mais fascinada pela personalidade do visitante, algo nele realmente encantava todos, especialmente as mulheres.

Os cabelos escuros e anelados que brotavam orgulhosamente do teto da testa e os olhos castanho-escuros, muito vivos e penetrantes atraíam-na despudoradamente. Além de ser um homem bonito, tinha um espírito muito vivo e um senso de humor perfeito, na sua opinião.

Ninguém, pensou ela em segredo, parecia ter mais realeza do que Javed, e, ao mesmo tempo em que pensava nisso, indagou se de fato ele seria tanto quanto aparentava. Todos pareciam se apagar ao seu lado, até mesmo ela, até mesmo Harian se estivesse no poder.

Levou muito tempo para que ambos se lembrassem de que Darice também estava presente. Ela havia sido esquecida totalmente pelos dois. Apagada como se fosse uma das velas dos castiçais que iluminavam o recinto real.

– Darice, minha querida! – exclamou Javed, ao se dar conta do que havia feito à noiva. – Empolguei-me tanto com a conversa com o Rei que acabei me esquecendo de você, meu amor. Desculpe-me.

Darice, sorrindo amarelo, respondeu:

– Não foi nada, meu querido e aproveito para lhe dizer que estou com muito sono. Importar-se-ia se eu me recolher?

– Não, em absoluto. Mas eu a acompanho. Estou também bastante cansado.

Voltando-se para Yasmine, Javed agradeceu-lhe pelo jantar.

– Vossa Majestade nos propiciou uma noite esplêndida. Não tenho palavras para agradecer-lhe.

– Meu jantar enriqueceu-se com a presença de vocês – respondeu Yasmine, cordialmente.

Javed levantou-se e após uma reverência, retirou-se com a noiva para os seus aposentos.

Yasmine permaneceu sentada com um só pensamento, vagando por sua mente: Javed. Ainda se pegava impressionada com o fascínio que ele exercia sobre ela. Seu espírito muito vivo e seu senso de humor perfeito eram tão encantadores quanto sua beleza. Nunca um homem lhe prendera tanta atenção quanto ele. Nunca...

II

No dia seguinte, pela manhã, Yasmine sentou-se no seu banco favorito perto do laguinho de peixes vermelhos, balançando as pernas para cima e para baixo enquanto saboreava uma maçã. Acordara, sentindo-se mais entusiasmada com a vida, talvez porque tivesse tido uma excelente noite de sono.

Ao avistar Javed, vindo em sua direção, imediatamente, enrijeceu o corpo e amarrou o cenho para transparecer masculinidade.

– Vossa Majestade – cumprimentou ele, fazendo-lhe uma reverência.

Yasmine assentiu.

– O dia amanheceu bonito, não? Adoro quando o céu está azul.

Yasmine fez sinal de compreensão e limitou-se a falar por súbita insegurança, medo de que ele percebesse que ela não era quem aparentava ser. À luz do sol seus traços se tornavam muito mais evidentes do que sob as chamas das velas que iluminavam o interior do palácio onde ambos se encontraram antes.

– Importa se eu me sentar ao seu lado? – perguntou ele a seguir.

E antes que ela dissesse alguma coisa, ele fez o que pretendia, e voltando os olhos para os peixinhos no lago artificial, comentou:

– O que será que se passa na cabeça deles, hein? É uma pergunta que me faço desde garoto.

Yasmine não conseguiu conter o riso.

– O que foi?

– É que eu também sempre me fiz essa pergunta.

– Curioso, não?

Os olhos de ambos se prenderam novamente um ao outro como dois anzóis e foi ele quem desviou primeiro, por se sentir constrangido diante do fato. Mas o constrangimento durou pouco, logo ele conversava novamente e descontraído, envolvendo-a com histórias deliciosas sobre si mesmo, a vida e seus mistérios.

A palestra foi interrompida pela chegada de Darice.

– Oh, minha querida, que bom vê-la – saudou-a o noivo, levantando-se para recebê-la.

Darice, muito polidamente, voltou-se para Yasmine, curvando-se numa reverência habitual.

– Falava para o *rei* como nos conhecemos – continuou

Javed animado.

E Darice respondeu, demonstrando simpatia e bom humor:

– Javed adora um bate-papo. Especialmente com alguém tão agradável como o rei.

E depois de sorrisos lisonjeiros, o príncipe voltou a falar, desta vez, sobre política e só foi parar, ao serem informados que o almoço seria servido.

Durante a refeição, por mais que tentasse, Yasmine não conseguia deixar de olhar com admiração para o rapaz de beleza exótica que tanto a encantava. Ela não sabia precisar se eram seus olhos pretos ou seus cabelos ondulados, caídos até a altura do ombro ou seu rosto extremamente masculino que a atraíam tanto. Provavelmente era ele num todo.

À tarde seguiu com o casal, visitando o mercado de Sarmad e alguns outros pontos interessantes do lugar. Os moradores do lugar, dava gosto de ver, esbanjavam felicidade, simpatia porque eram felizes e se sentiam em paz, morando ali. O jantar ao lado do rei foi novamente delicioso e regado a muito vinho.

E as ondas de prazer que o olhar de Javed para Yasmine lhe provocava, começavam a deixar a jovem inquieta.

A noite enluarada estava linda e perfeita para os românticos, todavia a insônia importunava duas almas confusas sob o teto do lindo palácio real. Yasmine tentava adormecer, mas ficava virando de um lado para o outro em seu leito, incomodando-se cada vez mais por estar ali, tentando dormir.

Por fim levantou-se e foi até a janela onde parou para respirar o ar fresco e revigorante da noite, um elixir para um coração, ardendo de misteriosa inquietude como o seu. Foi então que avistou um homem, prateado pela luz intensa do luar, caminhando por entre os canteiros do jardim real.

Ainda que de longe, reconheceu-o de imediato. Era Javed, o responsável pelo calor que devastava o seu interior e dilacerava a sua paz.

Onde ele estaria indo àquela hora?, indagou-se e a curiosidade a fez segui-lo.

Javed, também se sentindo incapaz de dormir, resolvera

sair para caminhar um pouco na esperança de que a fresca da noite o ajudasse a relaxar. Assim chegou ao templo formado de colunas sem teto que sob a luz do luar parecia luminescente. Segundo os sacerdotes aquilo acontecia porque os deuses haviam abençoado o local.

Ali, ele parou, deixando-se contagiar pela magia do lugar enquanto Yasmine seguia até lá, suplicando aos deuses para que ele não a visse. Caso acontecesse, não saberia o que lhe dizer.

Enquanto ele estudava as colunas do templo com um olhar extremamente interessado, ela se aproximou ainda mais, com a maior discrição possível, para vê-lo mais de perto e foi então que sua sombra chamou a atenção do príncipe. A surpresa maior não se deu por ele perceber que era observado por alguém às escondidas, mas por intuir que esse alguém era o *rei*.

– Quem está aí?! – perguntou, voltando-se para trás.

Yasmine não respondeu, escondeu-se ainda mais por detrás da coluna gigantesca que escolhera para evitar que fosse vista. Agora se sentia ansiosa para fugir dali sem que o príncipe notasse. Seu coração batia acelerado e teve medo de que perdesse os sentidos, tamanho o pavor.

Javed, cismado, atravessou o caminho e foi atrás de quem pensou ter visto.

– Quem é?! Não adianta se esconder, vi sua sombra.

Seu chamado assustou ainda mais Yasmine. Pela altura da voz, ele estava bem próximo dela, não mais que quatro, cinco metros de distância. O que fazer? O jeito era sair dali, fingindo espanto por tê-lo encontrado em tão inusitada condição.

– Javed?! – disse ela, engrossando a voz.

– Rei?!...

Ambos ficaram em silêncio a seguir, admirando-se mutuamente à luz do luar. Foi Yasmine quem quebrou o clima, voltando sua atenção para o templo e comentando:

– O lugar se torna mágico ao luar, não?

– Sim, sem dúvida. É fascinante.

Ambos ficaram sem graça a seguir, não sabendo mais o que dizer.

– Eu não estava conseguindo dormir, sabe – ele tentou se

explicar –, então, ao chegar à janela para tomar a fresca, avistei o templo sob a luz do luar e decidi vir vê-lo de tão impressionado que fiquei com sua beleza ao luar. É uma obra fascinante.

– Oh, sim, linda – concordou ela, tentando aparentar naturalidade. – Foi meu pai quem pediu aos arquitetos que o projetassem. O que muito me orgulha.

– Sim, sem dúvida.

– Foi uma promessa, sabe...

– Promessa?

Ao perceber que havia dito mais do que devia, ela mordeu os lábios, deixando que o silêncio tomasse conta dos dois que voltaram a se fitar, como se quisessem explorar a alma um do outro. Para quebrar novamente o constrangimento, ela disse:

– Bem, é melhor eu voltar para o meu quarto. Tal como você, eu também não estava conseguindo dormir e por isso saí para tomar a fresca e, bem... Boa noite.

– Oh, sim... Boa noite!

E assim que ela deu um passo, ele falou:

– Eu acompanho Vossa Majestade.

Ela sorriu de leve e os dois seguiram, lado a lado, de volta para o palácio. E antes de cada um seguir para o seu quarto, ambos se despediram novamente:

– Boa noite mais uma vez... Que os deuses iluminem seus sonhos.

– Os seus também.

E com o olhar dizendo explicitamente que nenhum dos dois queria se afastar um do outro, cada qual seguiu contra a vontade para seus aposentos.

Nesse ínterim, Darice viajava pelo mundo dos sonhos que muitas vezes se tornam pesadelos terríveis. Ela se via afundando cada vez mais num mundo insondável de figuras escuras e asquerosas que olhavam para ela como se fosse o centro das atenções. Então, subitamente, ela não conseguia mais respirar e foi assim até as figuras bizarras desaparecerem, restando apenas ela sob um pequeno facho de luz que logo se apagou, permanecendo apenas uma escuridão pavorosa de parar o coração. Imediatamente ela tentou se libertar daquele lugar assustador, gritando e procurando freneticamente por uma saída e foi seu próprio grito aterrorizado que a acordou. Ela agora transpirava forte e sentia um travo amargo na boca. Ao voltar-se para o lado da cama onde Javed deveria estar repousando, assustou-se por não vê-lo ali. Onde teria ido àquela hora da noite?

Ia saindo da cama quando a porta se abriu e ele entrou.

— Javed!... — exclamou ela, sem esconder a tensão. — Tive um pesadelo horrível.

— Geralmente temos, Darice. Não sei por que o espanto.

— Desta vez foi pior.

— Exagero seu.

— Não, meu amor. Foi horrível mesmo, nunca tive igual.

— Agora acalme-se, por favor.

Ele deitou-se ao seu lado e a abraçou.

— Onde estava? — quis saber ela, ao relaxar a cabeça sobre seu peito.

E ele explicou, só não disse que havia se encontrado com o rei, o rei que a cada minuto que se passava o deixava cada vez mais fascinado por sua beleza e prazer de estar ao seu lado.

— Javed, quando iremos embora daqui? — perguntou ela a seguir.

— Ainda não sei. Mal acabamos de chegar.

— Mas...

— Shhh!... Agora relaxe e durma, Darice.

E novamente ele trouxe a imagem do rei à memória.

III

No dia seguinte novos passeios foram feitos e quando Javed ficava ao lado daquela que pensava ser o rei, tudo mais se apagava para ele. Tão esquecido ficou de Darice que ela nem mais quis participar das atividades, envolvendo os dois.

Quando a noite caiu, todos já haviam se recolhido a seus quartos para dormirem. Desta vez, Yasmine, com dificuldades para dormir, deixou seus aposentos para dar uma volta pelo jardim real e foi quando Javed, também com insônia, a viu de sua janela e foi até onde ela se encontrava.

— Rei Harian — chamou ele, não muito alto.

Sua aparição a pegou desprevenida, gelando-lhe a alma de susto.

– Não foi minha intenção assustá-lo, perdoe-me.

Ele fez uma reverência e ela procurou sorrir, mas sem êxito.

– Aqui estamos nós outra vez... Presumo que, assim como eu, continua tendo dificuldades para dormir, certo?

Yasmine fez que sim com a cabeça quando na verdade quis dizer-lhe que estava ali em meio ao frescor da noite na esperança de acalmar seu coração inquieto devido à paixão que aquele homem despertava em seu interior. Quando ela pensou em sumir dali com uma desculpa qualquer, ele aproximou-se mais dela e mirando seus olhos, disse:

– Vossa Majestade me inspira confiança e vontade de ficar ao seu lado pelo maior tempo possível.

A declaração fez com que ela sentisse novamente sua alma gelar. De repente, tudo o que ela mais queria era ser beijada por ele, amada e levada para um mundo de sonhos e fantasias que só as mulheres são capazes de encontrar ao lado de um homem que tão magicamente desperta o seu interesse. Mas ela não podia dizer nada. Não, se quisesse continuar cumprindo a promessa que fizera a seus pais e ao seu povo.

Os dois permaneceram congelados na mesma posição, sem se darem conta. Foram as palavras que ele disse a seguir que os trouxe de novo à realidade:

– Isso nunca me aconteceu antes – desabafou ele, minutos depois.

– O quê?

– Você é um homem, eu sou um homem e, no entanto, sinto-me atraído por você. E acho que você também se sente atraído por mim.

– Eu?! – Yasmine fingiu indignação, era sua única alternativa diante daquilo. – Você está louco?!

– Sei que Vossa Majestade sente o mesmo por mim e, por isso, vigiava-me em surdina. O que está acontecendo conosco? Diga-me, Rei, por favor... Não sei até quando conseguirei lutar contra o desejo de...

Yasmine tapou-lhe os lábios.

– Isso é uma sandice.

Ele estalou a língua com censura:

– Mas eu o desejo.

Yasmine suspirou fundo e deu um passo para trás. Seu rosto bonito transformara-se numa máscara severa. Parecia um juiz pronto a dar a sentença final.

– Afaste-se de mim, Javed! – pediu ela, quase implorando.

– Por favor! Antes que uma desgraça aconteça.

Com ar de quem tinha dito a última palavra, ela voltou apressada para as dependências do palácio enquanto o príncipe ficou ali atormentado cada vez mais por acreditar que amava um homem.

Foi então que em algum lugar, não muito longe dali, algo estalou, fazendo um ruído seco. Ao voltar-se para lá, Javed gelou, ao avistar Darice, vindo na sua direção. Seus olhos serenos agora estavam sombrios e transpareciam hostilidade, fitavam-no com suspeita, deixando-o bastante intimidado.

– O que foi, Darice? – ele perguntou, procurando dar um tom natural à voz.

Ela, lançando-lhe uma olhadela ainda mais cismada, respondeu:

– Eu é que pergunto, Javed.

– Por que motivo me olha assim?

– Porque os olhos, Javed, muitas vezes dizem bem mais do que palavras.

– O que faz aqui à uma hora dessas? – perguntou-lhe a seguir. – Você estava por acaso me espionando em surdina?

O clima pesou ainda mais e antes que piorasse, ele sugeriu:

– É melhor voltarmos para o palácio e tentarmos dormir.

– Talvez seja melhor, mesmo!

Pelo caminho, Darice parou. Ao perceber que havia parado, Javed voltou-se para ela e perguntou:

– O que foi?

Ela o encarou friamente e disse:

– Não me sinto bem aqui, Javed.

– Quando chegamos aqui você me disse que adorara o lugar.

– Foi uma impressão precipitada. Acho melhor voltarmos para casa, o mais cedo que pudermos.

– Eu ainda tenho muito que fazer por aqui, Darice. Não posso ir...

Ela correu até ele, prensou-se contra o seu peito e insistiu:

– Por favor, Javed, leve-nos para longe daqui!

Os olhos de ambos ficaram congelados uns aos outros, cada qual externando uma espécie de desespero diferente.

Desperto do transe, Javed agarrou firmemente os braços da noiva, pouco abaixo dos ombros, afastou-a de si e disse com severidade:

– Não partiremos enquanto eu não achar que devemos.

Sua resposta, dita com toda força, fez com que Darice olhasse ainda mais desafiadoramente para ele e dissesse:

– Pois você vai se arrepender amargamente se ficar aqui, Javed. Amargamente, ouviu? Minha intuição é forte.

Ele a ouviu, sim, mas nada respondeu. Já seguia em direção ao palácio, andando apressado, pisando duro e cuspindo pelas ventas. De repente, Darice se tornara um fardo em sua vida.

As palavras da moça, ditas com ferocidade, ecoaram até os ouvidos de Yasmine que se manteve escondida atrás de uma das colunas que sustentavam o corredor que levava à ala dos quartos, assim que ouviu Darice, dirigindo-se ao noivo.

Voltando os olhos para a lua, ela segredou:

– Ela tem razão, oh, poderosa deusa Lua... Será melhor para todos nós se Javed e ela partirem daqui o quanto antes.

Minutos depois, o príncipe e a noiva chegavam ao quarto lindamente decorado que havia sido destinado para os dois. Sem trocar palavras ou beijos costumeiros, Javed se deitou e virou para o lado, deixando Darice ainda mais cismada.

Recordando o brilho excitado nos olhos de Javed, pensou, apreensiva: "Já ouvira falar de homens que desejam outros homens, sim, quem já não ouvira? Ela mesma já vira alguns, pareciam mulheres num corpo de homem. Com Javed era diferente, ele era másculo, o protótipo do macho viril e másculo.

Um homem assim não desejaria outro homem. Não, não tinha cabimento. Ela imaginara coisas, fizera uma ideia completamente errada do que viu."

Enquanto Darice meditava sobre isso, Javed, se perguntava mais uma vez se a noiva teria percebido seu olhar interessado para o rei? Que o sono chegasse logo, o que ele mais queria era ver o raiar do dia para poder estar novamente ao lado de Harian e gozar da alegria de sua companhia.

IV

No dia seguinte, logo pela manhã, Narda encontrou Yasmine em seu quarto, com uma expressão facilmente reconhecível como perto do desespero.

— Majestade, o que houve? – perguntou a mulher, sua fiel serva que tudo sabia a seu respeito.

— Ah, Narda, querida... – desabafou Yasmine com olhos vermelhos e lacrimejantes. – Estou tão preocupada.

— Preocupada?!

— Sim, comigo mesma.

— Por quê?

— Por que há uma chama aqui no meu peito, uma chama ardente. E por mais que eu queira apagá-la dentro de mim, antes que tome proporções gigantescas, não consigo.

— Chama?! Quem acendeu a chama em seu coração, minha rainha?

— Javed... Ele não me sai dos pensamentos.

— Javed, o príncipe?!

— Sim.

— E isso não é maravilhoso?!

— É péssimo. É a pior coisa que poderia ter me acontecido.

— Minha mãe sempre me disse que não existe motivo no mundo para ter vergonha quando o tema da vida é o amor. Somos regidos pelo amor.

— Acontece que ele pensa que sou um homem, esqueceu-se? Um homem um tanto quanto efeminado, mas um homem.

— Diga-lhe a verdade!

– A verdade que nunca pode ser dita? Como?! Além de tudo ele tem uma noiva. Uma mulher que já mostrou a todos o quanto o ama. Que situação!

– Calma, Majestade. Muita calma. Os deuses hão de orientá-la diante de tamanha confusão.

– Foi praga dele, só pode!

– Vossa Majestade se refere...

– A ele mesmo, meu irmão!

– Acalme-se, os deuses hão de interceder a seu favor.

– Que você esteja certa, Narda. Muita certa em suas palavras.

Quando Javed e Darice chegaram ao refeitório para tomarem o café da manhã, Javed estranhou a ausência do rei e quis saber o porquê de ele não estar ali.

– Indisposição – explicou uma das serventes.

Javed não se deu por convencido, sentiu que havia alguma coisa de estranho por Harian não ter aparecido naquela manhã. Percebendo a aflição e inquietação do noivo, Darice deu mais uma vez sua opinião sobre a estada do casal no palácio.

– Javed, meu amor, não devemos ficar aqui por mais tempo.

Ele voltou um olhar enfezado para ela.

– Sim, Javed, devemos partir e o quanto antes. É cada vez mais forte o meu pressentimento de que se continuarmos aqui por mais tempo, algo de muito ruim vai nos acontecer.

– Larga de ser dramática, Darice. Por favor!

– Javed, ouça-me!

Mas ele não a ouviu. Simplesmente levantou-se e deixou-a sozinha sentada à mesa do refeitório.

Enquanto isso, no terraço do palácio que dava visão para o lago, Yasmine estava sentada num tipo de espreguiçadeira, acariciando o dorso da mão como quem faz para relaxar a tensão. E ela estava realmente tensa, cada vez mais e por causa do que Javed despertava em seu coração. Despertou de sua introspecção somente quando ouviu passos vindos na sua direção. Ao virar-se para ver quem se aproximava, surpreendeu-se,

63

ao avistar a figura elegante de Javed, seguindo para lá.

– Atrapalho? – perguntou ele, sorrindo para ela, pela primeira vez, com certa timidez.

Como ele a havia descoberto ali se pedira tanto a todos que não contassem a ninguém para não ser incomodada? E ele repetiu a pergunta:

– Atrapalho?

Ela, voltando a si, querendo a todo custo evitar nova aproximação com o príncipe, mentiu:

– É que eu já estava de retirada...

Havia algo, um leve traço de embaraço em sua voz que fez com que ele prestasse melhor atenção àquela que pensava ser o rei. O silêncio os envolveu novamente, como sempre acontecia quando ficavam juntos e a sós. Um silêncio reconfortante e ao mesmo tempo repleto de tensão.

Foi o pio de um pássaro que despertou Yasmine daquele transe prazeroso.

– Preciso ir – disse, levantando-se.

Desta vez, Javed, sem receio algum, deixou-se admirar com interesse o corpo esguio e atraente daquela que pensava ser o rei. Ela já ia seguindo caminho quando ele a segurou firme e a beijou, sem dar-lhe tempo para se defender. Yasmine tentou recuar o rosto, mas ele a impediu. O beijo tenso e ao mesmo tempo cheio de desejo, deixou ambos sem fôlego. Somente quando Javed recuperou o ar é que foi capaz de dizer o que achava necessário:

– Se o que fiz foi errado, que os deuses me matem!

Yasmine limpou a boca no dorso da mão, fingindo-se de enojada, deixando o príncipe desconcertado com seu gesto:

– Você não sentiu nada? – questionou ele, surpreso com sua reação.

Ela quis muito dizer-lhe a verdade, mas conteve-se. Deixou que o silêncio e o ar de indignação falassem por si. Decepcionado, o príncipe, mergulhou as mãos nos cabelos e comentou:

– Pensei que fosse gostar do que fiz. Estava certo de que gostaria, de que sentia o mesmo que eu. Mas...

Suspirando, acrescentou:

– É melhor eu ir embora e nunca mais pôr os pés aqui.

Yasmine virou o rosto para o lado e baixou os olhos. O clima pesou ainda mais entre os dois e quando ele estava prestes a partir, voltou até ela e confessou:

– Foi o beijo mais lindo que já tive. O calor que ele provocou em meu peito foi bom demais para se esquecido. De algum modo, rei, eu o amo... Amo infinitamente!

Yasmine manteve-se firme, com o rosto voltado para o lado, com os olhos concentrados no chão.

– Adeus, Majestade – continuou Javed. – Parto levando comigo uma saudade eterna de Vossa Majestade.

Ele ia deixando novamente o aposento quando Yasmine o chamou. No entanto, assim que ele se voltou para ela, as palavras secaram na sua garganta.

– Diga... – insistiu ele, aproximando-se sutilmente dela. – Vossa Majestade ia me dizer alguma coisa... O que era?

Ela tentou evocar de seu coração palavras que traduzissem seu amor por ele, mas o medo não lhe permitiu. Entretanto, ao se ver tão próxima de seus lábios levemente carnudos e bonitos e de sua respiração quente se misturando à sua, ela acabou deixando ser beijada novamente. E quando o momento teve fim, ela novamente fingiu indignação e pediu a ele que partisse de vez.

– Eu vou – afirmou ele com lágrimas nos olhos. – Se me pede, eu vou.

Sem mais, ele foi preparar suas coisas para ir embora, o que deixou Darice muito feliz.

– Quanto mais cedo ficarmos longe daqui, melhor será para todos.

Javed não respondeu, não faria, pois não era o que ditava o seu coração.

V

O palácio de Azur era um dos mais lindos já erguidos nos reinos do oriente. Dele podia se avistar toda a cidade de Kansbar cercada por uma fortaleza para evitar ataques inimigos. O rei Guebers, pai de Javed, notou de imediato que o filho não estava bem e quis logo saber o motivo. Javed alegou cansaço da viagem, mas o rei, não convencido, pediu aos médicos que examinassem o jovem.

– Não é preciso, papai.

– É preciso, sim – retrucou o pai. – Após minha morte você será o futuro rei de Kansbar, daí a importância de preservar sua saúde. Mantê-lo sempre forte e vigoroso para assumir o trono e o poder que o destino depositou em suas mãos.

Diante do estado do noivo, Darice se juntou aos sacerdotes em preces intermináveis. Quando Javed não mais pôde se conter de saudade de Yasmine, voltou para o reino de Sarmad, na companhia apenas de três guardas. Ao saber do que havia feito, Darice se sentiu ainda mais inquieta, certa de que havia algo de muito errado entre seu homem adorado e o rei Harian.

VI

O fogo estava aceso e a grande e luxuosa sala de estar tinha um ar harmonioso e irreal. Os grandes vasos de cor dourada brilhavam diante das chamas. Quando ele se viu novamente só na presença de Yasmine, disse:

– Eu preciso lhe falar, Majestade. A sós.

Yasmine assentiu com um gesto de cabeça e fez sinal para que a acompanhasse.

– Fui embora daqui e Vossa Majestade sabe que foi para evitar uma tragédia. No entanto, minha partida foi em vão. Não consigo tirá-lo do meu pensamento. Durmo e acordo pensando em Vossa Majestade. Isso é errado, eu sei. Sei também que os deuses devem estar muito decepcionados comigo, mas esse desejo e essa paixão por Vossa Majestade me rasga o coração, é incontrolável. Eu já cansei de lutar, só me resta chorar a minha desgraça.

– Ponha a sua cabeça no lugar, homem – sugeriu Yasmine, fingindo-se de forte. – Você é mais forte do que qualquer desejo insano.

– Não sou! Não, mesmo! Sou fraco, diante desse desejo que me dilacera o peito, sou fraco, muito fraco!

– Você é um homem, um homem especial. Escolhido pelos deuses para um cargo muito importante, por isso é capaz de se autocontrolar. De ser mais forte do que tudo.

– Visto que não tenho como lidar com essa paixão, Majestade, só me resta uma saída. A mais covarde que um homem pode escolher para a sua vida. O suicídio!

Yasmine perdeu o chão diante do desabafo.

– Vossa Alteza não seria capaz...

– Preciso de paz mental, paz em meu coração, sem ela prefiro a morte!

– Os deuses jamais lhe perdoarão se cometer o suicídio, ainda mais por uma paixão indecorosa como essa.

Javed suspirou e concluiu, desesperado:

– Não tenho outra escolha, Majestade. Vim até aqui não só para lhe dizer tudo isso, mas para me despedir e vê-lo pela última vez.

Yasmine impostou ainda mais a voz:

– Escuta bem o que eu vou lhe dizer, Javed. É o pedido de um rei, ou melhor, é uma ordem. Volte para a sua casa, para a sua noiva, case-se com ela, de uma vez por todas, constitua uma família e procure ser feliz.

Ele explodiu em lágrimas, ajoelhou-se diante dela e começou a beijar-lhe os pés.

– Adeus, Majestade. Adeus! Sei que também sente por mim algo especial. Muito especial!

– Javed! – reinterou Yasmine seriamente, erguendo a voz.

– Adeus... – repetiu ele, choroso. – Adeus...

– Javed, levante-se!

Visto que o moço parecia surdo aos seus apelos, ela o ajudou a se levantar, segurou firme nos seus ombros e exigiu:

– Olhe para mim, Javed. Estou ordenando.

Ele continuava chorando, com a cabeça pendida para o chão.

– Olhe nos meus olhos, por favor! – insistiu ela.

Foi com muita dificuldade que ele conseguiu atender sua exigência.

– Muito bem. É assim que se faz. Agora faça o que eu mando, por favor. Volte para o seu reino, case-se de uma vez por todas com sua noiva e constitua uma família feliz.

– Não, Majestade. Não posso. É tarde demais para isso. Adeus!

– Javed! – insistiu Yasmine, aumentando o desespero. – Por favor!

Mas Javed não mais a ouviu, partiu do aposento, estugando os passos, deixando um rastro de dor e desespero por onde passava. Yasmine sentou-se novamente no trono e unindo as mãos em sinal de prece, indagou:

– O que faço agora? Como posso impedir que uma desgraça aconteça a este homem? Eu o amo, eu também o amo mais do que tudo! Este amor não podia ter acontecido jamais! Se ele ao menos pudesse saber da verdade. Só a verdade o libertaria desse caos emocional. Mas esse segredo não pode ser revelado a ninguém. Nunca! Pelo bem do meu reino, pelo bem de todos, pelo bem dos deuses!

Ela suspirou e concluiu:

– Ajudem-me, oh, deuses poderosos! Ajudem-me a evitar que uma desgraça aconteça a Javed. Ele não merece morrer por pensar equivocadamente que sou um homem. O que devo fazer? Iluminem nossos caminhos!

Enquanto isso, Javed acabava de deixar o palácio pela porta principal. Tomou seu cavalo das mãos de um guarda, montou-o e antes de partir, deu mais uma olhada para a imponente construção. Nesse instante, Yasmine já havia chegado a grande sacada do local e, por isso, ambos puderam se ver mais uma vez a distância.

Ele acenou para ela e, sem mais delongas, partiu, decidido a dar cabo da sua vida.

Segundos após, a voz de Narda soava atrás de Yasmine. Ao vê-la, Yasmine desabafou:

– Ele veio aqui para se despedir de mim, Narda. Quer acabar com sua vida porque não consegue parar de pensar em mim.

– Ele não para de pensar em Vossa Majestade da mesma forma que Vossa Majestade não para de pensar nele.

– O destino foi cruel conosco, Narda. Muito cruel!

– A vida é feita de crueldades, Yasmine.

– Ele não pode morrer, Narda, não pode! É tão jovem, tão lindo... Eu o amo tanto, se ele soubesse...

A aia foi até a rainha e a abraçou, confortando sua cabeça em seu peito, como se ela ainda fosse uma menininha.

– Oh, minha rainha, eu sinto muito – disse. – Que os deuses protejam esse pobre moço e Vossa Majestade.

Yasmine se agarrou ainda mais forte à aia a quem tinha como uma mãe e chorou ainda mais sentida.

VII

Não muito longe dali, Javed continuava seu caminho, exigindo o máximo do animal. Suas lágrimas escorriam ao vento enquanto seu coração batia cada vez mais acelerado, provocando uma vermelhidão que se espalhava cada vez mais pelo seu rosto.

– Eu o amo, Rei. Amo mais do que tudo! – admitia para si mesmo.

O penhasco se aproximava. O fim que ele tanto queria destinar sua vida estava prestes a acontecer. Uma queda, uma simples queda e seu martírio chegaria ao fim. No entanto, o cavalo, por instinto, não seguiu reto como ele esperava, virou com toda força para a direita assim que se aproximou do lugar. Seu movimento brusco fez com que as rédeas escapassem das mãos de Javed e ele se desequilibrasse e caísse ao chão.

Levou alguns minutos até que conseguisse se levantar e quando fez, ainda chorava como uma criança desesperada. Então ele respirou fundo, estufou o peito e dirigiu seus passos para a ponta do penhasco.

– Que os deuses me perdoem... Mas faço o que faço em nome da paz, a paz que a paixão por Harian me roubou.

Foi então que ouviu o trotar de outro cavalo, vindo naquela direção. Ao voltar-se para trás avistou uma figura imponente sobre o lombo do animal. Como o sol estava à suas costas não podia ver nada além da sua silhueta.

Pensou ser o rei que saíra a sua procura para impedir que acabasse com a própria vida, mas descartou a ideia ao lembrar-se de que ele jamais o faria sem sua escolta. Ainda que fizesse, seria mesmo melhor morrer, para deixar o próprio rei livre da paixão que também sentia por ele. Sim, ele sabia muito bem o quanto Harian também o amava.

— Príncipe Javed — soou a voz forte do homem barbudo sobre o cavalo.

— Quem é você? — perguntou Javed, procurando enxergar melhor o recém-chegado.

— Sou um enviado dos deuses — respondeu o sujeito, imprimindo grande impacto às palavras. — Eles sabem muito bem o que pretende fazer e mandaram-lhe um recado.

— Você é um sacerdote?

— Sou bem mais do que isso, meu senhor. Como lhe disse, sou um emissário dos deuses.

Javed estava tão atordoado que mal raciocinava direito.

— Eles lhe pedem cautela. Que não tome nenhuma decisão precipitada.

— Se pode mesmo se comunicar com os deuses, peça a eles, então, que me libertem da paixão que me apunhala o coração sem dó nem piedade.

— Eles o libertarão, mas para isso o senhor precisa ser forte. Evocar a força que reside na alma de todo homem.

— Eu me sinto tão fraco diante do que sinto...

— Você não é. Pensa ser porque sua mente está confusa. A vida o surpreenderá se decidir permanecer vivo.

E pondo uma mão amigável sobre o ombro direito de Javed, o sujeito completou:

— Calma. Não ponha tudo a perder.

— Tudo o que me interessa já está perdido.

— Controle suas emoções. Ninguém é um ser vitorioso se não souber controlar seus sentimentos.

Havia na voz do estranho aquela nota autêntica de autoridade que nunca deixa de produzir efeito.

— Quem é você?

— Já lhe disse: um enviado dos deuses.

O impacto da chegada e das palavras do sujeito misterioso fizeram com que Javed voltasse novamente a controlar suas emoções.

— Você tem razão... — admitiu. — Não posso acabar com minha vida, seria um tolo se o fizesse. Um covarde. Uma vergonha para o meu pai.

Ele tomou ar, enxugou o suor e afirmou, resoluto:

– Vou voltar para a minha casa, para os braços da mulher que me ama. Sim, é isso mesmo o que vou fazer. Obrigado por sua ajuda.

O misterioso cavaleiro assentiu e partiu, deixando Javed ainda muito intrigado com sua aparição. Sem mais delongas, ele montou seu cavalo e voltou para o palácio de Azur na cidade de Kansbar, onde nascera e crescera. Ao vê-lo, Darice correu para os seus braços, agarrando-se forte a ele e beijando-o com voracidade.

– Meu amor, que bom que voltou!

Ele segurou forte seus punhos e disse, mirando fundo seus olhos avermelhados de tanto chorar.

– Voltei por você, Darice. Porque sou seu homem e você, minha mulher. Não lhe tenho sido gentil como deveria nas últimas semanas, mas voltarei a ser quem sempre fui ao seu lado.

Isso era tudo o que ela mais queria ouvir dele. Os deuses haviam ouvido suas preces, a paz finalmente voltaria a reinar entre eles.

VIII

Mas a alegria do casal durou pouco, Javed pensou que uma vez decidido sublimar sua paixão por Harian (interpretado por Yasmine), tudo voltaria às boas entre ele e Darice. Enganou-se redondamente. Assim como antes, não conseguia mais se excitar com a jovem o que o levou a ter cada vez mais dificuldades para dormir. Quando não mais pôde se conter, selou um cavalo e partiu na calada da noite em direção a Sarmad, surpreendendo Yasmine com sua chegada inesperada ao palácio.

– Alegra-me muito saber que está vivo e gozando de saúde – disse ela, sem poder conter as lágrimas.

– Vivo por fora, morto por dentro, meu rei. Morto de amores por você.

Yasmine não esperava por aquela declaração assim tão direta. Muito menos pelo que veio a seguir:

– Harian, eu vim para ficar... Para ficar ao seu lado!

E a moça perdeu o chão mais uma vez.

71

IX

Depois de ele ter se alojado novamente no palácio, tomado um banho e se alimentado, os dois se reuniram mais uma vez nos aposentos reais onde Yasmine usou de sinceridade mais uma vez para com ele:

– Darice é o tipo de mulher com a qual se deve evitar criar conflitos, Javed. Você é dela, entende? Ela acredita piamente nisso e penso que ela é capaz de destruir qualquer um que ouse atrapalhar seus planos, ainda que esse um seja um homem como eu. Portanto, o melhor a se fazer é evitar confusões com ela.

– Darice é mimada, o suprassumo do egoísmo.

– Que seja, isso só serve para torná-la ainda mais dominadora e vingativa. Muitas mulheres parecem equilibradas, mas é só na superfície. Por dentro são um estopim, prontas para explodir quando se sentem ameaçadas por outra que encantou seu homem.

– Ainda assim, Harian, Darice vai ter de aceitar seu destino junto ao meu. Um destino que quer nos ver unidos.

– Javed, por favor... Volte para ela, volte...

Sem mais ele a agarrou e a beijou forte e decidido.

– Eu o amo, Harian, amo-o infinitamente. Ainda que seja errado dois homens se amarem, eu quero correr todos os riscos pelo nosso amor.

Yasmine sentiu novamente sua garganta se apertar de vontade de lhe contar a verdade. Ela já não mais conseguia resistir aos encantos do moço, queria se entregar para ele, inteira e apaixonadamente. Por fim, disse:

– Eu também o amo, Javed. E posso afirmar que foi desde a primeira vez em que o vi.

Então ela o afastou com as mãos, deu um passo para trás, surpreendendo-o e o assustando consideravelmente.

– O que foi?

– Você precisa saber... Não suporto mais esconder de você a verdade.

– Que verdade, Harian?

Ela tomou ar e falou finalmente:

– Não sou quem você pensa que sou, Javed.

– O quê?!

Ela então desabotoou a túnica que usava e a deixou cair, revelando-se inteiramente nua para ele. O moço mal podia acreditar no que via, seus olhos brilhavam de espanto e emoção.

– Então você... você...

– Sim, Javed, sou uma mulher.

E a seguir ela lhe contou por que a haviam posto no lugar do verdadeiro herdeiro do trono. Ao término da narrativa, Javed, emocionado, consolava sua amada no peito.

– Eu a amo tanto, Yasmine. Tanto...

– Eu também, Javed. Eu também... Mas para viver comigo, ao meu lado, terá de tomar parte da farsa que meu pai armou para proteger nosso reino.

– Faço tudo o que me pedir, meu amor... Tudo!

E assim, os dois puderam viver noites e mais noites de amor e desde então, Yasmine se sentia menos infeliz, pois pelo menos diante de Javed, ela podia ser ela mesma, novamente mulher e admirada pelo homem que tanto amava e que transformava sua vida numa grande alegria.

Certa noite, enquanto os dois permaneciam enlaçados um ao outro na cama do quarto real, iluminados apenas pela luz do luar que entrava pela grande janela do aposento, Jasmine desabafou:

– Tenho medo, Javed, medo de que nossa história seja prejudicada pelo destino que meu pai traçou para mim.

– Nada pode nos deter, meu amor. Porque eu a amo e farei desse amor a força mais poderosa em minha vida para lutar com qualquer um que se ponha no nosso caminho.

Novamente ele a beijou e disse, mirando seus lindos olhos negros:

– Eu a amo, jamais se esqueça disso. Nem mesmo quando estiver ao lado dos deuses.

X

Meia hora depois, Darice chegava ao palácio, acompanhada de um séquito de serviçais e escoltada por soldados destinados a manter sua segurança. Todos incumbidos pelo rei de Kansbar.

– Boa noite – disse ela mesma aos serviçais do palácio.

– Procuro meu noivo, o príncipe Javed, ele por acaso está aqui?

– Sim, senhora – respondeu um dentre todos. – Vou pedir que a acompanhem até os seus aposentos.

E assim foi feito, só que Javed não estava lá. Não estava lá, nem em lugar algum. Não levou muito tempo para que Darice presumisse aonde o noivo se encontrava. Assim, afastou-se com a desculpa de que precisava ir a banheiro e tomou o rumo do quarto do rei onde entrou sem bater, de supetão, bem no momento em que Javed soltava Yasmine de seus braços.

Ao vê-la, os olhos de Javed deram perfeitos sinais de apoplexia.

– Darice!...

Ela permaneceu de boca aberta, abobada e em choque.

– V-você e o *Rei...* – disse, gaguejando. – Você o rei, por acaso...

Javed perdeu o ar. Não sabia o que responder. Não se consegue dar uma falsa resposta para acalmar alguém que aprendera a conhecer tão bem nos últimos anos, como acontecera com ele em relação à Darice.

– Você está imaginando coisas, Darice... – foi tudo o que ele conseguiu dizer.

– Seus olhos me dizem que você...

– Não levante falso testemunho.

– Você e o Rei estavam...

A vermelhidão tomou conta da face do moço que, sem delongas, levantou-se da cama, vestiu-se e conduziu a recém-chegada para fora do aposento. De lá a levou à força para o seu quarto, onde seguramente poderiam conversar, sem serem perturbados.

Fechando-se no recinto, ele fez com que ela se sentasse numa poltrona e assim que conseguiu, ele se sentou noutra de frente para ela. Mirando seus olhos, ainda tomados pelo choque do que vira há pouco, ele tentou falar, mas ela não lhe permitiu, soltando altos brados de indignação pelo que descobrira.

Ele precisou segurá-la firme pelos braços e dizer com autoridade:

– Quieta! Se não se aquietar, vou sacudi-la até seus dentes caírem da sua boca.

Ela não se deixou abater, continuou, histérica:

– Javed, você é nojento... Nojento! Como pode? Como pode se deitar com um homem?!

– Não se precipite nas suas conclusões, Darice.

Ela soltou seus braços das mãos dele, mas ele rapidamente voltou a dominá-los, pousando-os em seu colo mais uma vez.

– Ouça-me, por favor!

– Não, eu não quero ouvir. Não quero nem mesmo mais olhar para você. Tenho nojo de você, asco! Vou embora daqui agora mesmo!

– Não, neste estado. Não, antes de pôr sua cabeça no lugar.

Javed sabia que teria de deixá-la pensando que ele, de fato, se envolvera com um homem; se lhe contasse a verdade, poria em risco o reino de Yasmine, pois de raiva, Darice, muito provavelmente, seria bem capaz de contar a todos que o verdadeiro rei havia sido substituído pela irmã, o que acabaria pondo todos contra Yasmine.

Quando ele conseguiu finalmente fazê-la se acalmar, Darice percebeu que não podia contar nada a ninguém sobre Javed e o Rei, pois o amava de paixão. Por mais ódio que pudesse sentir dele, por gostar de outro homem, seria uma vergonha para ela se todos soubessem que seu homem amado se apaixonara por outro e pior, a havia trocado por ele. A melhor forma de lidar com a situação era orar para que os deuses apagassem do coração de Javed a paixão doentia que sentia pelo Rei. E foi o que ela fez.

Todavia, a palidez e as olheiras que ganhou nos dias que se seguiram, causavam pena nos serviçais e demais frequentadores do palácio que vez ou outra cruzavam pelo seu caminho. Ela estava com os olhos vermelhos e fungava continuamente. Parecia amedrontada e andava olhando, assustada, por cima do ombro como se estivesse sendo perseguida. Tornara-se a mais rígida imagem da tristeza. Quase não falava. Parecia nem sequer respirar direito.

Cada vez mais desanimada, ela vagueava por entre as quatro paredes do quarto que ocupava, o qual mais lhe parecia uma jaula, procurando decidir o que fazer em relação ao maior drama da sua vida. Por mais que tentasse, a cena que presenciara entre Javed e o Rei não conseguia abandonar sua cabeça. O mais duro ainda naquilo tudo era saber que os dois continuavam se encontrando para ter intimidades.

– Eu não consigo aceitar uma coisa dessas... É doloroso demais para mim ter sido trocada por um homem... Inaceitável! – desabafava ela, muitas vezes, querendo seguir até os aposentos do Rei para separá-lo de Javed.

XI

A ânsia por se ver livre daquele pesadelo fez com que ela, certa tarde, deixasse o quarto para caminhar um pouco e espairecer. Assim, ela seguiu pelo corredor, sem rumo, tocando objetos, apanhando e recolocando-os nos lugares devidos. Quando deu por si, estava próxima aos aposentos do rei e foi quando uma voz na sua cabeça lhe disse:

"Javed está lá fazendo indecências com o Rei!".

Ela novamente se arrepiou de nojo por tudo aquilo e quis subitamente invadir os aposentos e pegar os dois em flagrante o que seria totalmente humilhante para ela. Assim ela se afastou do local, tomando a direção contrária, querendo fugir dali o quanto antes. Foi quando avistou Javed, subindo os degraus que levavam ao templo de colunas sem teto.

"Então ele está lá...", comentou consigo mesma. "Por enquanto ele está lá!"

Percebeu então que aquela seria uma ótima oportunidade para conversar com o Rei a sós e, assim, voltou até seu quarto, parando em frente à porta, tomada de súbita incerteza se deveria ou não ir adiante ao que pretendia.

Quando teve finalmente coragem, certificou-se se não havia ninguém por perto. Não queria ser vista, não estava disposta a dar explicações do porquê de estar ali. Com extremo cuidado abriu a porta e entrou, dirigindo uma muda interrogação para as paredes. Logo, uma voz feminina, cantarolando uma canção, chegou até seus ouvidos. Vinha do cômodo onde havia

76

uma banheira particular para o rei relaxar. Yasmine estava só, ali, porque somente só conseguia relaxar e também porque ninguém mais poderia vê-la nua. Caso fizesse, saberia que o rei era uma fraude.

"Essa voz murmurante não é do rei, é de uma mulher...", comentou Darice consigo mesma. "Ou o rei tem uma amante ou é uma criada, cantando, para fazê-lo relaxar... Sim, Darice, sua estúpida, só pode ser uma criada!".

A curiosidade apertou seu coração. De repente, ela não tinha outra coisa em mente senão descobrir quem era a dona daquela voz. A passos lentos e concentrados ela se aproximou da porta do local, parando a seguir, ao considerar sua atitude ridícula. Era melhor partir dali antes que fosse descoberta, antes que passasse ainda mais humilhação. Todavia, parecia haver uma força, atraindo-a para lá. Uma força jamais sentida.

"Continue...", ecoou uma voz mental.

"Não!", retrucou ela, silenciosa.

"Vá em frente! Prossiga, vamos!", insistiu a voz.

E quando ela não pôde mais lutar contra toda a curiosidade em torno daquilo, invadiu de vez o local.

XII

Yasmine, sentada na banheira, endireitou imediatamente o corpo ao vê-la.

– V-você! – balbuciou Darice chocada. – Vossa Majestade é uma mulher! Agora tudo faz sentido!

Ainda de boca aberta, voltou-se abruptamente e saiu, agitada e tonta como uma pessoa embriagada ou louca.

– Espere! – implorou Yasmine, ainda mostrando sinais de autêntico desespero.

Súbito, baixou as mãos que cobrira os seios e suspirou profundamente.

– Isso não podia ter acontecido, não, mesmo!

Darice desceu a escadaria, mesmo sentindo o chão sumir sob seus pés. Interrompeu-se, subitamente, estacando com a mão apoiada contra as paredes de pedras.

– Só podia ser mesmo outra para roubá-lo de mim! Outra!

Prensando a mão direita contra o peito, acrescentou, triunfante:

– Eu deveria ter percebido desde o início. Como pude ter sido tão tola? Tão estúpida?! Mas se aquela naja pensa que vai ficar definitivamente com o meu homem, ela está muito enganada. Ainda está para nascer a mulher capaz de fazer uma ousadia dessas comigo! Não vou sossegá-la, não, enquanto estiver viva.

Assim que Javed soube do acontecido, fechou-se novamente em seu aposento para ter uma conversa séria com a ex-noiva. A explicação fluiu fácil, impossível de ser contestada e quando ele terminou, tudo o que fez foi lhe pedir, encarecidamente:

– Só lhe peço que guarde esse segredo, Darice. Em nome de todo amor que diz sentir por mim.

As pálpebras dela tremeram, de nervoso, diante do seu pedido.

– Eu vou pensar no seu caso, Javed.

– Darice... Se você me ama realmente, prove o seu amor, atendendo ao meu pedido.

Ela continuou incógnita.

XIII

Ao reencontrar Yasmine, Javed procurou tranquilizá-la:

– Darice me ama, ela jamais faria algo para me prejudicar.

Sua opinião carregava mais segurança na voz do que nas próprias palavras.

– Disse bem, Javed. Não faria nada para prejudicar você. Não a mim.

– Confio em Darice, Yasmine. Pelo amor que sente por mim, ela a poupará de um escândalo.

XIV

Mas Javed estava sendo otimista demais, ao reencontrar a noiva, descobriu que mesmo após todo esclarecimento, ela não estava disposta a ajudá-lo.

– Estou decidida a pôr todos a par dessa farsa – disse

ela sem rodeios e num tom vingativo. – O povo precisa saber dessa pouca vergonha.

– Não faça isso, Darice, por favor, eu lhe imploro.

– É por causa dela, não é, Javed? Você pouco se importa com o reino. Toda a sua preocupação gira em torno dela. Daquela fingida que roubou o trono do irmão e pretende roubar você de mim.

– Ela não pretende, Darice. Já o fez.

Javed arrependeu-se no mesmo instante do que disse, quis muito retroceder no tempo para impedir seu desabafo, mas já era tarde.

Darice, descontrolando-se ainda mais, saltou do divã e partiu para cima dele como faz uma naja, ao dar o bote. Em meio às unhadas que lhe dava no peito, na face e no pescoço ela gritava, histérica:

– Eu odeio você! Odeio!

Javed tentou se defender, mas subitamente não sabia como, foi como se uma luz sob sua pessoa houvesse se apagado.

XV

Diante da decisão de Darice, Yasmine apavorou-se:

– Vai ser uma tragédia se ela expuser a verdade para todos!

– Eles não vão acreditar nela.

– Vão, sim! Os que já suspeitavam da farsa, vão unir os pontos e...

Ela estremeceu e Javed a confortou em seus braços.

– Só há um jeito de impedir essa desgraça, Javed. Só um!

Ele não precisou lhe perguntar qual era. Presumiu.

XVI

Diante do calabouço onde o irmão foi aprisionado, Yasmine tirou o manto da cabeça e quando Harian a viu, ele, rindo cinicamente, falou:

– Ora, ora, ora... Você chegou antes, bem antes do que eu esperava. Estava escrevendo as minhas memórias. Pensei que teria terminado até sua vinda.

– Você sabia que eu viria?

– Eu sei muito mais do que você pensa, Yasmine.

– Sabe então por que estou aqui?

Ele riu dela ainda mais debochado.

– Por que deve ter feito uma confusão dos diabos. Deve estar numa situação difícil, numa baita enrascada.

Ela baixou os olhos, lacrimejantes de emoção e assentiu.

– Preciso que você assuma o trono, Harian.

– Ah, é?...

– Não deboche...

– Você quer que eu assuma o trono que você usurpou de mim, agora que lhe convém? Como um cordeirinho.

– O trono lhe pertence, não lhe pertence?

– E daí?

– Foi papai quem quis assim, você bem sabe.

– E você aceitou.

– Era o pedido de um pai desesperado.

– Sei...

– Ele e mamãe também acreditaram que seu exílio aqui lhe ensinaria a ser um homem de bem.

– Ah, é, é?

Ele riu ainda mais escrachado.

– Acreditaram sim e eu também acredito que você possa ter se tornado um bom sujeito nesse período. Que tenha adquirido algum juízo nessa sua cabeça de...

– Complete a frase, Yasmine, vamos!

Ela não fez, disse simplesmente:

– Peço-lhe também que assuma o trono em nome do nosso povo, pelo bem de todos.

– Hum... Mas ainda você não me disse em que atrapalhada se meteu.

– Isso, por enquanto, não vem ao caso, Harian.

– Vem ao caso, sim!

Yasmine se viu obrigada a contar sua triste história, envolvendo Javed, para o irmão. Ao término, Harian rompeu-se numa gargalhada satânica. Só faltou dizer, declaradamente, "Bem feito!". Sem mais floreios, foi libertado e voltou na companhia da irmã para o palácio onde finalmente assumiu o seu lugar de rei.

Se alguém suspeitou da troca, calou-se diante do fato. Quando Darice voltou ao palácio, acompanhada de um séquito de pessoas interessadas no poder, para desmascarar a farsa em torno do rei Harian, foi surpreendida ao encontrá-lo no trono, tendo ao lado sua irmã e Javed ao seu lado. Ela simplesmente ficou petrificada diante do que viu. E novamente ela sentiu o chão desaparecer sob seus pés.

TERCEIRA PARTE

E DO DESTINO SE FEZ A PAIXÃO

I

Darice chegou a passar a mal e foi levada para o aposento que sempre ocupava quando visitava o local. Quando voltou a si e avistou Javed, aguardando por sua recuperação, ela imediatamente foi agressiva com ele:

– Eu odeio você, Javed! Odeio por tudo o que está me fazendo passar e odeio também Yasmine por tê-lo tirado de mim! Odeio os dois e desejo do fundo do meu coração que sejam infelizes, muito infelizes.

– Você não sabe o que diz, Darice. Está nervosa, quando se acalmar vai refletir melhor a respeito de tudo e mudará de opinião.

Ela pareceu não ouvi-lo, disse, simplesmente:

– Nós nunca deveríamos ter parado aqui. Esse deslize destruiu nossas vidas, destruiu o nosso amor. O nosso futuro tão sonhado.

– Eu sinto muito se destruiu seus planos, os nossos planos. Mas eu me apaixonei por Yasmine e foi mesmo uma grande paixão porque me apaixonei por ela, mesmo pensando ser um homem.

– Nisso você tem razão.

– Então, Darice, entenda isso e procure ser feliz com...

– Outro homem?! Eu nunca serei feliz com outro homem. Eu nasci para ser sua, Javed, só sua...

– Mas o destino não quis assim... Aceite o fato e abra o seu coração para outro homem.

E foi na calada da noite, quando ninguém mais podia ouvi-la ou detê-la que ela deixou seu quarto, caminhou até um ponto alto do palácio de onde podia se atirar e dar fim ao drama que consumia sua paz. Ela estava em pé sobre o local, prestes a se jogar dali quando uma voz firme e grave chamou sua atenção:

– Não faça isso! Só os covardes se matam!

Ela voltou-se para trás como um raio e ao avistar Harian, olhos atentos a ela, gelou.

II

Olhando atentamente para ela, Harian completou:

– Tempos difíceis passam, pessoas fortes ficam!

O tom de voz que ele usou e seu rosto, brilhando ao luar, fizeram-na mudar de ideia, aceitar seu conselho e tomar a mão que ele lhe estendera para ajudá-la a descer do parapeito do local. Olhos nos olhos, ele, então, disse:

– Ele não vale tanto assim para que você se jogue daqui e se espatife lá embaixo. Não, ele não merece.

As novas palavras dele a impressionaram mais uma vez.

– Estou me sentindo ridícula por ter pensado em...

– Todos nós, vez ou outra, somos ridículos. Não se sinta a única. Agora venha, vou acompanhá-la até seu quarto.

E os dois seguiram calados, lado a lado, pelo largo corredor incrustado de ágata e lápis-lazúli, mais um ponto magnificente do palácio real. À porta do aposento, ela lhe agradeceu mais uma vez pelo que fizera e deu-lhe boa-noite.

– Boa-noite – respondeu ele, observando atentamente seus olhos negros e bonitos, com belos cílios a circulá-los.

III

No dia seguinte, assim que pôde, Harian apanhou a primeira oportunidade para deixar seus compromissos no palácio e partir em busca de Darice. Estava curioso para saber como estava passando depois do que tentara fazer sem sucesso. Onde estaria? Logo foi informado de que ela, àquela hora, descera até o lago para vislumbrar o pôr do sol. Para lá ele se dirigiu e logo a encontrou com o olhar perdido no nada, um olhar triste, expressão do seu interior.

Ao perceber sua aproximação, a moça voltou-se para ele

e lhe endereçou um olhar muito apreciativo. Ele então segurou sua mão e a beijou, sem tirar os olhos dos seus. Permaneceram mudos e imóveis por um minuto, de olhos fixos um no outro até ela dizer:

– Vossa Majestade... Em que posso ajudá-lo? Deseja alguma coisa?

– Apenas... – disse ele rapidamente, mas não foi além disso.

O silêncio acompanhou os dois mais uma vez por um longo e misterioso minuto.

– Apenas...? – repetiu ela, como que ressurgindo de um transe.

Ele limpou a garganta para falar com imponência:

– Queria saber como está depois das últimas que passou.

O silêncio novamente se fez presente entre os dois, o suficiente para que o recém-chegado compreendesse que ela não tinha resposta para a sua pergunta. Ainda estava muito abalada com tudo.

– Você deve estar se sentindo péssima com tudo que lhe aconteceu, não? – continuou ele com voz branda e gentil. – Mas pode contar comigo para o que der e vier.

Darice gostou do modo caloroso e firme com que ele articulou cada palavra e da admiração com que olhava para ela. Foi o que lhe deu a coragem necessária para se abrir com ele:

– Estou me sentindo mesmo horrível... apunhalada pelas costas, traída!

– Da mesma forma que eu me senti quando minha irmã fez o que fez comigo.

Ela voltou os olhos para a superfície das águas e se fez sincera mais uma vez:

– Só levarei comigo, deste lugar, más recordações. Desculpe-me pela franqueza.

Ela fez ligeira pausa e, notando que ele a ouvia atentamente, continuou:

– Vim para cá empolgada para tornar essa viagem a mais interessante e inesquecível que já vivi. Contudo, tornou-se a pior de todas. Meu pior pesadelo.

84

– Eu sempre pensei que o amor existisse para nos fazer bem, somente bem, nunca o mal, o maior mal da nossa vida.

Ela suspirou e concluiu:

– Se Vossa Majestade souber, por favor, me diga: por que o bem de repente se transforma no mal? Por que aquilo que tanto nos faz bem, de repente, passa a nos fazer tão mal? Por que tem de existir o mal? Por que as pessoas têm seus planos alterados de uma hora para outra, ao encontrarem novas pessoas pelo caminho? Por que a união afetiva, uma vez conquistada, não é para sempre? Por que o ser amado não ama reciprocamente quem tanto o ama? O que os deuses querem nos ensinar com tudo isso?

– Eu não sei – respondeu Harian, admirado mais uma vez por se sentir bem ao lado daquela que julgava ser a mais linda mulher de todo o reino.

– Eu não queria ter sido má – continuou ela, melancólica –, se fui, foi porque as pessoas foram más comigo, entende?

– O mesmo digo eu – admitiu ele, resoluto. – Todas as vezes que fui mau foi para me proteger da maldade alheia.

Ela fez ar de compreensão e ele, num tom mais animado, sugeriu:

– Se me permitir, posso levá-la para conhecer os arredores encantadores da cidade de Sarmad, e, quem sabe assim, quebrar a má impressão que teve daqui.

– Penso que seja melhor eu ir embora, o quanto antes... – respondeu ela, sem dar devido valor a sua proposta.

– Você teria coragem de voltar para a sua terra onde...

Ela respondeu rápido:

– Não tenho outra escolha senão voltar... Ainda que lá eu só encontre recordações que não quero ter, não tenho outra escolha.

A palavra "recordações" doeu em Darice como um golpe na laringe. Quando finalmente recuperou a voz, ela soou embotada e vazia:

– Este é o meu destino agora, Vossa Majestade, e tenho de enfrentá-lo.

– Destino... – repetiu Harian, pensativo, dando um valor a mais à palavra. – O destino não deve ser acalentado por nós e, sim, mudado por nós.

– Vossa Majestade acha mesmo que isso seja possível?

– Sim, mas somente para os que ousam desafiá-lo porque se acham capazes disso.

As palavras dele fizeram-na prestar mais atenção a ele, em seus olhos escuros e profundos, como se tivessem o poder de petrificar aqueles que olhassem diretamente para eles. Uma súbita e repentina timidez paralisou a jovem a seguir e foi ele, mais uma vez quem a descontraiu.

– Quero que aceite o convite que lhe fiz há pouco. O de levá-la para conhecer Sarmad para apagar-lhe a má impressão. Por favor, aceite.

Ela, ainda que incerta quanto ao que responder, acabou aceitando o convite.

IV

Harian nunca fora tão gentil com alguém, nem mesmo com os pais, mas com Darice, ele se mostrou diferente, para espanto de todos e até de si próprio. Ela exercia um fascínio sobre sua pessoa, algo que jamais alguém conseguira despertar nele. Poderia se dizer que Harian se apaixonou por ela, perdidamente, ao primeiro encontro. Uma paixão ardente, que muito em breve se mostraria doentia.

Quanto a ela em relação ao Rei, não podia negar que se tratava de um espécime belo e robusto, um homem mais interessante do que belo, atraente e sedutor. Só havia um problema, ele não era Javed, aquele a quem ela juraria seu amor eterno. Ser-lhe fiel na alegria e na tristeza, na saúde e na doença. Quem deu sentido a sua vida e fez com que ela descobrisse o amor e a paixão. Os dois sentimentos, entrelaçados, fortes e indomáveis. Mas Javed a trocara por outra sem ter consideração alguma por seus sentimentos. Ela tinha de se conscientizar desse fato de uma vez por todas se quisesse ser feliz ao lado de outro homem. Só bastava encontrá-lo, talvez em Kansbar, sim, a cidade na qual nascera e crescera e de onde nunca deveria ter tirado os pés.

V

Naquela mesma noite, Harian convidou todos para um

jantar no refeitório real. Nunca ninguém o viu, demonstrando tanta simpatia e entusiasmo com a vida como agora.

– Eu já ouvira falar do rei de Kansbar, mas jamais pensei que viria conhecer seu filho, o herdeiro do trono em circunstâncias tão diferentes.

Quando Darice apareceu, ele imediatamente se levantou e a convidou a se sentar.

– Que bom que veio! Esperávamos por você.

Ela, muito sem graça, se dirigiu à mesa e sentou-se.

– Não mais percamos tempo com os desalinhos do passado. Sigamos em frente doravante com os olhos voltados somente para o futuro que é, de fato, o que realmente nos interessa, concordam? Façamos as pazes, sejamos amigos eternos.

Os três ainda com dificuldades para se encararem, assentiram e muito entusiasmado, então, Harian fez sinal para que o jantar fosse servido. Um jantar repleto de iguarias e vinhos deliciosos. Ao término, Harian falou mais uma vez com surpreendente sinceridade:

– Eu, o rei de Sarmad, anuncio que um novo tempo vai começar. Um tempo de paz e amor para todos, de uma forma que nunca se viu em toda a história do nosso povo.

E erguendo a taça, propôs:

– Façamos um brinde aos novos tempos, a nós e a toda Sarmad.

E o brinde foi feito entre sorrisos e olhares afetuosos.

VI

No dia seguinte, logo pela manhã, Harian reencontrou Darice, sentada no jardim real. À luz do sol seu rosto se tornava ainda mais atraente e sedutor. No entanto, não era sua beleza que tanto o impressionava e, sim, o que ela despertava dentro dele, no seu coração, uma quentura gostosa que logo se tornou um incêndio.

Os encantos de Darice fizeram com que ele se esquecesse temporariamente de sua ponderação em relação às mulheres. Quando a paixão por ela tomou conta dele por inteiro, a ponderação em relação às mulheres se apagou quase que por

87

completo. Ele estava apaixonado e como todo apaixonado, cego para tudo mais. Foi então que ele se voltou para ela, com um sorriso bonito e carismático e disse:

– Darice... Quero que seja minha esposa. Casando-se comigo você ainda será uma rainha como teria sido se casasse com Javed. Reinará apenas num reino diferente.

A proposta deixou a jovem escarlate. Até as sobrancelhas ficaram coradas. Jamais pensou que ele estaria interessado nela, pensou apenas que ele estivesse querendo lhe ser gentil, nada mais. Todavia, sua proposta de casamento a libertaria das recordações que viveria se voltasse a morar em Kansbar onde conheceu e viveu grandes momentos ao lado de Javed. Casando-se com Harian, ela também se afastaria de Javed, pois ele logo voltaria para o seu reino, levando consigo Yasmine com quem se casaria sob a bênção de seu pai, o rei. Por isso e por tudo mais, Darice respondeu sem titubear:

– Está bem, Harian, eu aceito me casar com Vossa Majestade.

Uma agradável admiração espalhou-se pelo rosto franco do rei.

– Ah! Então marquemos a data que será comemorada com uma grande festa! – alvoroçou-se ele em voz alta, num tom agradável e objetivo. – Será um grande dia! O mais lindo já visto por todos desde o princípio.

Darice, por sua vez, não sabia dizer se estava verdadeiramente feliz. Talvez estivesse, ou preferia acreditar que sim.

Naquele dia, qualquer um do palácio ou da cidade de Sarmad que cruzasse com Harian, diria que ele era o homem mais feliz do planeta.

O dia do casamento dos dois finalmente chegou e Darice estava linda dentro de um vestido branco, diáfano. A cerimônia começou com ela, descendo a grande e longa escadaria que levava aos jardins do palácio, admirada por inúmeros convidados para a grande ocasião. Logo, Harian segurou sua mão trêmula e a conduziu até o meio do santuário de pilastras sem teto onde os sacerdotes os aguardavam diante da chama sagrada.

Darice nunca lhe pareceu tão bonita, ele mal cabia em si de orgulho e felicidade por desposá-la.

O sacerdote fez então sinal para que o casal se ajoelhasse, aproximou-se, pousou as mãos nos sedosos cabelos pretos da noiva e proferiu as palavras do ritual. Logo, ambos estavam casados e ovacionados pelos convidados que lotavam o grande salão real.

Yasmine estava feliz com os rumos que sua vida e a do irmão haviam tomado nas últimas semanas. Vê-lo casado e feliz com Darice da mesma forma que aconteceria com ela e Javed dentro em breve, era realmente admirável. Certeza de que agira certo, ao libertar o irmão da prisão.

Foi em meio à festa, enquanto todos comiam e bebiam à vontade, conversavam, riam e dançavam com grande entusiasmo que Harian pegou a mulher com quem acabara de se casar, olhando atenta e amorosamente para Javed. Antes não tivesse visto, desejou, mas já era tarde demais. Agora o ciúme incendiava o seu coração, asfixiando sua alma.

É obvio que ela ainda o amava, uma paixão de anos não morreria de uma hora para outra; ele bem sabia, todavia não se via capaz de aceitar o fato ou suportá-lo até que tivesse fim, se é que um dia realmente teria, concluiu solitariamente com seus pensamentos.

VII

No dia seguinte, um dia antes de Javed retornar a Kansbar para anunciar ao pai, o rei, sua intenção de se casar com Yasmine, a convite de alguns súditos, Javed partiu para uma pescaria ao longo do rio que se estendia nas proximidades da cidade. Pescaria sempre foi algo que apreciava muito desde criança. Yasmine então foi chamada por Harian até uma das salas reais, que naquele momento estava completamente vazia.

– Você mandou me chamar, Harian, aqui estou. Fico feliz em saber que está feliz com tudo que vem lhe acontecendo...

Ele a interrompeu.

– Uma tâmara?

Só então ela notou o potinho em suas mãos.

– Ah, sim, obrigada.

– É sua fruta favorita, não?

– Sim, Harian. Desde menina.

– Eu sei...

Ela saboreou a tâmara, sorrindo para ele, que olhava curiosamente na sua direção.

– Está gostosa?

– Uma delícia...

E diante dele, esfregando o queixo bem barbeado com o dedo indicador, avaliando seu rosto de olhos negros e penetrantes, ela perguntou:

– O que foi? Por que me olha assim?

Ele riu, sinistro e sarcástico ao mesmo tempo.

– Harian, você está me assustando.

– Estou, é?

– O que houve? Aconteceu alguma coisa? Diga-me, por favor. Estou ficando nervosa.

– Yasmine, Yasmine, Yasmine... Você achou mesmo que eu iria me esquecer do que você me fez?

Risos.

– Nunca, minha irmãzinha! Nunca, nunca, nunca!

A vista dela começou a embaçar.

– Não estou me sentindo bem.

– Oh, pobrezinha... – respondeu ele com fingida piedade.

– Venha, sente-se aqui no trono.

Ele a amparou até ali e, sorrindo maquiavelicamente, falou:

– Incrível, sabe? Como você sentada aqui à meia luz pode ser confundida comigo. Eu mesmo me confundiria se não soubesse quem é.

Ela agora respirava ofegante.

– Estou passando mal, Harian... Acho que vou desmaiar.

– Oh, coitadinha...

E sem dizer mais uma palavra sequer, a moça apagou. Ele então colocou o potinho com tâmaras embebidas em alguma solução mortífera nas mãos dela e se retirou do recinto. Logo encontrou Narda pelo caminho e com fingida doçura, perguntou sobre a irmã.

– Vossa Majestade? Eu não a vi.

– Se a vir, diga que quero lhe falar. Tive uma premonição há pouco de que algo muito ruim pode nos acontecer.

A mulher se arrepiou.

– Não diga.

Ele, fingido como nunca, mordeu os lábios e se escorou contra a parede.

– Sinto algo de ruim pairando pelo ar. Justo agora que estava tão feliz com meu casamento.

Não levou muito tempo para que um dos serviçais encontrasse os dois e pedisse para que fossem até a sala do trono real. Ao entrarem e avistarem Yasmine desfalecida sobre o trono, Narda gritou e Harian correu até ela, ajoelhando-se aos seus pés e chorando convulsivamente.

– O que houve?

Um médico já havia chegado ali e examinado a moça.

– Meu rei, ela, infelizmente...

Ele não precisou terminar a frase e Harian gritou, agudo e esmurrou o chão repetidas vezes. Seu desespero, ainda que uma mera encenação, contagiou todos que chegavam ali.

– Por quê? Por quê? – gritava Harian, vertendo-se em lágrimas fingidas.

Logo seus súditos concluíram que um inimigo adentrara o palácio e envenenara as tâmaras que seriam servidas para o rei, com o propósito maligno de matá-lo.

– Quem foi o traidor? Revistem o palácio, cerquem as ruas, encontrem esse maldito! – berrava Harian dramático ao extremo.

Quando Javed chegou, seus olhos mal podiam acreditar no que viam. Yasmine já havia sido levada para seu aposento e agora jazia sobre a cama, coberta por um lençol, sob as luzes dançantes das velas que iluminavam o local.

– Meu amor... – murmurou ele, entre lágrimas, arrojando-se aos pés da cama. – Oh, destino cruel... Uniu-nos para vivermos nosso amor por tão pouco tempo.

E chorou sua desgraça.

Darice, ao vê-lo, quis abraçá-lo e confortá-lo, ainda que ele a tivesse trocado por outra, a que jazia morta agora em seu leito. Não queria vê-lo destruído assim.

Foi então que Harian se voltou para Javed e chorando, descabidamente, falou:

91

– Ela morreu no meu lugar, isso não está certo, não está! Mas o criminoso não ficará impune! Há de ser descoberto e morto em praça pública.

E Javed concordou com ele.

No dia seguinte, o corpo de Yasmine foi sepultado no jazigo da família real. Sob um ritual lindo e comovente dirigido pelos sacerdotes reais. Quando tudo teve fim, Javed, arrasado, foi escorado de volta as suas dependências no palácio onde ficou entregue ao luto triste e solitário que devastava sua alma.

VIII

Na calada da noite da madrugada seguinte, Harian seguiu até o calabouço. Sob a luz amortecida de uma tocha, adentrou o lugar atento à pessoa que fora aprisionada ali. Sua sombra projetada no chão fez com que ela reconhecesse o visitante no mesmo instante e se voltou para ele.

– O que estou fazendo aqui, Harian? – perguntou a jovem que todo reino pensava estar morta a essas alturas.

Súbita e inesperadamente, ele começou a rir.

Os olhos dela fecharam e se tornaram a abrir, enquanto a perplexidade os invadia por inteiro.

– Eu lhe fiz uma pergunta, Harian. Responda-me, por favor!

Ele permaneceu temporariamente olhando para ela com um sorriso divertido nos olhos.

– Yasmine, Yasmine, Yasmine... – murmurou, então, rompendo o silêncio constrangedor. – À uma hora dessas, todos choram a sua morte, princesinha.

– Minha morte? Do que está falando, Harian?

Ele riu ainda mais sinistro e explicou, em poucas palavras, o que havia feito. Ela, horrorizada, falou:

– Você não pode ter feito uma coisas dessas, Harian... É desumano. Javed deve estar arrasado.

– Que ele se lasque! Ele e todos mais que lhe queriam bem. Que preferiam você a mim.

– Não seja desumano.

– Desumano, eu?! E você por acaso foi humana comigo quando colaborou com o plano ordinário do nosso pai?

Ela engoliu em seco e ele foi adiante, furioso:

– Agora você vai passar por tudo o que passei neste lugar imundo e solitário. Já que tomou o meu lugar no palácio, é mais do que justo que agora tome o meu lugar neste calabouço nojento em que fui aprisionado. Aprisionado sem dó nem piedade.

As sobrancelhas de Yasmine ergueram-se pronunciadamente.

– Harian, por favor... Você mudou, sei que mudou! Você agora tem um coração bom.

– Não seja ridícula. Desde quando alguém muda, vivendo num lugar desses?

– Não faça isso comigo, por favor, eu lhe imploro. Não suportarei ficar só neste lugar.

– Não ficará só. Haverá besouros, escorpiões e najas para lhe fazerem companhia.

– Então é melhor me matar! Prefiro a morte a ter que enfrentar tudo isso!

– A morte não, Yasmine, seria bom demais para você.

Ela engoliu em seco e deu sua última cartada:

– Assim que Javed der pela minha falta, virá atrás de mim.

– Não virá não, minha querida.

– Virá sim, Harian. Você sabe que virá!

– Não virá porque numa hora dessas ele chora a sua morte, Yasmine.

Os olhos dela se arregalaram, tomados ainda mais de horror.

– É isso mesmo o que você ouviu, querida irmã. Um sujeito qualquer entrou no palácio e envenenou sua comida, pensando que você era eu. Todos estão pensando que você morreu no meu lugar e é digna de todas as reverências possíveis por ter salvado a minha vida.

– Que história é essa, Harian, enlouqueceu?

– Não, princesinha, é exatamente isso que estão pensando lá fora. Fui eu quem chamou o tal sujeito para fazer o que fez, para que eu pudesse aprisioná-la aqui sem ter de dar explicações a ninguém, especialmente ao seu adorado macho.

– Isso é insano!

– Tão insano quanto a farsa que você e aqueles que eu chamava de pai e mãe armaram para mim.

– Harian...

Ele elevou ainda mais a voz que ecoou ardida no local:

– Desse lugar eu consegui escapar muitas vezes. Mas você não terá a mesma sorte, maninha. Providenciei para que não a tenha.

– Quer dizer...

– Complete a frase se tiver coragem.

– Você está tentando me embaralhar as ideias novamente.

– Não estou, não! Eu realmente escapei daqui por muitas vezes, queridinha. Dava um giro lá fora e depois voltava para cá para ninguém desconfiar do que eu fazia.

– Impossível...

– Você achou mesmo que essas barras me deteriam? Não pode ter sido tão estúpida.

– Se você podia entrar e sair do calabouço, então foi você quem envenenou o nosso pai...

Outro risinho de deboche.

– Foi você, não foi, seu monstro?

– Isso você nunca ficará sabendo, irmãzinha. Vai ser outro sentimento apavorante que carregará até o último dia da sua vida.

– Não pode ser... Não pode ter feito uma monstruosidade dessa.

– Sabe o que eu não me canso de perguntar, minha irmã? Como é que você pode ter nascido do mesmo ventre que eu. Saído da mesma barriga, da mesma mãe?

– Eu também me faço essa pergunta, Harian.

O clima pesou ainda mais no recinto sombrio e malcheiroso. Foi Harian mais uma vez quem quebrou o silêncio constrangedor:

– Sabe por que eu me deixei ser aprisionado pelo nosso pai, e trazido para cá sem espernear? Para vê-la, sofrendo, por ter de cortar o cabelo que tanto adorava.

– Foi por isso, por isso que você a raspou antes.

– Bidu!

– Você sabia o tempo todo o que o papai pretendia. Se não sabia intuiu e, por isso, cortou o cabelo para me obrigar a fazer o mesmo para poder me passar por você.

– Ah, como foi divertido vê-la sendo obrigada a se passar por mim, perceber que tremia por debaixo de suas vestes. Mas a sorte me ajudou, ao fazê-la se apaixonar pelo detestável do Javed. Mais sofrimento, dor e angústia você teve. E então veio o melhor de tudo: vê-la me suplicando para que eu ocupasse o meu lugar de direito, para evitar uma desgraça! Foi perfeito, foi mais do que perfeito, foi sensacional! Não podia ter sido melhor.

Ele fez uma pausa e riu como um louco. Depois, recuperando o tom zombeteiro de antes, complementou:

– Acho que você nunca soube, mas eu vou lhe contar agora. Um dia, o vidente mais respeitado dos reinos do Oriente, me disse que eu seria derrotado por uma mulher. Diante do meu risinho de escárnio e dúvida, ele teve a pachorra de me dizer também que ninguém desvia o destino. Mas eu estou aqui para provar o contrário, irmãzinha, que o destino somos nós que fazemos, nós que o determinamos e ponto final.

– Não se sinta tão seguro assim, Harian. Você sabe, todos sabem que ninguém pode desviar o destino ainda que esse alguém seja um rei. O amanhã cabe aos deuses decidir.

– Pois eu estou provando a todos que isso não é verdade e sabe qual foi a vantagem de eu ter me encontrado com esse vidente? É que ele me deixou em alerta em relação às mulheres, bem atento a seus passos para que eu possa conseguir me safar de suas artimanhas, ludibriando assim o destino, provando ao mundo que sou superior a todos, pois posso mandar e desmandar no futuro a meu bel prazer. Assim como faço com as tempestades.

– Os deuses não podem ter dado tanto poder a um ser tão desprezível como você.

Ele rindo, soberbo respondeu:

– Serei conhecido no futuro como o rei que desafiou o destino e o venceu.

– Neste dia, Harian, eu me curvarei aos seus pés.

– Pois já pode ir se curvando, minha irmã querida, pois eu

já sou um vitorioso. Um deus encarnado. Seria mesmo possível para alguém, um mero mortal, desafiar o destino e vencê-lo? Seria o irmão realmente capaz daquilo? Ela e seus pais tentaram afastá-lo do trono para proteger o reino de suas artimanhas e má índole e, no entanto, tudo fora por água abaixo, provando que ninguém pode mesmo desviar aquilo que já foi traçado pelo infinito. O irmão voltara a ocupar o que lhe era de direito e tudo seguiria conforme havia sido traçado pelo destino. Dos mistérios da vida esse era um dos que ela mais queria desvendar e, por isso, pediu aos deuses que a mantivessem viva o tempo suficiente para descobrir.

Yasmine despertou de suas confabulações consigo, quando o irmão agarrou seu braço e se fez severo mais uma vez:

– Só me faça um favor enquanto estiver aqui. Não cometa suicídio.

Ela, enfrentando o seu olhar, respondeu à altura:

– Imagina que eu ia me suicidar, ou coisa que o valha? Isso seria indigno da minha pessoa. Revelaria uma fraqueza que não possuo.

– Muito bom ouvir isso – respondeu Harian, satisfeito. – Sinto menos vergonha de tê-la como irmã.

– Você vai se arrepender por me deixar aqui, Harian.

Ele mirou os olhos dela e sorrindo, cinicamente, falou:

– Você por acaso se arrependeu por ter compactuado com o plano do imbecil do nosso pai?

Ela tentou se defender, mas não conseguiu, o que só serviu para ele se sentir ainda mais vitorioso.

– E só mais um lembrete, irmãzinha. Se fugir daqui, sua vida se tornará um inferno ainda maior. Eu vou procurá-la até do outro lado do mundo. Você dormirá com um olho aberto e o outro fechado. Ou melhor, não dormirá, pois não terá sossego por saber que a qualquer momento, eu posso aparecer e destruir de uma vez por todas a sua vida.

– Você não é humano! Não pode ser! Ninguém seria capaz de tanta crueldade.

– Eu venho do mesmo lugar que você, Yasmine. Jamais se esqueça disso!

E sem mais ele partiu.

Ao voltar para o palácio, Harian se mostrava tão entusiasmado com a vida, que Darice ficou curiosa para saber o que o deixara tão feliz. Não era para estar, não depois da morte da irmã tão recentemente. Teria ele apreciado sua morte? Pior, teria sido ele o verdadeiro responsável pela morte da irmã? Algo se acendeu em seu cérebro. Só havia um modo de descobrir e por isso, ela foi imediatamente falar com o responsável pela guarda do palácio.

IX

Assim que soube que Eleazar chegara ao porto que ligava aquelas terras ao mar do Mediterrâneo, Harian seguiu imediatamente para lá. Assim que se viu diante do homem, foi direto ao que vinha:

– Finalmente nos reencontramos, ó, grande Eleazar.

O homem o mediu de cima a baixo e respondeu:

– O filho de Nazin e Yazda.

– Eu mesmo.

– O príncipe das tempestades.

– Fui! Agora sou o Rei das Tempestades!

– Desculpe-me. É que para mim Vossa Majestade ainda me parece um menino. O varão amado por seus pais. E a propósito, eu sinto muito pela morte dos dois.

Harian só fez um meneio com a cabeça, por achar que seria adequado, fazê-lo.

– O que o traz até mim, meu jovem?

– Você, Eleazar. Simplesmente, você.

– A mim é que procura? Por quê? Deixe-me ver... Não quer meus préstimos, pressinto, estou certo?

– Certíssimo.

– Então por que veio?

– Pensei que fosse vidente!

– Sou, mas não um leitor de mentes, o que é bem diferente.

– Sei, e pelo visto é um desmemoriado também.

– Desmemoriado?

– Por acaso já se esqueceu do desafio que lhe fiz?

– Ah, sim... Pensei que Vossa Majestade tivesse se esquecido.

– Eu, nunca! Disse a você que eu seria aquele que provaria a todos que você errou numa de suas previsões, certo?

– Não estou nesta vida para competir, Rei.

– Eu, estou!

– Vossa Majestade, ouça-me...

– Ouça-me você, seu vidente de meia pataca. E enquanto eu estiver falando, mantenha-se calado.

E sem delongas, Harian resumiu para o homem o que seus pais fizeram para evitar que ele assumisse o trono e o que obrigou sua irmã a libertá-lo do calabouço. Contou-lhe também que a irmã havia morrido em seu lugar, ao comer tâmaras envenenadas destinadas a ele. Ocultou dele, obviamente, toda a trama, para que não contasse a todos que Yasmine se mantinha viva e aprisionada no calabouço que fora seu lar por meses. Ao término da narrativa, após breve reflexão, Eleazar perguntou:

– Será mesmo que a mulher que poderia subjugá-lo era sua irmã?

– Qual outra teria interesse em me derrotar? Somente ela!

– Será mesmo?

– Tenho certeza absoluta!

– Pode ser...

– E...

Dessa vez foi o vidente quem o interrompeu, impostando a voz e falando em tom de alerta mais uma vez:

– Majestade, ouça o meu conselho! Não brinque com o que desconhece!

– Eu nada temo.

– Nem aos deuses?

– A nada.

– Sua onipotência é mesmo admirável.

Harian suspirou e disse, envaidecido:

– Eu quero que esteja vivo, Eleazar, muito vivo para poder encarar sua frustração. Porque eu vou desbancá-lo e feio, bem feio!

Sem mais, o jovem rei montou seu cavalo e quando ia partindo, as mãos fortes de Eleazar seguraram suas rédeas.

– Jovem Rei, ouça!

Harian, peitando-o com o olhar e descaso falou:

– Desembucha!

– Vossa Majestade precisa saber que a vida vai muito além dessa em que estamos.

– Além da morte, você diz?

– É um pouco mais profundo do que isso, meu senhor. Vidas podem ser revividas, se é que me entende.

– Está subestimando minha inteligência, por acaso?

– Não, pelo contrário, só lhe digo isso por saber que somente um homem como Vossa Majestade é capaz de compreender minhas palavras.

Harian não se deixou intimidar e, lançando um olhar mais de superioridade ainda, por sobre o vidente, falou:

– Lembre-se, Eleazar. Você foi subjugado por mim, Harian, o rei de Sarmad e, por esse grande feito, entrei para história.

– Pois eu ainda lhe digo que Vossa Majestade, Harian, o rei, será subjugado por uma mulher.

E os dois permaneceram olhos nos olhos por quase um minuto até Harian partir, exigindo o máximo do animal.

Assim que Eleazar voltou para dentro de seus aposentos, deixou seu corpo cair sobre o assento e pensativo ficou. Nunca alguém o havia desafiado em toda a vida, duvidado a princípio, sim, mas logo se rendido a sua capacidade, admitindo sua genialidade.

Seria mesmo Harian capaz de fazer aquilo que lhe prometera? Vencer o destino? Ele tinha de se manter vivo para poder ver. Agora sua vida ganhara um novo propósito e o maior de todos de acordo com seu ego e sua vaidade.

X

Os dias nunca pareceram sorrir daquela forma para Harian. De tanta felicidade que sentia pelos rumos que conseguira dar para sua vida, ele decretou uma semana de festas no palácio. A festa começou exatamente na hora em que o Rei determinou e foi ganhando mais entusiasmo à medida que a bebida embriagava todos.

Os olhos de Harian se arregalavam a cada véu diáfano

que as dançarinas deixavam cair ao chão. Quando nuas, por exigência dele próprio, as jovens brincavam de esconde-esconde entre os divãs, rindo muito por estarem completamente embriagadas.

Harian, com o rosto vermelho de excitação, se esbaldava entre tapinhas e cócegas que trocava com as mulheres mais lindas que ousavam achegar-se a ele.

Aos olhos de Darice e dos mais conservadores, aquilo estava indo longe demais. Diante de seus olhares julgamentosos, Harian se defendeu:

– É dia de alegria, por que me olham assim? Estamos em festa e de agora em diante viveremos de festa! Tanto que em breve, muito em breve, seremos conhecidos como o povo mais festeiro do Oriente.

Os mesmos conservadores, fiéis a Nizan, o rei, entreolharam-se, perguntando-se mais uma vez se Yasmine havia sido realmente prudente, ao libertar o irmão do confinamento.

Ao avistar uma aia baixa e gorducha, que olhava para tudo com insegurança, Harian mandou chamá-la. Fez com que ela desse uma voltinha diante de si, deixando-a extremamente envergonhada.

– Majestade, por favor...

Diante de seus olhos maliciosos e debochados, a mulher estremeceu.

– Posso ir, agora?

Harian não lhe deu ouvidos, determinou, impostando a voz:

– Arranquem a roupa dessa gorda!

A aia chegou a chorar de medo e vergonha pelo que estava prestes a lhe acontecer.

– Vamos rápido, vamos! – exigiu Harian, divertindo-se um bocado com o desespero da mulher.

Assim as dançarinas fizeram e a seguir, por exigência de Harian, entornaram um galão de vinho sobre a gordinha que gelou e ainda mais quando foi forçada a se deitar numa esteira para que a rolassem de um lado para o outro como se fosse um barril. As gargalhadas ecoavam por todo o salão em festa e há muito que não se ria assim ali.

Os súditos mais conservadores se levantaram no mesmo instante, horrorizados com o desrespeito do rei para com seus serviçais. Se Nizan estivesse vivo, nunca permitiria uma coisa dessas.

– Vocês por acaso perderam o senso de humor, foi? – desafiou Harian, ao perceber a indignação estampada na face de cada um.

– Não, Majestade – ousou um responder. – Só penso que não é preciso humilhar os outros, especialmente os menos afortunados para alimentar o nosso bom humor ou nos divertirmos.

– Bah!

Fazendo uma reverência, tais homens partiram enquanto a pobre gorducha chorava e gemia de desgosto pelo que estava passando na frente de todos que de tanto rirem, já estavam com as bochechas doendo.

– Majestade, por favor, deixe-me ir – suplicou a mulher, transpirando de vergonha, tensão e decepção. – Tenha pena de mim!

– Pena? – retrucou Harian com súbita fúria. – Por que eu haveria de ter pena de uma gorda e feia como você? Você deveria ter vergonha de se deixar ser vista pelos olhos humanos. Rolando como um barril, você tem mais serventia para todos.

A gordinha chorou ainda mais e Harian foi além:

– Aposto que nunca foi deflorada, não é mesmo? Também pudera, quem iria querer uma porca como você?

Com um novo sinal, o Rei ordenou que um de seus escravos deflorasse a moça na frente de todos como muitos povos perdidos na imoralidade faziam e vieram a fazer depois.

Ao avistar Darice, deixando o local, Harian foi atrás dela.

– Indo embora, tão cedo?

Ela o encarou, com certo constrangimento e aflição.

– O que você está fazendo com aquela mulher...

– A gorda?! – ele riu. – Pois ela deveria me agradecer por eu ter feito o que fiz.

– Agradecer-lhe?! Você perdeu o juízo?

– Ela não passa de uma mal-amada e ignorada por todos. De agora em diante poderá dizer a todos que já sabe o que é um homem, e, talvez, perca aquela pança horrível, o que a fará se sentir mais bonita.

– Pobre moça...

Ele ergueu seu queijo, mirou seus olhos e disse:

– Não se preocupe com os serviçais... Eles são como os animais dos quais extraímos a carne para nos alimentar. Existem no mundo para nos servir, não possuem uma alma grandiosa como a nossa, grande e poderosa.

– Eu não sou poderosa...

– É sim, Darice... Casando-se comigo tornou-se uma.

Com uma reverência, Darice partiu.

Em meio à festa do dia seguinte, Harian falou:

– Onde está a nossa maior e melhor atração da noite?

– Meu senhor, eu...

– Traga a gorda!

Os convidados se levantaram em coro:

– Queremos a gorda! Queremos a gorda!

– O que está esperando, sua inútil? – ralhou Harian com a dançarina que incumbiu de ir buscar a obesa. – Traga aquele monte de banha ou eu mesmo vou buscá-la e arrasto até aqui pelos cabelos sebosos.

– Majestade, a pobrezinha...

– Pobrezinha? – Harian gargalhou, acompanhado dos bajuladores. – Se fosse pobre seria somente pele e osso.

E depois de novas gargalhadas, Harian exigiu novamente que a moça fosse buscar a gorda. Foi então que ela conseguiu finalmente se explicar:

– Majestade, a pobrezinha está morta. Foi encontrada morta esta manhã. Caiu ou se jogou de uma das janelas do palácio.

Harian não mediu as palavras. Entre risos, respondeu:

– Então, doravante, vai sobrar mais comida para todos!

E gargalhou mais uma vez espalhafatosamente, acompanhado de seus bajuladores tão embriagados quanto ele.

XI

Enquanto isso, Yasmine enfrentava sozinha sua desgraça,

aprisionada naquele calabouço imundo e Javed passava noites em claro, chorando sua morte. Foi então que Narda encontrou novamente Darice sentada num canto da sala que sempre ocupava nos fins da tarde, com um olhar desolado, jogado sobre o nada.

– Minha rainha, o que foi?

– Estava aqui pensando em Javed e Yasmine... No que o destino fez com suas vidas. Uniu e os separou de forma tão rápida e impiedosa. Não sei por que os deuses permitiram um final tão triste para os dois.

– Só os deuses podem lhe responder, minha rainha. Mas, por favor, não se aborreça mais com isso. Aborrecimentos não farão bem para o bebê.

– Eu sei, minha querida... Mas nem sempre consigo controlar minhas emoções, sabe? Elas são muitas vezes como feras indomáveis presas dentro de nós.

A aia aproximou-se dela e ficou a acariciar seu trapézio.

– Relaxe, minha rainha, relaxe...

– Às vezes penso que... esqueça.

– Diga, minha rainha, desabafar faz bem.

– É uma suspeita, sabe? De que Yasmine não morreu, está viva, aprisionada por Harian em algum lugar deste palácio ou reino. Talvez, no mesmo calabouço em que ele foi aprisionado pelo pai.

A suspeita deixou Narda aturdida.

– Então a senhora também acha...

Darice virou-se rapidamente para a mulher.

– Por quê? Você também pensa assim, Narda?

– É que, bem, essa ideia já me passou pela cabeça por diversas vezes. Não deveria dizer isso, mas, confio na senhora.

– Diga, o que é?

– É que o Rei, bem... Se os próprios pais foram capazes de aprisioná-lo num calabouço, é porque, bem, flor que se cheire ele não é. E não acredito que tenha mudado, por ter passado o que passou por lá. Pelo contrário, penso até que piorou de índole neste período.

– Você tem razão, Narda, toda razão. Precisamos descobrir

se o que pensamos é de fato real.

– Como?

– Ora, minha querida, indo até o calabouço do palácio. Se Yasmine estiver lá, logo saberemos.

– Deixe-me então ir sozinha, não fica bem para Vossa Majestade pisar num lugar como aquele. Dizem que lá se pegam doenças contagiosas dos prisioneiros confinados. Vossa Majestade está grávida, tem de se resguardar.

– Está bem, minha querida. Mas faça isso por mim, o quanto antes, preciso tirar isso a limpo. Se Harian foi capaz de uma farsa dessas, então ele é capaz de outras piores. Dele então terei de me resguardar, ficar sempre alerta.

– Mas ele adora Vossa Majestade. Ama-a enlouquecidamente.

– Exatamente por me amar assim que devo ficar em alerta. Quantas e quantas mulheres já não morreram por causa de um amor obsessivo e doentio de um homem?

– Não pense assim, ele não seria tão mau a ponto...

Darice a interrompeu:

– É isso o que precisamos descobrir, Narda. E tomara que eu e você estejamos erradas.

Na calada da noite daquele mesmo dia, Narda deixou seu quarto tendo o máximo cuidado para não ser vista ou ouvida por ninguém. Todos ali já tinham ouvido falar do calabouço, mas poucos o haviam visitado. A não ser que fossem da guarda destinada àqueles fins. Com muito custo ela conseguiu chegar ao local e quando percebeu que não teria como passar pela guarda, voltou frustrada para seus aposentos, pensando numa forma de entrar ali sem ser vista. Ao comentar com Darice no dia seguinte, ela se lembrou da poção da qual ouvira falar certa vez e que fazia com que as pessoas parecessem mortas quando na verdade não estavam.

– O quê? – exaltou-se Darice, ao ouvir suas palavras. – Se existe realmente uma poção assim, então Harian fez uso dela para enganar todos. Vimos de fato Yasmine morta, mas não estava. Estava apenas entorpecida. Isso me dá muito mais certeza de que ela está viva.

– Eu posso fazer uso dela para apagar a guarda pelo tempo

suficiente de eu entrar no calabouço e libertar a princesa se ela realmente lá estiver.

– Sim. Uma pequena dose na comida ou na bebida dessa gente será o suficiente para fazê-los adormecer pelo tempo que precisa para entrar lá e descobrir se Yasmine está realmente aprisionada ali como suspeitamos.

E assim ficou decidido.

XII

Enquanto isso, em Kansbar, o rei Guebers, cada vez mais preocupado com o futuro de seu filho, chamou-o para uma conversa que, a seu ver, não mais poderia ser adiada.

– Javed, meu filho, sei o quanto ainda sofre pela morte de sua amada, mas a vida continua. O reino de Kansbar muito em breve ficará em suas mãos, e um rei que se preze precisa ter uma rainha ao seu lado.

– Eu ainda não me sinto disposto para pensar no meu futuro, papai.

– Mas é preciso, Javed. Também para garantir um herdeiro para o trono.

– Eu sei, mas...

– Filho, você precisa ser forte. Quando perdi sua mãe também sofri um bocado, mas tive de seguir em frente, não havia outra escolha, a missão que os deuses depositaram em minhas mãos é muito séria para abandoná-la por tristeza.

– Eu sei, papai, mas é tão difícil.

– Uma mulher, uma nova mulher na sua vida será também de grande serventia para a sua recuperação. Ajudará a fazê-lo se esquecer da jovem que tanto amou e encarar o dia a dia com mais otimismo e alegria. Por isso, aconselho-o a se casar o quanto antes. Quando souberem que o filho do rei procura uma jovem para se casar, não faltarão candidatas... Assim, você vai poder escolher dentre todas a mais bonita e meiga.

– Está bem, papai. Farei o que me pede. Penso que Yasmine em meu lugar faria o mesmo porque sempre prezou muito seu povo a ponto de se sacrificar muitas vezes por ele.

– É assim que se fala, meu filho. Sinto-me novamente orgulhoso de você.

E assim foi feito, em meio a um grande baile no salão real, moças e moças foram apresentadas ao príncipe que se esforçou para se interessar por uma delas, o que era difícil, pois ainda mantinha Yasmine, dominando sua mente e seu coração. Por fim, acabou escolhendo Fiamma, filha de um dos súditos mais influentes do reino de Kansbar. Há muito que ela já se interessara por Javed e desejou que ele a tivesse conhecido antes de Darice, por quem ele se apaixonou na adolescência. Era uma jovem de porte esbelto, olhos e cabelos castanho-claros, ondulados. Para o Rei, o filho não poderia ter feito escolha melhor. Marcou-se então a data do casamento entre os dois e a festa que seria dada em homenagem ao grande acontecimento.

XIII

Enquanto isso, em Sarmad, chegou finalmente o dia de Narda e Darice porem seu plano em ação. Narda ofereceu-se para levar a comida para os guardas que protegiam o calabouço e foi pelo caminho que ela teve a oportunidade de derramar o sonífero sobre os alimentos, o qual faria todos dormirem, permitindo, assim, que mais tarde adentrasse o local, sem ser vista, em busca da princesa.

Três horas depois de ter levado o jantar para a guarda, Narda voltou ao local para concluir seus planos. Seguiu tensa pelo corredor mal-iluminado, assustada com o eco de suas próprias sandálias, ao tocarem o piso de mármore e as sombras sinistras, lançadas pelas lamparinas sobre os afrescos das paredes. Suspirou de alívio, ao chegar ao local e encontrar a guarda, dormindo profundamente. Com jeitinho tirou o molho de chaves da cintura de um dos carcereiros e adentrou o local.

Nem ela, nem Darice contaram com a possibilidade de Harian acordar no meio da noite, tomado de certa inquietação e suspeita de que algo estava sendo conspirado contra ele. Imediatamente ele vestiu seu robe e saiu para dar uma volta pelo palácio, na esperança de aquietar sua alma. Foi então que sentiu vontade de ir até o calabouço para ver a irmã e rir um pouco às suas custas.

Neste ínterim, Narda já havia conseguido entrar no local e

descoberto a cela em que Yasmine havia sido trancafiada.

– Narda, vá embora daqui, rápido.

– Não, sem libertá-la, princesa.

– Se eles a pegam aqui, sua cabeça será decapitada.

Finalmente a porta foi aberta e sem delongas, a fiel serva puxou a princesa pela mão, conduzindo-a para fora do local. Ao ouvirem passos, vindos pelo corredor que ligava o calabouço ao palácio, as duas mulheres gelaram. Quem seria? Fosse quem fosse, poria tudo a perder. Ouviu-se então uma voz feminina, chamando:

– Harian!

As duas mulheres arrepiaram-se.

– Estamos perdidas! – lamentou Yasmine. – Todo o seu esforço foi em vão.

Ao perceber que o chamado fizera o rei mudar de direção, Narda respirou aliviada.

– Não foi, não, princesa. O chamado fez com que o Rei desistisse de vir aqui, pelo menos por enquanto. Espero que pelo tempo suficiente de escaparmos daqui sem sermos vistas.

Dito e feito, as duas fugiram dali enquanto Darice tentava distrair o marido, levando-o para longe dali. Ela, de tanta preocupação com o que estava prestes a acontecer, também acordara na noite e decidiu seguir até o local para ajudar Narda caso precisasse. Harian, levado mais uma vez pelos encantos da esposa, acabou seguindo com ela para seus aposentos.

Quando lá fora, Narda abraçou a princesa, beijou-lhe o rosto e foi precisa ao dizer:

– Vá embora princesa, para longe, e nunca mais volte para cá.

– Não posso fazer isso, Narda. Prometi a meu pai e minha mãe e a todo o povo de Sarmad que não deixaria o reino nas mãos de meu irmão ou de qualquer um com índole duvidosa.

– Eu sei, minha querida, mas fugir, no momento, é sua única escolha para sobreviver e ganhar forças para lutar contra o Rei. Por isso vá e que os deuses a conduzam até Javed.

E Yasmine acreditou muito naquilo e depois de mais um abraço, agradeceu mais uma vez a fiel criada e partiu sobre um cavalo em meio a uma noite enluarada.

XIV

Ao entardecer do dia seguinte, o reino de Kansbar estava em festa pelo maior de todos os acontecimentos dos últimos tempos: o casamento do príncipe com a bela jovem Fiamma.

A jovem de não mais que 16 anos mal cabia de felicidade pelo grande dia. Quantas e quantas jovens fariam tudo para estar no seu lugar e, no entanto, ela fora escolhida pelos deuses para aquilo.

Enquanto isso, Yasmine cavalgava, guiando-se pela fé de que chegaria ao reino de Kansbar e que tudo entre ela e Javed voltaria a ser o mesmo, finalmente. Havia uma brisa gostosa e estimulante, vindo das montanhas ao longe, suavizando o ar seco, o que a ajudava a se manter firme e forte sobre o cavalo.

Uma das sentinelas da fortaleza que protegia Kansbar, ao avistar um pontinho ao longe, levantando poeira, voltou-se para o colega e perguntou:

– Quem será?

Percebendo que o amigo não o havia compreendido, ele apontou para o horizonte, onde o pequeno ponto aumentava de tamanho gradualmente.

– Não faço a menor ideia, mas devemos nos precaver, digo, ficar de arma em punho caso seja um inimigo?

A sentinela considerou por um momento. Enfim, respondeu, frisando a vista para ver melhor:

– Acho que não. O que pode fazer um homem de um exército só?

O colega o fitou, sem entender bem e desde então ambos ficaram atentos ao que viam.

Enquanto isso, no palácio de Azur, a cerimônia tinha início. Javed, trajando devida e elegante vestimenta se preparava para desposar Fiamma que também estava lindíssima dentro de um vestido diáfano, branco e exuberante. Ele olhava para ela, mas tudo o que ocupava sua mente naquele instante era a imagem de Yasmine e em tudo que sonhara viver ao seu lado.

De volta às sentinelas, um deles subitamente sorrindo, cheio de bom humor chamou a atenção do colega a seu lado.

108

– Por que ele está rindo?! – indagou o amigo.

– Porque aquele que pensamos ser uma ameaça para o nosso reino, trata-se de uma mulher, veja!

E só então o sujeito olhou para a mulher sobre o cavalo, aproximando-se dos portões da fortaleza da cidade de Kansbar.

– Quem é ela? Devemos abrir os portões ou não?

– Sim, é óbvio que sim! Trata-se apenas de uma mulher inofensiva.

E assim eles receberam Yasmine que, com muito custo, pediu que fosse levada urgentemente até o príncipe Javed.

– No momento, ele não poderá recebê-la, eu sinto muito. Terá de aguardar para depois...

– Depois?!

– Sim, depois de seu casamento que está acontecendo exatamente agora no palácio.

Yasmine por pouco não desmaiou de fraqueza e choque.

XV

De volta ao palácio, Javed conduzia Fiamma até o altar com uma chama acesa, cercada pelos sacerdotes. A cerimônia estava prestes a ser concluída quando a voz de Yasmine ecoou no local, chamando por Javed quase num grito.

Imediatamente o rapaz voltou-se para trás e, ao avistar a jovem que tanto amava e que até então pensara estar morta, seus olhos se abriram ainda mais, estupefatos.

– Yasmine... – murmurou, em choque.

– Quem ousa atrapalhar a cerimônia de casamento do príncipe? – enfezou-se um dos súditos do rei.

– Espere! – falou Javed, largando a noiva no altar e caminhando lentamente até Yasmine que se mantinha parada, trêmula, olhando para ele. – É mesmo você... – balbuciou ele, vertendo-se em lágrimas. – Que rufem os tambores, pois é mesmo Yasmine, a mulher da minha vida, e que pensei até então, estar morta.

E o rei imediatamente saltou do trono, chocado assim como todos, com a surpresa inesperada.

O lacaio olhou-o muito admirado, enquanto uma certeza

tamanha irrompia seu peito feito um incêndio em uma floresta. Novamente ele fez que sim com a cabeça, de forma enérgica.

Seus cabelos negros e ondulados estavam cuidadosamente penteados.

– Yasmine?! – soltou a voz.

Ela desmontou do cavalo e correu até ele, arrojou-se aos seus pés e começou a beijá-lo enquanto era sacudida por uma forte onde de pesar e desespero.

Ele franziu a testa, perplexo, olhando assustado para a mulher, curvada sobre seus pés. Ele agachou-se, segurou os braços dela e a fez olhar para ele. Mas ela fugia do seu olhar, envergonhada por tudo que fizera.

– Yasmine, por favor, levante-se e acalme-se.

Foi com grande esforço que ele a pôs novamente em pé.

– Olhe para mim, por favor. Olhe para mim!

Colocando o braço por trás de sua cabeça, ela recostou seu rosto em seu peito musculoso e viril.

– Eu fui uma tola. Uma estúpida.

– Do que está falando? Acalme-se, por favor.

Ele tocou seu rosto macio. Depois se inclinou e a beijou. Seus lábios tinham o mesmo sabor, toda a doce cumplicidade e bem-estar de antes. A cumplicidade e o bem-estar que ele sentiu, ao trocarem o primeiro beijo. Ao beijá-la, ele sentiu-se completo novamente. Ela também.

– Foi tudo mentira, Javed... – ela tentou se explicar quando pôde. – Tudo invenção de Harian... Mais um de seus planos sórdidos...

– Ele não pôde ter sido tão cruel.

– Mas foi. Eu pensei que ele havia mudado, mas era tudo mentira.

Nos braços de Javed, Yasmine se esqueceu de tudo, da tragédia que marcou tão profundamente suas vidas, que os separou por tanto tempo. Tanto ela como ele pareciam estar, naquele momento, vivendo e vagando em um mundo de sonhos.

Ela tentou dizer alguma coisa, mas ele a interrompeu:

– Fui forçado por meu pai a encontrar outra mulher para me casar... Por causa do trono e também para deixar um herdeiro... Mas eu jamais a esqueci, jamais faria também ainda a amando como amo.

A voz dela vacilou, ao dizer:

– Se isso aconteceu, eu entendo...

– Obrigado por me entender, mas saiba que eu jamais me apaixonei por outra mulher. É impossível substituir você, nós dois, juntos, sob a chama do amor.

Ele abriu aquele sorriso que tinha o poder de lhe fazer perder o chão.

– Acabou, Yasmine. Finalmente acabou. Estamos juntos novamente, livres para vivermos a felicidade que tanto almejamos de uma vez por todas.

Voltando-se para seu pai, Javed conduziu Yasmine até ele.

– Papai – disse, fazendo-lhe uma reverência. – Esta é a jovem de quem lhe falei, por quem me apaixonei e fui levado a pensar que estivesse morta.

O rei, também encantado pela magnitude de Yasmine, levantou-se e estendeu-lhe a mão, demonstrando-lhe afeto e simpatia.

– É um prazer receber em meu palácio a mulher que meu filho tanto ama.

Yasmine curvou-se em sinal dc lisonja por tão calorosa recepção.

– Só não entendo como pôde ser dada como morta.

Javed adiantou:

– É uma longa história, papai, depois falamos a respeito. Yasmine precisa agora se alimentar e descansar por causa da exaustiva viagem.

– Sim, sim, certamente. E quanto à cerimônia de casamento?

– Peça desculpas à jovem Fiamma e marcaremos outra data para que eu possa me casar com Yasmine como eu sempre quis.

– Assim será feito, meu filho.

A seguir, segurando suas mãos, Javed conduziu Yasmine

pelo labirinto de salões até um santuário interno, nas profundezas do templo. Os pisos, as paredes e o teto abobadado eram de ouro entremeado com lápis-lazuli. Para onde quer que olhasse, as lamparinas incrustadas de pedras preciosas refletiam seu brilho.

Desde a chegada inesperada de Yasmine, ninguém mais ali se lembrou de Fiamma que assistiu a tudo com lágrimas nos olhos e revolta, incendiando seu peito.

– Então é isso... – murmurou ela, assim que se viu a sós com o pai.

– Isso, o que, Fiamma?

– Ela volta e eu fico chupando o dedo.

– Infelizmente sim, filha, O príncipe sempre a amou... Nunca escondeu isso de ninguém. Todos sabem que ele só ia se casar com você por exigência do rei. Mas amá-la, mesmo, ele não a amava.

– Mas teria se apaixonado por mim com o tempo se tivéssemos nos casado.

– Com certeza, mas, infelizmente, o destino traçou outros rumos para vocês.

– Sim, papai, infelizmente.

E a jovem sentiu seu peito se inflamar novamente de ódio.

Mais tarde, na cama, Fiamma, olhando com desgosto para tudo mais a sua volta, continuava pensando, relembrando as palavras do pai: "O príncipe sempre a amou... Nunca escondeu isso de ninguém. Todos sabem que ele só ia se casar com você por exigência do rei. Mas amá-la, mesmo, ele não a amava."

– Eu não aceito. Não aceito que ele me troque por outra. Ainda que a ame mais do que eu, fui eu quem lhe deu o ombro para chorar e ouvido para suas lamentações. Eu, Fiamma. A mim Javed me deve muito, ainda mais depois de ter me feito passar vergonha e humilhação na frente do rei e de todos os presentes à cerimônia do meu casamento que não aconteceu. Yasmine também me deve por isso e quero que pague pelo que me fez, ao longo de uma vida amaldiçoada e infeliz.

E com muito custo ela adormeceu.

XVI

Dias depois, Javed e Yasmine se casavam em meio a outra grande festa e uma cerimônia religiosa mística e emocionante. O reino novamente estava em festa, somente Fiamma que não. Seu ódio pelo que aconteceu, seria capaz de envenenar o casal ainda que fosse condenada à morte pelo que fizesse.

Nas semanas que se seguiram, cansada de lidar com a frustração por não ter se casado com o príncipe, ela decidiu partir da cidade para não mais ter de se lembrar daquilo que não conseguia superar. Escolheu, então, um camponês que cultivava grãos em terras não muito distantes da cidade, seduziu-o e partiu com ele na esperança de esquecer-se para sempre do que tanto a ferira.

Nesse ínterim, Yasmine se descobriu grávida e a vinda daquele que seria o futuro rei de Kansbar tornou-se o assunto predileto da cidade.

Nesse mesmo período, em Sarmad, a guarda responsável pelo calabouço real decidiu esconder do Rei a fuga da princesa, por medo do que ele poderia fazer a todos. Que ele descobrisse a verdade por si mesmo, quando voltasse a visitá-la o que nunca fazia para alívio de todos.

E assim o tempo seguiu seu curso com Darice e Yasmine tornando-se duas grávidas cada vez mais exuberantes.

113

QUARTA PARTE

QUEM SEMEIA VENTO COLHE TEMPESTADE

I

Com o avanço do tempo, Harian e Darice tiveram seu primeiro filho que se chamou Lohan. Um garoto viçoso que muito se assemelhava à mãe.

– É bonito, não? – perguntou Darice ao marido.

– Sim, bonito, como você – respondeu ele, com misteriosa estranheza.

Por fim, suspirou pesadamente e gabou-se:

– Já nasceu com porte de rei. Brindemos ao nascimento do meu filho! O herdeiro do trono de Sarmad!

E uma grande festa foi dada em homenagem ao nascimento da criança. Mais uma de suas festas extravagantes com bebedeira em excesso e imoralidade.

II

Enquanto isso, no reino de Kansbar, Yasmine também se preparava para dar à luz ao primeiro filho do casal. Javed e o rei mal podiam se conter de alegria e ansiedade pelo grande momento. Quando a criança nasceu, foi também recebida com grande festa que se prolongou por dias, marcando para sempre a história do reino. Recebeu o nome de Simin que significava prata e lembrava muito o pai.

Dias depois, o rei e o príncipe conversavam com o chefe da guarda real a respeito da segurança da cidade.

– Somos um povo pacífico, mas infelizmente essa virtude não nos protege da maldade alheia ou de reis obsecados pelo poder e que queiram nos dominar, tornar nosso povo escravo do seu bel prazer.

– Você tem razão – concordou o rei. – Infelizmente esta é uma realidade para a qual não podemos fechar os olhos.

E voltando-se para o filho, o rei perguntou:

– Não concorda, Javed?

– Sim, papai, mas preferiria que a bondade fosse capaz de proteger todos que decidissem fazer dela seu líder. Assim, a vida seria bem mais satisfatória para todos.

– Infelizmente não é assim, meu filho.

– Mas um dia, quem sabe...

– Sim. Um dia... Quando só reinarem pelo mundo pessoas que saibam eleger o bem acima de tudo. O amor, enfim, que é a bondade explícita.

– Que esse dia chegue em breve, papai. Muito em breve.

– Até lá, Javed, você deve permanecer atento à maldade alheia para proteger o nosso povo. Prometa-me que fará.

– Sim, papai, prometo! Como futuro rei protegerei nosso povo, nossa cidade e nosso reino adorado.

– É assim que se fala, meu filho. É assim que se fala!

E Javed estava mesmo disposto a honrar sua promessa.

III

Nesse ínterim, em Sarmad, Darice continuava fascinada pela chegada do filho. Já ouvira dizer o quanto o nascimento de uma criança pode transformar a vida de uma mulher, mas jamais pensou que fosse tanto. Ela se mantinha olhando para o menino em seus braços, com os olhos reluzentes, quando avistou o marido, parado sob a arcada da porta do cômodo, olhando misteriosamente na sua direção. Imediatamente ela tentou encontrar um sorriso para saudá-lo e assim que fez, ele se aproximou, lançando uma olhadela astuta e enviesada para o pequenino, aconchegado em seus braços. De repente, ela já não sabia mais dizer se ele estava feliz com o nascimento da criança ou não.

– Está tudo bem? – perguntou ela, estudando atentamente seus olhos.

– Sim, por que não estaria?

– É que você me parece tão cismado com algo...

– Estou na verdade impressionado com o fascínio que essa criança exerce sobre a sua pessoa.

– É porque ela é simplesmente adorável, Harian. Sua mãe deve ter sentido o mesmo em relação ao seu nascimento.

– Será?

– É claro que sim. Toda mãe ama seu filho de paixão, sempre ouvi dizer isso e agora sei que é a mais pura verdade. E voltando a sorrir para ele, acrescentou:

– Você também foi amado da mesma forma que amo o nosso menino. Pode ter certeza disso.

– Amado... – murmurou ele. – Talvez...

– Todos são amados, Harian...

– Pois você está enganada, Darice. Muitos são odiados e sinceramente penso que para a maioria o ódio é mais vital. Pergunte a qualquer um que encontrar pela frente, o que os marcou mais durante a vida e eles lhe responderão, sem perceber, que foram os momentos que mais odiaram e aqueles que envolveram as pessoas que mais odiavam.

– O que quer você quer dizer com isso?

– Quero dizer que o mal sempre chama mais atenção de todos e é mais marcante para a história da humanidade. Os bons momentos e as alegrias nunca são tão reverenciadas quanto a maldade. O ser humano tem, no íntimo, muitas vezes sem se dar conta, um fascínio pelo o que é mau e vil.

A pergunta dela, a seguir, surpreendeu tanto a ele quanto a ela:

– Não seria você, Harian? Você quem tem fascínio pelo mal?

E ele cerrou os olhos e a encarou como se a visse de muito, muito longe.

IV

Nos meses que se seguiram, o rei Guebers adoeceu e veio a falecer semanas depois. Javed então assumiu o trono, sendo ovacionado pelo povo de Kansbar que tanto lhe queria bem. Agora ele era o rei, Yasmine a rainha e Simin, o herdeiro do trono.

Nesse período, Harian descobriu a fuga de Yasmine e que ela havia conseguido chegar a Kansbar e se casado com Javed como tanto sonhara. Sua indignação foi tanta que por pouco não arrebentou as mãos, esmurrando as paredes. Sua fúria o fez voltar-se para os céus, invocando, sem se dar conta, dias e mais dias de tempestades. Ao tentar descobrir quem a havia ajudado fugir do calabouço, percebeu que ocuparia melhor seu tempo, exigindo o máximo do exército, que organizava, com o propósito de conquistar e destruir cidades como a de Kansbar.

Depois de mais um dia de comando, Harian encontrou a esposa em seu quarto, sob as luzes das lamparinas, deixando-se levar pela magia do filho, adormecido no berço. Demorou um bocado para que ela se desse conta da presença do marido e assustou-se, ao ver seu rosto sério e anguloso, olhando para ela com ar de desacorçoado. Nunca o vira assim e deduziu errado que era por razões aquém da sua pessoa.

Ela se inclinou delicadamente na sua direção e o convidou a se sentar ao seu lado. Ele fez que não com um gesto de mão. Então ela disse com uma entonação amorosa:

– Estava aqui admirando Lohan. Gosto de observá-lo dormir... acho que ele dorme sempre tão gostoso.

O rosto distendido, frio e de uma beleza singular de Harian fechou-se ainda mais. Darice estava tão encantada com o filho que sequer notou a transformação no rosto do marido.

Subitamente, ele jogou o corpo num outro divã que havia ali e começou a murmurar uma canção, com a boca fechada enquanto batia levemente com os dedos na mesinha de canto.

– Seu pai está cantando uma canção de ninar para você, Lohan.

Harian suspendeu no mesmo instante o que fazia e com franqueza, admitiu:

– Não é uma canção de ninar, tampouco canto para ele.

– Pensei que fosse... que fizesse gosto de...

Ele a interrompeu bruscamente:

– Você já reparou que desde que esse rebento nasceu, você só tem olhos para ele, Darice?

– Isso não é verdade, Harian. Você sabe que não é verdade...

Harian, mordendo os lábios para evitar sorrir abertamente, desviou rapidamente o olhar.

– Como você é mesmo descarada. Descarada e cínica.

O comentário deixou Darice assombrada.

– Se dou mais atenção a ele é porque é uma criança e precisa de mais cuidados agora... Tenho procurado ser uma boa mãe...

– Boa mãe, sim, boa esposa, não!

– Tenho também procurado ser uma boa esposa, Harian, admita.

– Você foi uma boa esposa até o menino nascer, depois...

– Desculpe-me se nos últimos tempos deixei a desejar, prometo que voltarei a ser a mesma que sempre fui para você.

– Essa criança foi concebida para agregar e não separar um casal.

– Ela veio para agregar, sim, Harian!

– Mentira! Ela está nos separando cada dia mais. Levando você cada vez mais para longe de mim.

– Não pensei que você fizesse tanta questão da minha pessoa na sua vida.

– Se não fizesse, não teria me casado com você.

– Isso é verdade... Só que...

– Só que você não consegue dar conta de dois homens ao mesmo tempo, Darice. Só agora percebo que um deles haverá sempre de ficar em segundo plano. E pelo que percebo, serei eu e eu sou o rei e o rei não deve ser tratado assim.

– Harian, por favor, não exagere! Não faça tempestade em copo d'água, por favor! Se deixei de ser uma esposa dedicada, prometo que serei novamente, eu juro!

A promessa pareceu fazê-lo relaxar.

– Promete mesmo?

– Sim, meu rei. É lógico que sim.

E fitando-o com um olhar profundo e terno, como se quisesse explorar sua alma, ela sugeriu-lhe que se deitasse para lhe fazer uma massagem. A princípio ele lutou contra a ideia, mas acabou aceitando diante do fascínio que ela exercia sobre si.

118

– Isso mesmo, Harian... Deite-se e relaxe.

Assim ele fez até que se virou para ela, puxou-a para cima dele e começou a beijar seu pescoço, queixo, nariz e o lóbulo das orelhas.

– Você me ama? – perguntou ele, baixinho, ao seu ouvido.

Ela fez um gesto de assentimento.

– Responda-me! Quero ouvir da sua boca a resposta.

Ela afastou o rosto, erguendo a cabeça e olhando fixamente em seus olhos.

– Amar?!... Sim, Harian, é lógico que eu o amo.

Pela pressão dos dedos dele ela sentiu que ele se deu por satisfeito.

Para Harian o sexo era prova de paixão e fidelidade. Tinha o poder de transportá-lo para um mundo irreal, um lugar onde somente os deuses tinham acesso. Era como se fosse um sonho e realidade ao mesmo tempo.

– Você seria capaz de tudo em nome do amor que sente por mim? – perguntou ele sem esperar que ela respondesse tão prontamente como fez:

– É lógico que sim, Harian. É lógico que sim!

– Será mesmo?

– Não sou mulher de mentiras, Harian.

– Todos mentem. Até mesmo os que amam, mentem para quem tanto amam.

– Não é meu caso...

– Será mesmo?

Ele viu o sangue dela subir-lhe à face encantadora que lhe permitiu compreender a feroz atração que sentia por aquela mulher.

Javed, por sua vez, admirava o filho com ternura e satisfação por tê-lo agora ao seu lado e de Yasmine, alegrando a vida do casal. Era uma criança adorável, linda, com um quê de um semideus cuja personalidade pacífica contagiava todos com quem tivesse contato. Yasmine, inclinada sobre o divã para admirar o filho por um ângulo mais oportuno, comentou:

– Ela cresce tão rápido, não?

119

– Sim, muito.

E depois de lhe fazer um gracejo, ela voltou-se para o marido e comentou:

– Harian e Darice também tiveram um menino, sabia?

– Sim, ouvi dizer. Espero que o nascimento do menino tenha amaciado seu coração, digo, o de Harian.

– Eu peço isso aos deuses toda noite. E quanto mais cedo eles me atenderem, menos culpada vou me sentir por ter libertado Harian do calabouço e deixado nosso reino em suas mãos perversas.

– Não se culpe mais por isso. Tudo aconteceu como aconteceu, alheio a sua vontade.

– Eu sei, mas prometi a meu pai no seu leito de morte que não deixaria nosso reino cair nas trevas e, no entanto...

– O destino se cumpriu.

– Sim. O destino que o vidente Eleazar previu há muito tempo, quando Harian ainda era apenas um menino. E previu também que ele seria subjugado por uma mulher e, desde então, acreditou que essa mulher era eu.

– É verdade, havia me esquecido... Você me contou isso assim que chegou aqui e foi por isso que ele a prendeu no calabouço e tentou matá-la no lago quando você ainda era jovem, não é mesmo?

– Sim. Só que não acho que eu seja essa mulher, se é que ela realmente vai cruzar os caminhos de Harian.

– Mas se não é você, quem será?

– Penso que Harian também já se fez essa mesma pergunta.

E os dois ficaram a pensar.

V

Semanas depois, quando Harian encontrou Darice novamente com o filho nos braços, o ciúme voltou a importunar seu coração. Como vingança pelo carinho e atenção que ela dava ao menino, ele disse, a fim de torturá-la:

– Quero ter mais filhos, Darice.

– Mais?

– Sim. Muitos mais. Ter filhos é o dever de um casal real

para com seu império.

– Dever?! – espantou-se ela.

– Sim, quanto mais filhos forem gerados, mais soldados teremos para formar nosso exército.

– É para isso que você quer ter mais filhos, Harian? Para mandá-los para a guerra?

– Que graça tem a vida sem a guerra, Darice? Sem a disputa, sem conquistas?

– Conquistas? E desde quando o homem conquista alguma coisa por meio da guerra, Harian? Suas vitórias são tão efêmeras quanto o seu poder. Logo que morre, tudo passa rapidamente para as mãos de outro, sendo este seu próprio inimigo.

– Pelo menos o vencedor é sempre um vencedor na história de um povo e na história da humanidade. Você não entende porque é mulher.

– Ainda bem que sou, pois seria terrível para mim, lidar com essa mentalidade tacanha de macho que pega uma mulher, sem se importar com a beleza do afeto e do terno contato entre os corpos... Pela deusa Lua, sou mulher e sinto muito orgulho disso.

– Pois ainda bem que sou macho, como você mesma disse. E amo ser um! Bem melhor do que ser uma fêmea sonsa que só serve para...

Ela não hesitou, deu-lhe um tapa no rosto e disse com todas as letras:

– Pois foi por meio de uma de nós que você veio ao mundo, Harian. Sem a mulher você não seria nada! Nem você nem outro homem qualquer. Toda essa força, toda essa bravata de nada serviria sem nós.

Ela respirou fundo e concluiu:

– Imagine um mundo feito só de homens... Sem nenhum toque feminino... Seria animalesco. Podre e animalesco. Agora, diga-me: quem é o centro do universo então, a alma feminina ou a masculina?

Ele, furioso, respondeu:

– Eu só não ponho você numa masmorra a pão e água porque adoro a sua ousadia. Ninguém sabe me enfrentar assim, especialmente uma mulher e, isso, é o que mais me atrai em você.

E rindo cínica e sinistramente, ele completou:

– Se não fosse eu, Darice, você estaria por aí jogada no lodo, dormindo com qualquer um.

– Do que está falando?

– Não se faça de sonsa, sei que não é.

– Eu...

– Você mesma, estaria na lama se eu não tivesse me casado com você e tudo por causa do homem que você tanto amou. Ou melhor, ainda ama que eu sei.

Ela, impressionada mais uma vez com a personalidade do marido, foi clara:

– Você não sabe o que diz...

– Não? Sei...

– Se acha mesmo que eu ainda amo Javed, que nunca deixei de amá-lo, por que se casou comigo, Harian? Por que ainda se mantém ao meu lado?

– Ora – ele riu. – Pelo simples prazer de ver em seus olhos a tristeza por ter sido obrigada pelas circunstâncias a se casar comigo quando na verdade queria estar ao lado de Javed.

E ele riu novamente, uma risada escrachada e maléfica.

– Agora eu sei... – disse ela, olhos bem concentrados aos seus. – Demorei muito para perceber, mas agora eu sei... Você é louco, completamente louco!

– Louco... É lógico que sou, quem em sã consciência se casaria com uma mulher, sabendo que ela é louca por outro homem, ainda que ele a tenha trocado por outra?

E peitando-a, completou num tom ainda mais desafiador:

– Enquanto você chora por dentro por causa do grande amor da sua vida, Javed se realiza nos braços de Yasmine. Ela agora é a rainha de Kansbar, título que era para ser seu, minha querida. Seu!

Sem mais, ele partiu e assim ela abraçou o filho, pensando em todos os jovens soldados inocentes conduzidos à guerra por loucos pelo poder efêmero, como Harian. Suas almas deveriam terminar num vale de lágrimas medonho de se viver após a morte. E novamente ela se arrepiou e abraçou o filho, como se o abraço pudesse protegê-lo de todo e qualquer mal daquele tipo.

VI

Dias depois, ela brincava com o filho, feliz por estar na sua companhia quando se sentiu incomodada com algo que não sabia precisar o que era. Suas sobrancelhas ergueram-se pronunciadamente, ao perceber que o marido a observava de longe. Ah, como ela gostaria de saber o que se passava por trás daqueles olhos pretos e frios.

Meia hora depois, quando ele se achegou a ela, sua voz estava completamente diferente da que conhecia tão bem. Era de uma calma implacável.

– Você continua a mesma...

Ela se adiantou:

– Que bom, eu lhe disse que eu voltaria a me dedicar a você...

– Eu quis dizer que você continua dedicada a seu filho mais do que tudo a sua volta.

Darice riu e com ar confiante comentou:

– Você não pode ter ciúmes do seu próprio filho, Harian, não tem cabimento.

O marido não disse mais nada, simplesmente partiu, preferindo evitar conflito, pelo menos por ora.

Horas depois, Narda desabafava com Darice.

– Vossa Majestade ama tanto o rei. Pergunto-me se já existiu ou existe ou existirá uma rainha que ame tanto seu rei assim.

– Você se engana, Narda.

A mulher arqueou as sobrancelhas, surpresa com a resposta e o tom que a rainha usou para falar.

– Eu não amo, Harian. Não é mais amor que eu sinto por ele. É medo. Um medo pavoroso de algo indefinido que ele possa fazer contra mim.

– O que seria, minha rainha?

– Eu não sei. Se eu soubesse, me sentiria menos apavorada.

– O Rei a ama, por isso nada de mau pode fazer-lhe.

– E desde quando, Narda, quem ama, por amar, deixa de ferir quem tanto ama? Se é que me fiz clara.

A aia ficou a pensar.

VII

Semanas depois, quando achou conveniente, Harian foi até o quarto do filho, tomou-o nos braços e o levou para um passeio pelo jardim real. Dali levou-o para o templo de colunas sem teto, posicionando-se no meio e mirando os olhinhos inocentes da criança, brincou:

– Bilu, bilu!

E seriamente acrescentou:

– Está para nascer o pirralho que vai me separar da mulher que escolhi para devotar toda sua atenção a mim.

E ao seu sinal, um criado caminhou até lá.

– Sim, Majestade – falou o sujeito após fazer uma reverência. – Estou ao seu dispor.

O pai colocou o filho nos braços do recém-chegado e disse:

– Faça o que lhe ordenei.

– Sim, Majestade.

E assim que o sujeito partiu com a criança, Harian voltou os olhos para o palácio, na direção da ala dos quartos, irradiando energia e vitalidade como nunca. Declarou:

– Agora sim, Darice... Agora, sim, você vai aprender a compartilhar devidamente o seu amor com seu marido.

Assim que a rainha soube o que ele havia feito, sua primeira reação foi de cólera cega. Sem que o quisesse, um pensamento veio-lhe à mente: "Eu esgano Harian! Juro, por todos os deuses que eu o esgano com as minhas próprias mãos!".

Assim que o encontrou, foi logo dizendo:

– Harian, onde está meu filho?!

– Você quis dizer "nosso filho".

– Onde está ele, Harian?!

– Num lugar bem longe daqui.

– Quero meu filho perto de mim, agora! Você não sabe do que sou capaz de fazer se não fizer o que eu digo.

124

– Nem você sabe do que sou capaz.

– Você perdeu o juízo?

– E desde quando algum ser humano tem juízo, Darice? Por favor, tolice tem limites!

– Onde está meu filho, Harian? – insistiu ela mais uma vez, segurando-se para não chorar.

– Seu filho?...

– Nosso filho! – corrigiu ela com voz trêmula. – Onde está ele, para onde você o mandou? Acabo de saber que ele foi levado por um dos guardas para algum lugar bem longe da cidade. E que foi ordem sua.

– Foi. Será melhor para ele que cresça longe daqui. Longe dos seus mimos...

– Você disse "cresça"?!

– Sim! Quero fazer do meu filho um homem, não um mimado, estragado pela mãe, como faz a maioria.

Ela encolheu-se, obviamente surpreendida com a frieza com que ele lhe expusera a verdade.

– Eu quero ver meu filho, crescendo ao meu lado, Harian...

– Darice, querer é uma coisa, poder, é outra bem diferente.

– Você não seria capaz de uma barbaridade dessas comigo...

– Seria capaz de muito mais e você sabe disso.

– Eu não mereço algo assim.

– Quem disse que não merece? Você?!

Ela viu-se tomada por um medo repentino.

– Por favor, Harian, diga-me onde está meu filho, eu lhe suplico.

– Não!

Seu cinismo e sua frieza a assustavam e impressionavam ao mesmo tempo. Pareciam vir de outra pessoa, não dele propriamente e, sim, de alguém dentro dele, como se tivesse ocupado o seu corpo.

– Você não vai ser louco de fazer uma coisa dessas com nosso o filho, ele vai sofrer tanto quanto eu.

– Que se lasque o seu sofrimento, Darice.

Ela decidiu se calar, ao perceber que qualquer palavra em sua defesa seria em vão.

O Rei então lhe lançou um olhar apreciativo, apesar de sua raiva e disse:

— Nosso filho ficará bem onde está. Fique tranquila.

Ele foi até ela, deslizou sua mão forte e bonita por seus cabelos sedosos e reafirmou:

— Acredite, ele ficará bem.

A moça resolveu acreditar nele, era sua única alternativa diante dos fatos. Pelo menos por enquanto.

— Promete?

— Não sou de fazer promessas, Darice. Entenda isso de uma vez por todas. Mas... Está bem, prometo...

Ela suspirou, sentindo-se mais aliviada.

— Obrigada.

E os olhos dele brilharam sinistramente sem que ela notasse. Algo se agitava no cérebro do rei, algo perverso e sagaz.

VIII

Nos dias que se seguiram, Darice despertou, a duras penas, para a necessidade de harmonizar o seu interior. Para isso dirigia-se diariamente, acompanhada de seu séquito, três vezes ou mais, ao templo onde fazia orações e oferendas. Todavia, a saudade do filho devastava cada vez mais o seu interior, deixando-a muitas vezes com falta de ar e palpitações. Ter de se deitar com o marido, tornou-se então a pior coisa do mundo.

Em meio ao caos emocional, a visita inesperada e surpresa de seu irmão Parvaneh, amenizou seu caos emocional. O rapaz não teria mais do que vinte anos de idade e tinha a aparência de uma pessoa bem cuidada. A pele tinha um belo tom bronzeado e seu modo de falar era gentil e determinado, revelando sua acurada educação.

Passeando pelo palácio ao lado da irmã, enquanto admirava as colunas lindamente decoradas, o rapaz comentou:

— O lugar é tão lindo quanto o nosso, não acha?

— É bonito, sim... – concordou ela sem muito entusiasmo.

126

Sem prestar a devida atenção à irmã, o rapaz arrematou:

– Quem diria que sua vida fosse mudar tanto após uma viagem, hein, Darice? Você, noiva de Javed, a quem sempre amou, trocá-lo por um rei que mal conhecia.

– Nunca sabemos o que nos reserva o amanhã, Parvaneh...

O rapaz assentiu e ela explicou:

– Não fui eu quem trocou Javed por outro, meu irmão. Foi Javed quem me trocou por outra. Pela irmã do homem que se tornou meu marido.

– Eu não sabia dessa parte da história... Mas fico deveras surpreso, pois jamais pensei que Javed, quem parecia amá-la mais do que tudo na vida, fosse se apaixonar por outra mulher.

– Como eu disse: nunca sabemos o que nos reserva o amanhã.

– Você nasceu mesmo para ser uma rainha, minha irmã.

– Nasci?

– Sim, não percebe? Trocou um rei por outro.

Ela riu, tristonha.

– Espero que a troca tenha sido justa.

– Falemos mais depois...

– Depois?

– Depois de levá-lo para conhecer o interior do palácio e suas acomodações. Quero saber se gosta.

E tomando a mão do irmão, Darice conduziu o rapaz até lá.

Pelo caminho encontraram Harian, que não escondeu seu desagrado por ver a esposa de mãos dadas com o cunhado. Após trocarem algumas palavras, a rainha retomou seu caminho ao lado do irmão e não muito longe dali, voltou os olhos por cima do ombro e avistou Harian parado no mesmo local em que haviam se encontrado, olhando para eles com desconfiança e superioridade.

Ao chegarem ao refeitório, depois de lavarem as mãos, a rainha e o irmão sentaram-se para tomarem um refresco e comerem uns biscoitos típicos da época.

Enquanto isso, no cômodo que viria a ser o escritório do rei, Harian terminava de ler uma carta, parecendo se inflamar a cada linha lida. Ao término, rasgou o que leu, e ficou em silêncio por um minuto, numa demonstração de preocupação que lhe era totalmente atípica.

– Algum problema, Majestade? – perguntou um de seus assessores.

– S-sim... não... Ainda não sei se devo encarar como um problema.

Harian não se referia à carta, nada do que lera o alarmara, ele estava pensando em Darice e Parvaneh, na intimidade dos dois irmãos. Para muitos, algo bonito de se ver, para ele, algo odioso, algo que nunca existiu entre ele e Yasmine. Ao sentir novamente o ciúme se agitando em seu interior, o Rei se deu conta mais uma vez do quanto ele poderia ser dolorido como um punhal cravado fundo em sua carne.

Olhando nervosamente ao redor, ele murmurou, baixinho, consigo mesmo:

– Eu devo ser amado por ela mais do que todos, mais do que tudo, por ser seu marido, por ser seu rei.

E a voz assumiu um tom sinistro ao completar:

– Só eu devo ser amado por ela.

IX

Naquele mesmo dia, pouco antes de a ceia ser servida, Harian encontrou o cunhado a caminho do refeitório e parou para conversar com ele.

– Admira-me muito a relação entre você e sua irmã – admitiu sem rodeios.

– É mesmo? Permita-me perguntar por quê?

– Porque também tive uma irmã e nunca nos demos bem... Se me permite dizer, vocês dois mais me parecem dois amantes.

Parvaneh riu.

– Amantes?!... – exclamou, avermelhando-se todo.

Houve uma pausa apreciável até Harian dizer:

– Amantes, sim, por que não?

Parvaneh manteve-se convicto de que o cunhado estava

brincando com ele, só percebeu que não, quando o viu, olhando com interesse e suspeita para ele.

– Eu amo minha irmã, mas não a desejo com um homem deseja uma mulher.

– Você diz isso, e o seu coração, diz o quê?

O rosto de Parvaneh endureceu e ele se sentiu ainda mais desconfortável diante do rei que subitamente explodiu numa gargalhada, batendo de forma amistosa em seu ombro.

– Peguei você, não é?

– S-sim, sim...

Parvaneh olhava assustado agora para o Rei que o enlaçou repentinamente, fingindo extremo bom humor.

X

Durante toda a ceia, Harian procurou se mostrar contente com a presença do cunhado, feliz por saber que Darice o amava tanto quanto a ele. Quando seus olhos cruzaram com os da esposa, Harian percebeu que havia um desejo sinistro, pairando ali, como se ela estivesse maquinando algum golpe contra ele. Era o mesmo olhar que avistou no pai, pouco antes de ele aprisioná-lo no calabouço. O que Parvaneh perguntou a seguir, despertou Harian de seus pensamentos.

– E o príncipe quando volta?

Os olhos de Darice voltaram a se concentrar no rei.

– Em breve, Parvaneh – respondeu ela, fingindo tranquilidade. – Em breve, não é mesmo, meu rei?

Harian não se deu conta da pergunta, assentiu de forma involuntária. Sua mente naquele instante fora tomada por uma visão do passado. O dia em que ele reencontrou o vidente Eleazar e pensou já tê-lo desmoralizado diante do que previra.

"Pois eu ainda lhe digo que Vossa Majestade, Harian, o rei, será subjugado por uma mulher."

Despertando de seus pensamentos, Harian voltou a se concentrar em Darice. Ele já havia pensado que Darice poderia ser a tal mulher que o subjugaria, mas descartou a possibilidade, ao perceber que era fraca e insegura. Todavia, agora demonstrava força sobrenatural para tramar algo contra ele, por isso tinha de ficar atento.

E de fato ela estava tramando algo contra o marido. Decidira que teria de ser assim, se quisesse ter o filho novamente, morando com ela. Diante da introspecção da irmã, Parvaneh comentou:

— Você está tão pensativa hoje... O que há?

— Estou apenas tentando encontrar uma saída, a melhor de todas, para um problema que vem me afligindo ultimamente. Mas acho que já consegui e penso, sinceramente, que foi você, meu irmão querido, quem me deu força e coragem para chegar até ela.

— Que bom, maninha... Que bom saber que minha vinda pode ajudá-la de alguma forma.

— Sua existência é muito importante para mim, Parvaneh. Você é um irmão adorado, sou muito grata aos deuses por terem me feito sua irmã.

E ela lhe beijou afetuosamente a testa, expressando todo o carinho que sentia por ele.

XI

Harian foi rápido em tomar uma providência quanto aos seus temores. Juntou-se a Parvaneh num momento em que só restaram os dois no recinto e lhe fez uma proposta surpreendentemente curiosa:

— Você aceitaria participar de uma brincadeira com sua irmã?

— Darice?! Sim! Que tipo de brincadeira?

— Quero fazê-la pensar que você sou eu, entende?

— Como isso pode ser possível?

— Explicarei, se aceitar participar.

— Está bem. Se não for assustar Darice, participo.

— Ótimo!

Harian explicou seu plano e lhe pediu segredo. Ao término, disse:

— Parvaneh.

— Sim.

— Serei eternamente grato a você, meu cunhado. Eternamente!

E dizendo isso, acenou para o rapaz e retomou o caminho

que levava para o quarto. Naquele mesmo dia, à noite, Darice tomou coragem necessária para realizar o que acreditou que a libertaria do jugo aterrorizante de Harian. Foi até seu quarto e...

XII

Darice encontrava-se só, junto à amurada da parte mais alta do palácio, de onde podia se avistar as montanhas ao longe, banhadas pela luz do luar. Em minutos chegariam para lhe comunicar a morte do Rei e era só fingir espanto, dor e derramar muitas lágrimas que ninguém desconfiaria que fora ela quem o matou.

Dito e feito, em menos tempo do que ela pensou, serviçais foram até ela. Sem voltar-se para trás, ela perguntou:

– Aconteceu alguma coisa?

Diante do silêncio dos recém-chegados, ela voltou-se para trás e os encarou:

– Digam, por favor. O que houve? Foi algo com o rei?

– Não, minha senhora – respondeu um dos presentes.

– Não?!

– Não. Foi com seu irmão.

– Parvaneh?! O que houve com ele?

Houve um suspense considerável até o criado responder:

– Foi esfaqueado.

Darice precisou de toda força de vontade que tinha para formular uma pequena frase:

– Ele está morto?

O silêncio disse bem mais do que palavras. Imediatamente ela recostou-se junto à amurada e chorou.

– Meu irmão... meu irmão querido... Eu o amava tanto, tanto... Quem foi capaz de fazer uma barbaridade dessas?

A resposta ainda lhe era um mistério.

XIII

Os nervos de Darice estavam num estado lastimável quando ela encontrou o marido. Suas mãos crispavam, seus olhos estavam injetados, sua voz estava rouca e infeliz.

– Parvaneh, meu irmão, morto... Por quê? Quem faria uma

coisa dessas?

Harian ergueu as sobrancelhas, encarando-a friamente.

– Por que me olha assim? – estranhou ela, estremecendo.

– Responda-me! Por que me olha assim?

Só então ela compreendeu a razão.

– Esfaqueado... – murmurou, boquiaberta. – Não pode ser...

Então a voz do rei soou alta e assustadora:

– Era eu quem era para ter sido morto, Darice... Parvaneh estava no meu lugar, infelizmente.

– No seu lugar?!...

– Sim, deve ter bebido demais e se confundido de quarto.

– Bebido?!... Mas ele não era de beber...

O olhar dele revelou-lhe mais do que palavras, fazendo com que soltasse uma exclamação aguda e enojada:

– Foi você! Você quem o mandou ficar no seu lugar, não é mesmo?

O simples olhar dele deu-lhe a certeza de que sim, o que a perturbou, apertando seu coração até doer. Era absurdo que um homem fosse capaz de causar isso a alguém. Ainda mais sendo esse homem seu marido. Sem que o quisesse, um pensamento veio-lhe à mente: "Mate-o!", mas era exatamente isso que ele queria ver nela, o lado mau, dominando-a por completo. Assim, ela procurou se conter. Voltou o olhar para ele, desta vez com os olhos embaçados de lágrimas e perguntou:

– Como pôde ser tão frio e insensível?

Harian respondeu pressurosamente:

– Eu, frio e insensível? Eu apenas me defendi. Quando pressenti uma conspiração contra mim, percebi que se eu pusesse outro no meu lugar, como fez meu pai, ao pôr Yasmine, ocupando meu lugar no trono, os conspiradores matariam a pessoa errada e bem, foi o que aconteceu.

– Por que ele, Harian? Por que meu irmão?

– Porque era o que mais se parecia comigo.

– Mentira! Vocês em nada pareciam.

– Tem razão, mas no escuro todos os gatos são pardos, minha cara.

132

– Você não tem alma! Por que não pegou outro qualquer?! Tinha de ser o meu irmão?!

Um rápido sorriso brilhou no rosto agressivo de Harian.

– Eu é que não tenho alma? Quer dizer que outro qualquer poderia ser morto no meu lugar e no de seu irmão?! Bonito, hein? O que tem seu irmão que um outro qualquer não tem? Harian sorriu com desdém.

– Como você é hipócrita, Darice... Como todos!

– Você fez isso contra meu irmão para me ferir, não foi?

– Se você estivesse no meu lugar teria feito o mesmo para se proteger, porque na hora que a morte se aproxima, o ser humano é capaz de qualquer coisa para se livrar dela. Até mesmo dar a mãe em troca da sua pessoa.

– Eu jamais daria... – protestou ela imediatamente.

– Diz isso agora! Na hora é que conta!

Lançando-lhe uma expressão zombeteira, ele completou, ácido como nunca:

– Você, Darice, não presta tanto quanto qualquer um deste planeta. Julga-se boa, mas é má como qualquer outro. Pensou ser diferente de mim, não foi? Mas é tão astuta quanto eu. Capaz das piores baixezas quando lhe convém.

– Não sou, nem nunca serei má como você.

– Todos são maus, Darice. Todos! Provoque a ira de qualquer um e você verá a maldade submergir do âmago de cada um. E tem mais, Darice. Sei que foi você quem conspirou contra mim.

O virulento comentário atingiu Darice em cheio, como ele poderia saber? Ela tentou disfarçar, mas foi em vão. Seu tremor, seus olhos assustados, sua boca entreaberta a delataram por inteira. E mais uma vez ela se ouviu dizendo "Mate-o! Mate-o!". E tudo o que ele fez a seguir, foi rir dela, lindo e triunfante.

XIV

Nas semanas que se seguiram os nervos de Darice ficaram num estado lastimável. Alguns acreditavam que ela nunca mais voltaria a ser a mesma. Sentiam pena quando a olhavam e ela mesma passou a evitar se ver diretamente nos espelhos por vergonha de si mesma e do ser humano em geral.

133

As observações de Harian ainda ecoavam assustadoramente em sua cabeça, atingindo-a feito flechas em seu coração. Era como se estivesse caminhando em meio a uma forte tempestade de areia, num deserto escaldante, sem poder enxergar nada, sem saber que rumo tomava.

Quando Harian a encontrou novamente, trancafiada em seus aposentos, sentiu-se vitorioso mais uma vez por vê-la naquele estado deplorável. Demorou, mas ela finalmente conseguiu olhar para ele com seus olhos cheios de ressentimento e dor. Aproximou-se dele, enfrentando o seu olhar de soberba e quando ia esbofeteá-lo, ele a impediu, segurando firme seu braço. Logo, ela mais parecia uma fera, tentando ser dominada por um homem.

– Você matou meu irmão, Harian... – disse ela, enfim, entre suspiros e lágrimas. – Arrancou meu filho de mim e, com isso, vai acabar me matando também. De onde vem tanta maldade? Responda-me! O que espera com tudo isso? Fazer brotar o ódio, somente o ódio no coração de todos que poderiam amá-lo? É isso?!

Ela teve a impressão de que suas palavras haviam finalmente tocado o seu coração, mas foi mera impressão. Logo ele se mostrou novamente frio e insensível como sempre fora, desafiando-a com o seu olhar imbatível de superioridade. Então, subitamente, ele começou a rir para total surpresa dela.

– Por que ri? Cale-se!

Mas ele continuou rindo e ainda mais forte.

– Como você é tola, Darice. Será que não vê que me matando, jamais poderia saber onde está seu filho?

– Pois eu saberia, seus súditos e serviçais me diriam.

Ele gargalhou novamente.

– Os poucos que sabem, nada lhe dirão, são fiéis a mim – respondeu ele, entre risos.

– Nem todos são tão fiéis a um rei como se pensa, Harian – defendeu-se ela, querendo muito acreditar naquilo.

– Do outro lado da vida, são sim!

Ao perceber que ela não o havia entendido, ele, rapidamente, explicou:

– É isso mesmo o que você ouviu, Darice. Os poucos que

sabiam para onde o menino foi levado estão mortos! Mortos para não darem com a língua nos dentes.

– Mentira!

– Verdade!

Darice ficou temporariamente sem ar e sem palavras.

– Aceite os fatos, para que se enganar?

– Você não chegaria a tanto...

– Já lhe disse que sou capaz de muito mais e você sabe bem disso. Sou tão capaz quanto você foi, ao tentar me matar!

– Desculpe-me, eu estava louca, cega de ódio por você ter levado nosso filho para longe de mim.

– Já lhe garanti que ele ficará bem onde está.

– Mas eu sinto falta dele. Muita falta!

– Está bem, prometo que vou deixá-la vê-lo pelo menos uma vez ao mês, o que acha? Prometo se me ajudar em algo que muito precisa ser realizado.

O rosto dela se transformou.

– Jura? – as lágrimas voltaram aos seus olhos. – O que devo fazer, diga-me, eu faço!

Ele jogou a cabeça para trás e falou com a maior naturalidade do mundo:

– Quero que vá ao palácio onde Javed reside atualmente com minha irmã e...

– E...

– Traga-me a cabeça dos dois numa bandeja.

O rosto dela se congelou naquela posição.

– Você disse cabeça...

– Dos dois.

– Como assim?

– Você não é burrinha, é?

Ela se arrepiou.

– Você não pode estar falando sério...

Ele a interrompeu:

– Falo seriíssimo, minha querida. E é algo tão simples de se fazer... É pedir muito?

– E-eu... Eu não posso fazer isso, Harian...

– Não pode ou não quer!

– É desumano. É assassinato!

– Para quem já assassinou o próprio irmão...

– Harian, por favor...

– É pegar ou largar! Pelo visto, seu filhinho não é tão importante assim, não é mesmo?

– É, sim, Harian!

– Então pare de fazer drama, de fingir que é boa moça e faça o que eu mando. Ou vai ficar anos a fio sem ver seu menininho querido.

O rosto dela contraiu-se ainda mais de desespero.

– Você amava Javed, lembra-se? E Yasmine o roubou de você, destruiu seus planos por meio da sedução, sem ter respeito algum pela sua pessoa. Javed, quem lhe jurou amor eterno, traiu você com ela, bem debaixo dos seus olhos. Eles foram maus, não eu! Fui eu quem a salvou do caos emocional, quem tenta fazê-la feliz, quem lhe deu um filho, lindo e um trono! Decepando a cabeça dos dois, você estará fazendo justiça a si mesma por tudo o que lhe fizeram. É deles, Darice, é dos dois que você tem de se vingar, não de mim, sua boba! Eles estão lá, no palácio que era para ser seu, felizes, e, você, está aqui, infeliz, ao meu lado... Infeliz porque ainda ama Javed!

Darice espantou-se com a dor repentina e aguda que todas aquelas palavras lhe causaram.

– Você ainda o ama, não? – tornou Harian, olhando atentamente para ela.

Ela suspirou pesadamente antes de responder:

– Não, Harian, eu o odeio!

– Muito bem, então fica mais fácil para você se vingar dele. Dos dois!

– Se eu fizer o que me pede...

Ele assentiu, parecendo terno agora:

– Sim, eu cumprirei o prometido.

– Mesmo?

– Palavra de honra!

Ela suspirou aliviada e só então se deu conta da dificuldade que seria para cumprir a tarefa.

– Eu não tenho força física para decepar a cabeça dos dois.

– Como você vai fazer isso, eu não sei, cabe a você descobrir. Isso se quiser rever realmente seu filhinho adorado.

Darice estava novamente tomada pelo horror e desespero. Entretanto, sugeriu:

– Por que você não manda seus homens irem atrás deles dois para fazerem o que deseja?

– Porque ambos são muito bem protegidos por soldados tão hábeis e fortes quanto os meus. Mas você, Darice, você é de lá, pode voltar ao palácio, fazendo-se de boa amiga e eles permitirão que entre. Lá dentro poderá matá-los com maior facilidade, sem fazer qualquer alarde, sem sangrar ou matar nenhum membro do meu exército.

– Você pensa em tudo... – balbuciou ela, chocada.

– E não?

Ele riu, triunfante, orgulhoso de sua astúcia.

– Mas eu não serei capaz de... – defendeu-se ela, minutos depois.

– Será, sim! Se foi capaz de tramar a minha morte, será bem capaz de fazer o que lhe peço.

– Será mesmo?

Novamente ele riu e disse:

– Se quiser rever seu filho, minha querida...

A imagem do menino voltou a ocupar a mente da mãe, preenchendo seu coração de alegria e saudade.

XV

Sem mais hesitação, Darice pôs em ação o pacto que fizera com Harian. Assim que chegou ao palácio de Azur na cidade de Kansbar, pediu para ser levada à presença do rei.

– Majestade, ela está aí – informou o serviçal a Javed.

– Ela, ela quem?

– Darice, Majestade.

– Darice, aqui? O que ela deseja?

– Pede encarecidamente para lhe falar.

– Vou recebê-la.

Yasmine sentiu seu peito palpitar estranhamente.

– Você acha mesmo que deve recebê-la, Javed? – indagou sem disfarçar a apreensão. – Depois de tudo?

– Precisamos saber por que ela veio atrás de nós, Yasmine. Saber primeiro o que ela tem a nos dizer antes de julgarmos sua visita.

– Tenho um mau pressentimento com sua vinda.

– Acalme-se, Yasmine. Eu cuido disso.

Quando Darice adentrou o recinto, assim que avistou Javed, deu passos calculados em sua direção. Arrojou-se diante do primeiro degrau do pequeno lance de escada que levava até o trono e começou a chorar, convulsivamente.

O rei imediatamente levantou-se do trono e foi até ela, para confortá-la:

– Darice, o que houve? Qual a razão de tanto desespero?

E quando ela finalmente voltou a encará-lo, o passado mal-cicatrizado entre os dois voltou a ferir-lhe o coração. Foi como se o tempo tivesse regressado ao período em que ela se sentiu a mulher mais ferida de toda a Terra.

QUINTA PARTE

À SOMBRA DO INIMIGO...

I

Finalmente Darice rompeu o silêncio e disse ao que vinha:

– Harian é um monstro, Javed... Um monstro!

As sobrancelhas de Javed ergueram-se pronunciadamente enquanto Darice resumiu tudo que havia acontecido a Parvaneh.

– Não foi só isso que ele fez, Javed – continuou ela, com visível desagrado. – Ele também desapareceu com meu filho. Levou-o para bem longe de mim, para um lugar que somente ele conhece.

– Que horror! – murmurou Javed tão chocado quanto Yasmine com tudo o que ouviam.

– Mas ele há de pagar por tudo que me fez – continuou Darice em tom de lamento. – E há de pagar da pior forma.

Até onde se lembrava, Yasmine jamais se vira diante de uma mulher tão revoltada e não era para menos, o que Harian fizera a ela, fora realmente desumano. Nem ela própria se sentiu assim depois de ele ter forjado sua morte e tê-la aprisionado no calabouço imundo e solitário.

– Eu sinto muito, Darice. E meus pêsames pela morte de seu irmão – falou Yasmine com pena daquela que um dia fora sua rival.

– Obrigada, Yasmine...

E voltando-se para Javed, Darice, com olhos e voz suplicantes, perguntou:

– Será que você pode me abrigar aqui, Javed? Só mesmo

morando num palácio cercado de guardas é que estarei em segurança, pois Harian não sossegará até que seus guardas me encontrem e me levem de volta para ele. Nem que seja apenas minha cabeça numa bandeja.

E diante do silêncio do casal real, Darice insistiu:

– Por favor, Javed, eu lhe imploro!

Yasmine voltou-se para o marido e fez que sim, com um quase imperceptível movimento de cabeça.

– Está bem, Darice, você pode ficar aqui no palácio. Ao meu lado e ao lado de Yasmine.

– Obrigada. Muito obrigada.

II

Assim que Darice foi levada ao aposento destinado para ela, Yasmine pediu licença e se retirou do grande salão real. Javed, preocupado, foi atrás dela.

– O que há, minha rainha?

Yasmine travou os passos, voltou-se para ele com o semblante carregado e perguntou:

– Você ainda me pergunta o que há?

– Eu preciso ajudar Darice, meu amor. Tenho pena dela, agora.

– Somente pena, Javed?

– Sim, o que mais seria?

– Amor?

– Eu não a amo mais, Yasmine, você bem sabe disso. A única mulher que amo é você, jamais haverá outra.

Ela jogou o rosto para trás e respirou fundo:

– Não sei... – desabafou minutos depois. – Não sei se devemos confiar nela.

– Por que não haveríamos de confiar?

– Você já se esqueceu do que ela foi capaz de fazer contra nós, Javed? Foi por causa dela que tivemos de libertar Harian, o que resultou no meu confinamento naquele calabouço horrível, destruindo assim o nosso amor, a nossa paz, a nossa felicidade.

– Eu sei, Yasmine, mas um coração bom como o seu é capaz de perdoar, não?

140

Yasmine arrepiou-e inteira diante do que ouviu.

– O que foi?

– O que disse sobre o perdão e a minha reação diante de Darice... Harian sempre me disse que nem eu nem ninguém é capaz de perdoar a alguém como pensamos ou querem nos fazer acreditar. Afirmou que o perdão é uma pretensão da nossa parte e eu duvidei. Afirmei que ele estava errado, mas agora, percebo que ele estava certo. É como se ele conhecesse mais a alma humana do que os outros. É como se soubesse que no fundo, a maldade sempre triunfa.

– É isso o que ele mais quer, Yasmine. Quer fazer todos acreditarem que o mal é superior ao bem para que todos se curvem a ele. Mas não podemos levar isso adiante, porque é uma mentira. A humanidade é feita quase que cem por cento de pessoas do bem e com o dom para perdoar e se elevar por meio de pensamentos nobres e solidários.

Ela não soube mais o que responder e ele então a abraçou, beijou e disse:

– Vai ficar tudo bem, acalme-se.

– É que com ela aqui, entre nós, sozinha, tenho medo de que você e ela, bem...

– Você está com ciúmes, é isso? – ele riu.

– É que vocês tiveram uma história de amor antes de me conhecer e...

– Nossa história de amor pertence ao passado, Yasmine. Não se preocupe mais com isso.

– Será mesmo, Javed?

– Pode ficar tranquila. Nada me afastará de você. Nada nem ninguém.

Yasmine abraçou o marido e com o rosto colado ao seu peito, fez novo desabafo:

– Ah, meu rei, eu sinto medo... Um medo esquisito... Uma premonição.

– Eu a protegerei, Yasmine, não se preocupe.

E Yasmine se abraçou ainda mais forte a ele, querendo muito acreditar naquilo.

III

Darice, depois de já ter se acomodado no aposento destinado a ela, encontrou-se por acaso com Yasmine que fingiu não vê-la.

– Yasmine – chamou ela, impostando a voz

A rainha não teve escolha senão lhe dar atenção. Quando seus olhos se encontraram, Darice disse, parecendo muito sincera:

– Quero lhe agradecer por ter me acolhido aqui.

A resposta de Yasmine foi rápida e direta:

– Não fui eu quem a acolheu, Darice. Foi o Rei.

– De qualquer modo eu gostaria muito de agradecer-lhe por... bem... tivemos nossas diferenças no passado, você bem sabe, mas hoje, acredite, sou uma mulher diferente. A dor e o sofrimento fizeram com que eu me tornasse outra pessoa. Se quiser mesmo saber o tamanho da minha dor, é só pensar no que sentiria se seu filho amado houvesse sido tirado de você e levado para um lugar bem longe e desconhecido, inatingível por você.

Ela tomou ar, enxugou as lágrimas e prosseguiu:

– Eu amava meu irmão, Yasmine. Amava-o profundamente. Vê-lo morto em uma armadilha foi horrível, dolorido demais até para eu falar sobre o assunto.

Ela deu um passo à frente e, destemida, pegando o punho de Yasmine disse, seriamente:

– Perdão... perdão por tudo que lhe fiz, Yasmine. Fui uma estúpida. Uma mulher apaixonada, doente de paixão como eu era por Javed, seria capaz de qualquer coisa. Se tivesse sido com você...

– Eu me apaixonei por Javed da mesma forma que você, Darice e, mesmo assim, lutei contra a paixão porque sabia que ele era seu...

– Eu sei que lutou... Mesmo assim, para mim, você foi uma ladra de corações. Uma usurpadora de coração.

E Yasmine tentou se defender mais uma vez:

– Eu não pedi para amar Javed da forma tão intensa que aconteceu, Darice, entende? Foi a vida quem quis assim. Você também não quis amá-lo para sofrer depois e, no entanto, o destino a fez sofrer... O destino, Darice... É ele quem está por

142

trás de tudo, entende? É sempre ele, no fundo, quem determina nossos rumos. Pensamos sermos nós, mas não, é ele sempre quem traça os rumos da nossa vida. Por quê? Bem, acredito que é para se divertir com o nosso sofrimento.

– Se foi o destino, como você mesma diz, por que ele age diferente com algumas pessoas? Permite que elas sejam felizes, vivam sem passar por tantos sofrimentos, tantos desafios, fazer tantos sacrifícios?

– Eu não sei por que o destino age como age, Darice, talvez nunca tenhamos a resposta.

Houve uma pausa considerável até Yasmine dizer:

– Eu já vou indo.

– Yasmine.

– Sim.

– Só gostaria que soubesse que...

– Diga.

– Que fui eu com Narda quem planejamos a sua fuga do calabouço.

Os olhos de Yasmine se abriram e temporariamente ela ficou sem palavras. Nesse ínterim, Darice contou detalhadamente o que fizeram naquela noite para libertá-la e os apuros que passaram na ocasião.

– E-eu não sabia que você havia tomado parte nisso tudo, estou deveras surpresa.

– Contei a você por contar, não estou cobrando nada, entende?

– Sim. Certamente que sim.

E relaxando a tensão, abrindo-se num sorriso mais real, Yasmine passou a ver Darice de outra forma e por isso decidiu ser sua amiga.

– É muito bom que sejamos amigas. Você não faz ideia do quanto isso me alegra.

IV

Ainda que as duas rainhas tivessem se tornado amigas, Yasmine não podia deixar de se incomodar com os olhares, gestos e palavras carinhosas da parte de Javed para com a moça. O ciúme fez com que ela, por medo de que o marido deixasse o quarto na calada da noite, para se encontrar com a antiga noiva, fechasse com ferrolho a porta do quarto do casal, para que pudesse ouvi-la, sendo destrancada caso ele chegasse àqueles fins.

Enquanto isso, no quarto ocupado pela hóspede, Darice continuava reavaliando a exigência que Harian lhe fizera para reaver o filho.

"Traga-me a cabeça dos dois e você terá seu filho de volta!".

Seria ele mesmo capaz de cumprir o que lhe prometera se atendesse as suas exigências? Apesar de todas as desavenças entre ela, Javed e Yasmine no passado, ela não queria vê-los mortos, não seria justo, mas que escolha tinha senão executá-los? Era isso ou continuar vivendo a amargura da saudade de ver o filho adorado.

Restava-lhe agora encontrar uma forma para matar o casal sem fazer alarde, cortar suas cabeças, e fugir do palácio com elas dentro de um saco sem ser impedida pela guarda real. Quanto mais procurava por um modo de fazer aquilo, mais e mais a inquietude devastava o seu interior.

V

Dias depois, ao deixar o interior do palácio por uma das grandes portas em arco, Darice, lançando um olhar rápido e discreto na direção da piscina construída em meio a um jardim cercado de pedras, lembrou-se de que tudo ali era para ter sido seu se tivesse se casado com Javed como sempre sonhara. O palácio de Azur teria sido seu lar, sua morada eterna...

A seguir desceu os degraus para o terraço inferior, assoviando baixinho uma das melodias com que os músicos da época abrilhantavam as grandes festas até que avistou um senhor de barba longa, sentado num dos bancos que havia nas proximidades. Suas vestes eram trapos encardidos propriamente dizendo. Ao encará-la, Darice teve a impressão de que aquele rosto lhe era familiar. Onde o teria visto? Seus pensamentos foram interrompidos pelas palavras do sujeito.

– Você anda desesperada, não? Algo muito triste se abateu em sua vida, não é mesmo?

Sua voz rouca também não lhe era estranha, lembrava a voz de alguém, alguém de que por mais que tentasse, não conseguiu se lembrar.

– Você precisa cumprir um trato, não é mesmo?

A pergunta deixou Darice espantada. Como alguém poderia saber daquilo que somente ela e Harian tinham conhecimento?

– C-como o senhor soube?...

– Eu sei... Sim, eu sei de tudo. É um dom, sabe? Um dom de nascença.

– Mas...

– Eu posso ajudá-la.

– Não vejo como.

– Ouça-me antes de me julgar.

– Devo?

– Você não tem escolha. A saudade que sente de seu filho está aumentando, daqui a pouco a matará, e seu filho precisa de você.

Ela assentiu e o velho, baixando a voz, ensinou-a como executar sua missão ali com êxito. Suas palavras fizeram-na lembrar-se de alguma coisa. Algo que gravara em seu cérebro. Mas o quê?

Quando ele estava para partir, mirou bem nos olhos dela e disse:

– Lembre-se de que o plano pode dar errado e deixá-la em péssima situação diante do casal real. Pode até mesmo ser morta, por castigo, pelo que tentou fazer a eles. Portanto, reflita bem antes de pô-lo em ação e se decidir fazê-lo, faça-o bem feito.

Sem dar-lhe tempo para mais perguntas, o sujeito barbudo se afastou, arrastando-se como uma lesma.

Somente quando voltou para o quarto é que Darice se lembrou e, com muita clareza, por que o rosto do estranho lhe era familiar. Porque lembrava o rosto de Harian. Apesar da barba longa e dos cabelos desgrenhados, os traços eram os mesmos da face dele. A descoberta lhe provocou um calafrio. Seus lábios agora tremiam, seus olhos revelavam grande temor. Seria mesmo Harian quem estivera ali, disfarçado? Seria

145

possível? Ele se prestaria a tanto?

De Harian se podia esperar qualquer coisa. As piores coisas...

Ou estaria ela ficando louca? Imaginando coisas? Vendo coisas aonde não havia? Ah, como ela gostaria de comentar aquilo com alguém, para ouvir uma opinião. Javed e Yasmine seriam as pessoas certas para ela falar a respeito. Mas não podia, não mesmo, poderiam suspeitar de seu verdadeiro propósito ali. O propósito do qual não podia fugir. Não, se quisesse reaver seu filho adorado.

VI

O dia escolhido para assassinar o casal real finalmente chegou, bem como a hora escolhida para levar adiante seu plano. Todavia, seu coração tomado mais de bondade do que de maldade a fez fraquejar. De repente, tudo o que ela mais queria era se recolher ao interior de um casulo seguro, fechando o mundo do lado de fora. Foram as memórias junto ao filho e o medo de nunca mais poder viver ao seu lado que a estimularam a seguir em frente, rompendo seus próprios medos e receios, seu bom senso e a bondade de seu coração.

Tudo o que restara em sua vida era o amor que sentia pelo menino. Sem ele, talvez ela nunca mais pudesse reencontrar a felicidade que vivera ao seu lado. A palavra "nunca" cravou-se fundo em sua alma. A hipótese lhe era desesperadora.

Assim, ela respirou fundo, passou os dedos ossudos em torno dos molares e partiu determinada a depositar o sonífero na bebida do rei e da rainha e, com isso, concluir sua missão ali. Os ventos pareciam estar soprando ao seu favor, pois tudo correu como esperado. Depois de mais um momento a três, bebericaram um pouco de vinho, como sempre faziam à noite. Após a ceia, o casal real, bocejando sem parar, pediu licença para se recolherem. Darice aguardou apenas pelo tempo que achou necessário para que ambos adormecessem profundamente e seguiu para lá.

De tão sonolenta, Yasmine acabou esquecendo-se de passar o ferrolho na porta como sempre fazia, o que foi uma sorte para Darice; caso contrário, teria tido dificuldades para

146

invadir o quarto real na calada da noite, ou até mesmo, não conseguido.

VII

A lua já ia longe quando Darice partiu do palácio, carregando num saco as duas cabeças decepadas que ficara de levar para o marido. Quando uma das sentinelas fez sinal para ela parar, a moça gelou, ainda mais, ao perceber que pingava sangue do recipiente que carregava consigo. Depois de lhe perguntar, respeitosamente aonde ela ia àquela hora, tão tarde da noite, o sentinela, observando os pingos, perguntou:

– Desculpe a intromissão, minha senhora, mas o que carrega neste saco?

– É óleo para embelezamento – respondeu Darice, apressada, tentando transparecer naturalidade.

Mesmo estranhando o seu comportamento, o sujeito deixou-a partir, escoltada por um pequeno séquito de homens. Quanto mais o palácio se distanciava dela, mais e mais Darice sentia seu peito se apertar de ansiedade. Como Harian a receberia? Cumpriria o trato, permitiria que ela finalmente visse o filho?

VIII

O rosto de Darice contraía-se nervosamente quando ela adentrou o grande salão real do palácio de Sarmad. Assim que Harian a viu, imediatamente ficou ouriçado, ainda mais ao avistá-la, arrastando um saco de pano, manchado de sangue.

– Então – disse ele, lentamente, após estudar a esposa de cima a baixo por duas vezes. – Você cumpriu o trato.

Darice engoliu em seco e assentiu:

– S-sim...

– Jamais pensei que conseguiria...

– Pelo meu filho sou capaz de tudo, Harian.

– Indubitavelmente!

– Já que tem em suas mãos o que tanto queria... – Darice tossiu. – Agora cumpra o trato que fez comigo.

– Tudo a seu tempo, minha rainha. Tudo a seu tempo...

– C-como assim?! – exaltou-se Darice, fraquejando a

147

voz.

– Primeiro preciso me certificar se são realmente as cabeças de Javed e Yasmine.

Darice concordou com ele de prontidão. Foi como se já esperasse por aquilo. Assim os dois seguiram para um local mais adequado, longe da vista dos curiosos, onde o rei abriu o saco e tirou de dentro o que havia ali. Franziu a testa, admirado e examinou minuciosamente as cabeças decepadas com a maior frieza que alguém pode ter.

– E então? Está tudo certo, não? – perguntou Darice, sem esconder a ansiedade.

– Ainda não – respondeu ele, lançando-lhe um olhar de suspeita.

– Não?! Como não?!

– É que Yasmine tem um sinal de nascença.

– De nascença?

– Isso mesmo!

Sem mais explicações, ele levou a mão até a orelha da cabeça da moça em busca do tal sinal. Seus olhos fixaram-se então em Darice que novamente engoliu em seco, tomada cada vez mais de desesperadora apreensão. Então, sorrindo, transparecendo grande contentamento, Harian falou:

– É Yasmine, sem dúvida! Nenhuma outra mulher teria o mesmo sinal.

– Então me leve até meu filho, Harian, como você me prometeu que faria se...

Ele a interrompeu secamente:

– Farei quando achar que devo. Ninguém manda em mim. Ainda mais uma mulher.

Darice novamente estremeceu, enquanto Harian continuou num tom frio e distante:

– Falta ainda verificar se a cabeça decepada é mesmo a de Javed.

A inquietude novamente tomou conta de Darice e Harian pareceu cada vez mais feliz por vê-la tão aflita. Ele examinou o rosto do morto, segurando pelo cabelo ensanguentado, virando-o de um lado para o outro e comentou minutos depois:

– Muito embora os rostos estejam roxos e ensanguentados,

são mesmo de Yasmine e Javed.

E voltando-se para a esposa, com um sorriso surpreendentemente cínico e sinistro, ele completou:

– E eu julguei você tão estúpida...

Subitamente, Darice sentiu seu sangue esquentar. Quis repentinamente saltar sobre Harian e decepar sua cabeça e, desta vez, com prazer, muito prazer.

IX

Ao se recolher a seu quarto, naquela noite, Darice relembrou os últimos acontecimentos vividos no palácio de Azur em Kansbar. O momento em que ela adentrou o aposento do rei, com um facão escondido entre as vestes e quando estava prestes a esfaquear Javed para depois lhe decepar a cabeça, fraquejou.

Zonza, deu um passo para trás, esbarrando sem querer num jarro de porcelana que havia ali, sobre um pedestal, que caiu e se espatifou no chão, fazendo grande estardalhaço. Javed imediatamente acordou. O sonífero usado em sua bebida não fora o suficiente para apagá-lo totalmente.

"Darice!", exclamou ele, ao vê-la ali, olhando horrorizada para ele, com um facão nas mãos. "O que é isso?! O que faz aqui?!"

Ao perceber o que ela pretendia, seu rosto contraiu-se de choque. Quando conseguiu falar, disse, vacilante:

"Você ia..."

"Sim, Javed, eu ia...", respondeu ela, querendo muito desabafar.

A amargura que ele vislumbrou nos belos olhos da moça partiu-lhe o coração.

"Por que, se abrigamos você em Azur com tanto carinho?"

"Fiz um trato com Harian", explicou Darice sem rodeios.

"Um trato?!"

"Sim! Se eu levasse sua cabeça e a de Yasmine, ele me permitiria ver meu filho novamente. Foi por meu filho, Javed! Somente por ele que eu... Mas eu não consegui. Vocês foram bons para mim, muito bons e, por isso... Sinto-me tão enver-

149

gonhada por ter ousado pensar em..."

Dessa vez ela não conseguiu conter o pranto, o que fez com que ele a abrigasse em seus braços e procurasse consolá-la.

"Acalme-se, Darice!"

Ela então se desvencilhou do seu abraço, deu um passo para trás e seu modo mudou bruscamente:

"Mande-me atirar aos leões, Javed! Traí sua confiança. Não mereço mais viver. Minha vida é uma desgraça. Se eu voltar para Sarmad sem sua cabeça e a de Yasmine, serei certamente punida por Harian. Jamais poderei voltar a ver meu filho novamente."

"Se ao menos soubéssemos aonde ele o escondeu."

"Ele nunca dirá!"

"Temos de segui-lo. Ele deve visitar a criança vez ou outra, não?"

"Talvez, não! De Harian podemos esperar tudo!"

O silêncio cobriu os dois a seguir. Foi Javed quem o rompeu, minutos depois, dizendo:

"Harian prometeu levá-la até seu filho se você levar nossas cabeças para ele, é isso? Pois bem, você as levará."

Darice, alarmada, exclamou:

"Isso é impossível!"

Houve uma pausa apreciável até que Javed explicasse:

"Você levará a cabeça de um homem da minha idade e de uma mulher da idade de Yasmine, semelhantes a nós. Elas enganarão Harian!"

"Onde encontraremos duas pessoas parecidas com vocês e, além do mais, acho muito crueldade decepar suas cabeças para fazer com que eu tenha novamente meu filho em meus braços. Não sabemos se Harian vai cumprir o prometido."

"Não teremos de matar ninguém, apenas decepar as cabeças de duas pessoas semelhantes a nós que tenham morrido de alguma enfermidade."

"Mas seus familiares não aceitarão isso. Nem que sejam informados que é por uma boa causa."

"Não ficarão sabendo. Ninguém deve saber senão eu, você e Yasmine. Deve haver na cidade espiões de Harian que se souberem do nosso plano correrão para lhe contar a verdade."

"Esse plano não dará certo", aventou Darice. "Se Harian não acreditar, me matará do mesmo modo!"

"É um risco que teremos de correr. Penso também ser o único modo de tirarmos Harian do poder sem provocar uma guerra. Com isso, libertaremos seu povo de sua tirania. O que me diz? Aceita?"

Com uma sombra de inquietação em seu rosto, Darice respondeu:

"Não tenho escolha senão aceitar."

A seguir eles tentaram reanimar Yasmine que por causa do sonífero na bebida, ainda dormia profundamente.

Darice emergiu de suas lembranças, sentindo-se mais aliviada. O plano, por enquanto estava funcionando e maravilhosamente bem, graças aos deuses. Muito em breve ela estaria novamente ao lado do pequeno Lohan e assim que isso acontecesse, Javed levaria os dois para morar com ele em Kansbar, longe para sempre da tirania de Harian.

No dia seguinte, ao consultar um dos médicos de Sarmad, para saber realmente se era de nervoso que ela vinha enjoando recentemente, Darice descobriu que estava grávida.

– Grávida?! – espantou-se ela.

– Sim, Majestade.

– Então era por isso que eu vinha tento enjoos e tontura nos últimos tempos... Pensei que fosse de tensão pelo mau pedaço que passava.

A notícia foi recebida por Harian com grande alegria. Tão feliz ficou que mandou fazer um banquete para comemorar a novidade.

Enquanto isso, no palácio de Azur, Javed e Yasmine se mantinham aflitos e ansiosos para saberem se o plano havia dado certo.

X

Depois de cumprir suas tarefas diárias, Harian encontrou Darice, por acaso, caminhando por um dos corredores arejados do palácio.

– Querida...

Ela se assustou com seu tom cordial.

– Como vai, Harian?

– Bem, ou melhor, ótimo e você?

– Ansiosa para rever meu filho, Harian, você me prometeu, lembra-se?

– É lógico que sim, meu amor.

E voltando os olhos para o céu, ele com surpreendente amabilidade, comentou:

– O dia está tão bonito, não?

– Sim, agora que mencionou noto que está realmente muito bonito.

– Tão bonito quanto você, grávida. Você está cada dia mais exuberante com a gravidez.

– V-você acha? Obrigada.

Darice estava realmente surpresa com a cordialidade do marido. Nunca lhe fora tão gentil. Seria capaz de estar se transformando numa pessoa melhor?

Nem bem ele seguiu caminho, parou, voltou os passos para ela e observou:

– Já mandei a ordem para que tragam o nosso filho de volta para o palácio. Em poucos dias ele deve estar aqui.

Ela, emocionada, assentiu com lágrimas, brotando em seus olhos. Dias depois, entretanto, não foi o filho quem chegou ao palácio de Sarmad e, sim, Yasmine acompanhada de seu filho e de um pequeno séquito.

XI

Com uma das aias Yasmine deixou o pequeno Simin e só então adentrou o palácio, em busca do casal real. Darice estava no salão real, toda arrumada, aguardando pela chegada do filho, ao lado de Harian, quando a cunhada chegou. No mesmo instante em que a viu, um grito de horror irrompeu de sua garganta. Foi preciso se sentar no trono, para se acalmar diante do choque que levou com a chegada da moça.

O silêncio se arrastou pesado por entre os presentes até que Harian, lançando um olhar muito suspeito para a esposa, dissesse:

– O que está acontecendo aqui?

152

Darice não conseguiu responder. Seu queixo tremia tanto quanto seu corpo.

– Eu lhe fiz uma pergunta, rainha! – gritou ele. – O que minha irmã faz aqui, viva?!

Darice não sabia o que fazer e Yasmine parecia não estar entendendo nada do que estava se passando.

– Harian... – disse ela, então, mas não foi além. Darice a interrompeu bruscamente:

– Sua tola, estúpida! O que você está fazendo aqui?

Yasmine se assustou tremendamente com a reação da moça.

– Ora, eu recebi uma carta... pedindo ajuda...

– Não, não, não!

E jogando-se ao chão, agarrando os pés do marido, Darice suplicou, desesperada:

– Pelos deuses, Harian... Perdoe-me, por favor. Foi pelo meu filho, meu filho, entende! Eu não consegui, foi demais para mim!

– Você mentiu para mim, Darice, como pôde?

– Por que...

Ela não conseguiu completar a frase, chorou desesperadamente.

– Pois agora você nunca mais verá seu filho!

– Não, por favor, não!

Foi preciso três aias ajudarem-na a se levantar e a conduzirem para o seu quarto. Ao passar por Yasmine, Darice, sem pensar duas vezes, cuspiu-lhe na cara e disse:

– Você acaba de destruir de vez a minha vida, sua...

Quando ela fez menção de pular sobre a cunhada, as aias a seguraram e a conduziram de vez para os seus aposentos.

Só então Yasmine compreendeu que fora o próprio Harian quem lhe enviara a tal carta para desmascarar a esposa na frente de todos e dele próprio com a sua ajuda, pondo Darice mais uma vez contra ela. Fora uma cilada e ela havia caído feito um patinho.

– Você... você armou tudo isso para desmascará-la, não foi? – disse Yasmine a seguir.

O rosto de Harian relaxou e ele riu.

153

– E você ainda ri da desgraça alheia, Harian?

– Eu me divirto com as desgraças, Yasmine. Divirto-me um bocado.

Ele riu ainda mais e fez sinal para que seus súditos o deixassem a sós com a irmã. Só então ele ficou mais sério e disse:

– Darice está grávida, sabia?

– Grávida?! É uma boa notícia, não?

– É?

– É. Um segundo filho...

– Você foi o segundo filho dos nossos pais e eu, sinceramente, achei desnecessário.

– Mas...

– Ainda continuo achando. Tomara que o choque que Darice levou há pouco acabe...

Ela o interrompeu rapidamente:

– Não diga isso, Harian.

– O que me importa, Yasmine? Darice voltou grávida de Kansbar...

– Mesmo assim, é uma criança. Uma criança inocente, ninguém tem esse direito!

Harian elevou a voz a ponto de retumbar pelo salão:

– Você ouviu o que eu disse?

Ela estranhou a pergunta e ele insistiu:

– Está surda, por acaso?

Ela o olhou com mais atenção enquanto ele insistia mais uma vez:

– Quer que eu repita?

– Não estou entendendo aonde você quer chegar...

– Eu disse que Darice voltou grávida de Kansbar, a cidade onde você vive agora. Será que ainda não percebeu? De quem acha que é o filho que Darice gera em seu ventre? Todos aqui no palácio já perceberam, apenas fingem não saber. Só mesmo os estúpidos demais não se tocaram.

Mais uma vez o rosto de Yasmine apresentou aquele ar infantil e confuso, mas foi breve. Com um estremecimento, saiu do transe e disse:

– Você está insinuando por acaso que...

Seus nervos ficaram subitamente num estado lastimável. Suas mãos se crispavam, seus olhos pareciam que iam saltar das órbitas. Até mesmo sua voz mudou, tornou-se aguda e irritante.

– Javed não faria isso comigo, Harian... Ele me ama! Fazendo-se de servidor da paz, Harian cutucou a jovem ainda mais:

– Se o amor que sente por ele for mais forte do que tudo, você suportará essa traição. Se não... É agora que você vai saber se o ama realmente e até que ponto. Se o amor que sente por ele é incondicional.

– Você mente! – explodiu ela, furiosa. – Você só quer semear a discórdia entre nós! É só o que lhe interessa nesta vida!

– Não adianta berrar e espernear comigo, Yasmine. Quem traiu você não fui eu, foi seu marido, aquela a quem você perdoou e nutre certo carinho.

– Javed não pode ter feito isso comigo, não pode...

– Se não acredita em mim, confirme tudo com Darice. Ela pode, a princípio, negar-se a lhe contar a verdade, mas depois o fará.

E Yasmine novamente se lembrou de quando se levantava nas noites, assim que percebia que o marido havia adormecido, para passar o ferrolho na porta do quarto, temerosa de que ele acordasse minutos depois e deixasse o aposento para ir se encontrar com Darice no quarto que ela passou a ocupar desde que se mudara para o palácio de Azur.

XII
Imediatamente Yasmine partiu atrás de Darice para tirar aquela história a limpo.

– Ele não pode ter feito isso comigo... – murmurava enquanto seguia apressada pelos corredores do palácio. – Não pode!

Assim que adentrou o aposento da rainha e a avistou estirada na cama, cercada de aias, sacerdotes e curandeiros, Yasmine não se intimidou em dizer:

– Você é podre, Darice! Podre!
Um sacerdote interveio:

– Alteza, por favor, a rainha não está passando nada bem.

– Pouco me importa! Depois do que ela fez contra mim, quero mais é que morra!

Darice não suportou se manter em silêncio diante daquilo, voltou os olhos para Yasmine e disse, com todas as letras:

– Você destruiu minha vida, Yasmine! Por sua causa, perdi a oportunidade de rever meu filho, de viver o que tanto sonhei ao seu lado. Por sua causa fui obrigada a me casar com seu irmão que insiste em fazer dos meus dias, os piores possíveis. Eu nunca mais vou perdoar suas intervenções na minha vida. Nunca mais!

– Agora se faz de vítima e pobre coitada. Eu já sei de tudo, Darice. De tudo!

– Tudo o que, sua louca?

– Esse filho... Esse filho em sua barriga... De quem é?! Diga-me!

Darice perdeu a fala.

– É de Javed, não é?! Você me traiu com ele enquanto esteve morando conosco no palácio de Azur, não foi? Justo a mim que a abrigou em minha morada. Que fui tão boa com você.

– Foi! – respondeu Darice sem pensar duas vezes. – E fiz o que fiz por você ter destruído a minha vida. Mas saiba que agora não tenho mais nada a perder. E vou lutar pelo homem com quem eu deveria ter realmente me casado e você o roubou de mim. É de Javed, sim, que estou falando!

E quando Yasmine fez menção de saltar sobre a rainha acamada, foi impedida pelos sacerdotes e curandeiros que estavam ali. Em seguida foi levada para os aposentos que sempre ocupou enquanto morou no palácio. Minutos depois, seu filho era levado até ela por seus serviçais.

– Majestade – perguntou uma das aias. – Quando partiremos?

E Yasmine foi precisa na resposta:

– Você e os demais que me acompanharam até aqui podem voltar para Kansbar quando bem quiserem. Eu e meu filho ficaremos.

156

– Por quanto tempo, Majestade?

– Para sempre!

– Para sempre? Mas e o rei?

– O rei me traiu, nada mais terá de mim senão ódio.

E a criada não soube mais o que dizer.

XIII

Ao reencontrar o irmão, mais tarde, Harian se fez direto mais uma vez:

– Javed, cedo ou tarde, virá até aqui! Só resta saber se é por você ou por Darice!

O simples comentário fez Yasmine estremecer.

– Agora deixe-me a sós – falou ele a seguir. – Tenho muito que fazer.

– E quanto a mim, Harian? O que será de mim de agora em diante?

Ele mirou-a novamente com seus olhos matreiros e irônicos e respondeu com fingida amabilidade:

– Pode voltar a morar aqui se quiser. Você e seu filho.

– Meu filho...

– Sim, irmãzinha, ou pretende viver longe dele?

– Não, é obvio que não!

– Então... Eu aceito você e ele morando aqui no palácio. E quando Javed vier atrás de vocês e de... Bem, aí você se resolve com ele. Está bem, assim?

Ela concordou, balançando tremulamente sua cabeça tão parecida com a do irmão. Já ia se retirando da sala, sem saber ao certo que rumo tomar, quando algo se agitou em seu cérebro. Voltou-se então novamente para Harian, mirou fundo seus olhos e disse, a toda voz:

– Você fez de propósito, não foi?!

Ele voltou-se, fingindo não entendê-la.

– O que foi que disse?

– Eu disse que você fez de propósito! Mandou Darice para o palácio de Azur, incumbida de nos assassinar, sabendo que ela nunca teria coragem para isso. Sabia o tempo todo que ela acabaria contando a Javed o porquê de estar ali e que ele, por pena dela, acabaria se envolvendo com ela, resultando no

157

que resultou. Foi tudo estrategicamente pensado por você, não foi, Harian? Você queria envenenar a nossa história de amor, acabar de vez com a nossa paz. A minha paz! Destruir meu casamento, a vida feliz que eu levava ao lado de Javed. Você nunca quis nos ver mortos, porque sempre foi da opinião de que a morte é uma bênção, jamais se compara aos tormentos de uma vida infeliz. O que você queria, sempre quis, na verdade, é mesmo semear a discórdia entre todos.

Ele, sorrindo triunfantemente para ela, respondeu:

– Meus parabéns, maninha. Pela primeira vez você demonstra que tem cérebro.

– Estou novamente vivendo horrores e por sua causa, Harian!

– Não, sua burra, você está vivendo a verdade, nada mais do que a verdade que dói fundo na alma.

– Verdade, que verdade, Harian?

– De que seu homem amado é tão falso e fingido quanto qualquer outro homem deste planeta. Basta ver um rabo de saia e... bum! Meu plano só serviu para provar à você que seu marido não lhe era fiel como você tanto pensou.

– Mas se você não tivesse arquitetado esse plano sórdido, talvez...

– Ah, desculpe, não sabia que preferia viver de ilusão, de mentiras e falsidades. Não seja hipócrita, Yasmine, por favor!

A voz dela se elevou:

– Seu idiota, se Darice se deitou com Javed você também foi traído!

– Eu sei. Foi para isso também que a mandei para lá, para provar a ela e a mim mesmo a quem ela ama de verdade. Quão fiel e sincera diz ser. Darice continuou amando Javed mesmo depois de ele tê-la trocado por você. Foi por isso que ela não teve coragem de matá-lo, decepar-lhe a cabeça. Porque ainda é louca por ele, completamente apaixonada. E ela também não poderia matá-la, porque faria Javed sofrer demais. E quem pouparia a vida de uma rival, daquela que roubou seu homem amado senão uma mulher que ainda o ama imensamente?

Um riso maroto floriu em seus lábios:

– A verdade é tão clara, Yasmine... Tão clara... Qualquer

158

um pode ver. Está estampada em todo lugar. Não precisa da luz do sol para ser vista ou lida. Até mesmo no escuro se pode vê-la ou lê-la.

Yasmine caiu num pranto agonizante. Harian havia semeado a discórdia mais uma vez, mas seu plano havia realmente provado coisas que ela preferia ocultar eternamente de si mesma por amor. Pelo amor infinito que sentiu por Javed e que se transformou em ódio. Um ódio infinito.

XIV

Minutos depois, no salão real, um dos súditos comentava:

– Vossa Majestade está tão feliz hoje...

Harian, depois de umedecer a boca com mais um gole de vinho, sorrindo, respondeu:

– Sim, estou muito feliz. Sinto uma felicidade radiante em meu coração. Há tempos que não fico tão feliz.

E visualizou na sua mente os rostos transtornados de Yasmine, Darice e Javed.

XV

Quando a sós com Darice, Harian decidiu atormentá-la um pouco mais.

– Você acredita em eternidade, não? Então, por que chora? Você a terá infinitamente para poder se unir ao homem que a trocou por outra. Isso se as almas forem todas para o mesmo lugar, as boas e as que não prestam, tal como a sua. Mas saiba que mesmo lá, você ainda corre o risco de ver seu amado Javed preferir Yasmine a você. Então o inferno que vive agora continuará massacrando você também por lá.

Darice estremeceu e disse:

– Você destruiu a minha vida, Harian.

– Eu?! Eu não! Eu só lhe mostrei o que as pessoas são capazes de fazer, o que você é capaz de fazer... Agora, sim, você conhece realmente o mundo e a si mesma. Agora pode dizer que viveu de verdade, que conhece a alma humana a fundo. O mundo é cruel, Darice. As paixões são cruéis, as pessoas são cruéis...

– Tem de haver alguém que seja diferente nisso tudo... Se existe o claro e o escuro, certamente há alguém cuja bondade seja o lema maior de sua existência. Onde essa pessoa se encontra, isso ainda é um mistério para todos e penso
– E penso que continuará sendo por muito tempo.
E com um risinho debochado ele deixou o aposento.

XVI

Semanas depois, por mais que fosse perigoso voltar a Sarmad para se encontrar face a face com Harlan, Javed arriscou-se a ir até lá. Não havia escolha, se não desse a cara à tapa para rever Yasmine e o filho. Naquele exato momento ele não sentia medo. Uma coragem surpreendente raiava em seu interior, o que o fez adentrar o palácio com passos largos e decididos até o salão real. Ao vê-lo, chegando, Harian agiu naturalmente, foi como se já o estivesse aguardando.

– Eu já esperava sua vinda, Javed – disse ele, olhando com interesse para o rosto longo e sensível daquele que tinha como rival.

Javed, num tom ligeiramente submisso, falou:

– Não preciso dizer por que vim, preciso?

– Não. Sei muito bem por que está aqui.

– Eu jamais poderia levar minha vida adiante sem ter a mulher e meu filho que tanto amo ao meu lado. Um homem sem sua mulher e seus filhos amados não é nada. Sem amor, muito menos.

– A mulher que você ama, sei... – respondeu Harian com profundo sarcasmo. – Só me diga qual delas, Javed? A qual delas se refere?

– Como assim a qual delas me refiro? Falo de Yasmine, é claro. Sua irmã...

– Ah... Por um momento tive dúvida. Sei que também gosta muito de Darice.

– Gosto sim, por ela guardo certo carinho, afinal, fomos noivos por algum tempo. Prometidos desde a infância.

– Ah, sim, é claro.

O tom de deboche era evidente.

– E então, Harian, onde está Yasmine? Preciso falar com

ela. Houve algum mal entendido entre nós. Preciso tirar isso a limpo.

Ao avistar Yasmine, espiando o que se passava no salão real por detrás de uma das portas que dava acesso ao local, Harian endireitou o corpo e voltou a falar com mais determinação:

– Darice me traiu, Javed! Você sabe bem do que eu estou falando, não sabe?

Javed pensou que ele se referia à mentira que inventaram para ludibriá-lo com a história das cabeças decepadas.

– Sim, Harian, eu sei...

E antes que ele dissesse mais alguma coisa, Harian foi rápido em dizer:

– Você pode levar Darice com você se quiser.

– Se ela assim desejar...

– Ela está livre para ir com você. Ela e o filho.

– O filho...

– Sim, o filho...

– Mesmo que ele seja o herdeiro do trono, você permitiria que fosse levado para longe de você?

– Refiro-me ao filho que ela espera atualmente.

– Não sabia que estava grávida.

– Poucos sabiam. Acho que nem ela percebeu. Só veio mesmo a descobrir quando aqui chegou. – E com voz calma, Harian acrescentou: – Você pode levá-los com você, Javed.

– Mesmo? Não está brincando comigo, está?

Ele sorrindo tranquilizadoramente, respondeu:

– Não, não estou! Por que eu haveria de querer ficar com um filho que não é meu? Sei muito bem que é seu, que engravidou Darice enquanto ela permaneceu hospedada no seu palácio no último mês.

– Não! Isso não é verdade!

– Isso é o que nós vamos ver!

Ao seu sinal, Harian pediu que chamassem a rainha até lá e quando Darice avistou Javed, o choque foi visível. Ela realmente não esperava vê-lo ali.

– Darice, que história é essa de que sou pai do filho que você está esperando?

161

Ela engoliu em seco e ao avistar Yasmine na antessala, numa posição discreta para ouvir tudo o que se passava ali sem ser notada, Darice respirou fundo e falou determinação:

– Pra que mentir, Javed? É melhor dizermos a verdade a todos.

Ele, enfurecido, berrou:

– Não! Isso não é verdade!

– Se você prefere assim... É minha palavra contra a sua. Mas vou respeitar sua decisão.

Ela calou-se e baixou a cabeça enquanto ele, furioso, voltou-se para Harian e disse:

– Preciso falar com Yasmine, por favor, onde ela está?

Harian, fingindo não saber que a irmã estava ali nas imediações, pediu a um criado que guiasse o visitante aos aposentos da princesa. Foi logo quando tomaram o longo e largo corredor que levava à ala dos quartos, que Javed avistou Yasmine. Ela correra para lá, para que conversassem ali e não na frente do filho que repousava em seu quarto. Não queria também que ele visse o menino.

O rosto dele, alegre por revê-la, transformou-se ao perceber o quê de decepção e tristeza com que ela o olhava.

– É com essa frieza que me recebe depois de tanto tempo? – perguntou. – Eu estava morto de saudade, pensei que estivesse sentindo o mesmo por mim.

– Você me enganou, Javed.

– Não, Yasmine, juro que não!

– Darice já me contou tudo!

– Se fez, ela está louca!

– Talvez ela tenha feito sem que você notasse.

– Como assim?

– Houve noites em que você bebeu demais, lembra-se? Que demorou para chegar ao nosso leito. Pode ter sido numa dessas vezes em que ela se aproveitou de você. Para mim não importa como tenha sido, o importante é que eu não quero mais vê-lo, nunca mais!

– Yasmine, por favor, o que é isso? Não percebe que estão fazendo a sua cabeça contra mim?

– Quem está fazendo, Javed? Darice já admitiu que teria

sido bem mais feliz se tivesse se casado com você, se eu não tivesse entrado na sua vida. Já deixou claro que quer lutar pelo seu amor.

– Yasmine, isso não tem cabimento. Você está entendendo tudo errado.

– Vá embora, Javed e leve Darice com você. Vivam o que deveriam ter vivido antes de eu ter estragado o relacionamento de vocês. Vá, por favor!

Ao dar-lhe as costas, ele a segurou pelo braço e disse, severo:

– Não, antes de ver meu filho.

– É por causa dele que você veio, não é?

– Também. E ele voltará comigo!

– Somente sobre o meu cadáver – desafiou ela.

E ao seu sinal, sentinelas apareceram e seguraram Javed que esperneou e urrou para se libertar. Foi quase que praticamente arrastado para fora do palácio, onde seu séquito aguardava por ele.

Ao tentar voltar para o local, foi detido por uma sentinela brutamontes que o levou ao chão com uma rasteira. O impacto do seu queixo contra o assoalho foi tão forte que o cortou. Seu séquito nada pôde fazer, foram todos cercados por sentinelas com lanças em punho, prontos para atacar se preciso fosse.

Harian então apareceu à porta e caminhou até Javed, estirado ao chão. Agachou-se bem diante dele e disse com severidade:

– Você é mesmo um fraco, Javed. Só não pensei que fosse tanto. O homem que é escravo do amor, para mim é um fraco. Homem que é homem domina o amor e a paixão, jamais deixa ser dominado por esses sentimentos.

Javed voltou os olhos para ele e respondeu:

– Então você nunca amou de verdade, Harian... Nunca!

– Amei, sim, com sobriedade.

– Sobriedade, você, desajuizado como é? Pois para mim não existe, nem nunca existiu na face da Terra uma pessoa que não tenha lutado por seu amor. Vivido por amor. Tropeçado e caído, mas resgatado pelo amor. E com você não é diferente, Harian. Sei que não é. Apenas finge não ser, disfarça bem!

Sem mais, Javed se levantou e peitou Harian com um rosto tão inesperadamente cruel, tão parecido com a crueldade que muitas vezes se estampava na face de Harian.

– Eu volto para buscar minha esposa e meu filho – disse ele, determinado como nunca. – E Darice também se ela quiser. Isso não vai acabar assim. Aguarde-me!

Sem mais, ele partiu, deixando Harian com um sorrisinho vitorioso, escapando pelo canto esquerdo da boca.

XVII

Pelo caminho de volta a Kansbar, Javed compreendeu o que realmente havia se passado. Que toda confusão fora estrategicamente planejada por Harian para infernizar a vida de todos eles mais uma vez. Ao chegar ao palácio de Azur, o jovem rei chorou a sua desgraça:

– Eu sou tão bom... Só quero o bem de todos. Por que os deuses não me ajudam a fazer do bem o vitorioso em toda essa história? Por que permitem que o mal triunfe mais uma vez sobre o bem? Não é justo, não é.

Foi então que Aturil, um de seus súditos, sabendo de tudo o que se passou, aconselhou-o:

– Vingue-se dele, meu rei. Se a bondade não teve êxito, então una-se à maldade para vencer o próprio mal.

– Não! Isso não! Eu sou bom, somos um povo pacífico!

– Eu sei, mas em certos casos temos de lutar de igual para igual se quisermos triunfar no final. Penso que Vossa Majestade poderia descobrir onde ele esconde o filho e raptá-lo.

– Raptá-lo?

– Sim.

– Duvido muito que Harian mude por causa do garoto. Aquele lá, ou aquilo lá, não gosta de ninguém além de si mesmo.

– Pois penso que ele deve, sim, se importar com o menino. Afinal, trata-se do herdeiro do trono de Sarmad.

– Harian não se importa com ninguém além do seu próprio umbigo.

– Então, se Vossa Majestade ama a rainha e o príncipe e quer bem Darice e seu filho, só lhe resta desafiar o rei Harian

164

para um confronto.

– Um confronto?!

– Sim, Majestade. Onde o vencedor passará a ter todos os direitos sobre o perdedor.

– Pois você tem razão, Aturil, um confronto de titãs seria mesmo uma ótima solução para o nosso caso. Para provar a Yasmine que digo a verdade e libertar Darice e seu filho das mãos daquele... Harian não é humano, não é! É um ser bestial. Nem mesmo uma besta é tão desumana assim. Só me pergunto onde estão os deuses para permitir que um homem como ele continue existindo impune aos seus atos bárbaros. Tem de haver justiça, não é possível que o mundo continue existindo com pessoas de alma tão torpe quanto a de Harian.

Aturil não soube o que responder diante de tão pertinente e verdadeira indignação por parte de seu rei adorado.

Logo no dia seguinte, Javed tratou de avisar Harian que o estava desafiando para um duelo. O desafio foi encarado por Harian com grande entusiasmo e desde então começou a treinar com as melhores sentinelas de seu reino a arte da luta. Não se falava mais em outra coisa no reino senão no grande duelo que haveria entre o Rei e o rei de Azur.

Para evitar conflitos, o local do confronto ficaria no meio caminho entre os dois reinos, um lugar seco e cercado de pequenas colinas.

XVIII

O dia do confronto entre Javed e Harian finalmente chegou. Os dois estavam frente a frente, acompanhados de longe por súditos e curiosos de ambos os reinos, que seguiram para lá especialmente para presenciarem o grande acontecimento.

Harian, sentindo-se um deus diante dos olhos atentos de todos, ergueu os braços, fechou os olhos e gritou, ardido. Um grito que mais parecia o urro de um lobo prestes a atacar. Logo os céus se fecharam de vez e raios brilharam em meio a trovões assustadores. Assim, ele honrava mais uma vez o título que recebera há muito tempo de todos, o de Príncipe das Tempestades.

Diante de tudo aquilo, Javed estufou o peito, empinou o rosto para frente e falou, com fúria:

165

– Você pensa que me mete medo com sua magia negra, Harian? Não!

Harian, desafiando-o com seu olhar, vermelho e raivoso, disse:

– Só um de nós vai sair vivo daqui, Javed, e esse alguém serei eu!

Os dois começaram a se mover em círculos, como dois gladiadores, enquanto os céus trovejavam assustadoramente. O temporal fez com que muitos se afastassem dali, pois a impressão que se tinha era a de que os céus iriam desabar sobre suas cabeças.

Houve então um estrondo, e outro e outro, fazendo com que Harian voltasse os olhos para os quatro cantos, enviesando o cenho, tentando compreender o que fora aquilo.

– O que foi isso? – indagou, olhando assustado para o seu adversário.

Javed, repetindo seu movimento, respondeu:

– E-eu não sei...

Fora a terra que tremeu e novamente aconteceu, desta vez mais forte, provocando gritos histéricos entre os poucos que restaram ali para assistir ao confronto. Logo, todos corriam para longe enquanto a terra voltava a tremer. Javed engoliu em seco, ao ver o chão, rachando como um relâmpago que abria uma cratera. Não houve tempo para ele e Harian fugirem. Em questão de segundos, ambos foram tragados pela vala que se abriu debaixo de seus pés.

XIX

Yasmine e Darice estremeceram e cada qual gritou, horrorizadas com o que viram.

– Vamos embora daqui! – ordenou o general da guarda real. – Isso aqui tudo vai desmoronar.

– Javed! – gritou Darice, provocando a ira de Yasmine.

Mais uma vez ela concluiu que o irmão estava certo no que lhe falara. Sem mais, as duas foram levadas para longe.

– Mas alguém tem de tirá-los de lá! – gritou Darice, chorando, nervosa.

– É tarde demais, Vossa Majestade, eu sinto muito – respondeu o general. – A uma hora dessas, eles já devem estar mortos!

E o horror tomou conta novamente do rosto das duas mulheres.

XX

Aonde a terra rachou havia uma gruta subterrânea e foi ali que Javed e Harian cairam. Javed, coberto de poeira, levantou-se e começou a andar desassossegadamente pelo local.

– E agora? – perguntou-se, aflito. – Como vou sair deste lugar?

Espalmou as mãos em sinal de exasperação, ao perceber que não haveria água nem comida para se alimentar enquanto permanecesse preso ali.

– Desse jeito não sobreviverei por muito tempo – lamentou e foi então que seus grandes olhos baços avistaram Harian, caído por entre pedras.

A visão provocou-lhe um arrepio na alma. Havia se esquecido dele completamente. Ainda estaria vivo?

Sem temer, foi até ele, livrou-o das pedras, curvou-se sobre seu peito, e ao ouvir seu coração, batendo, sentiu-se menos amargurado. Diante das circunstâncias era melhor ter Harian vivo, ali, ao seu lado do que morto. Pegando com cuidado seu rosto, tentou reanimá-lo e logo ele despertou. Ao vê-lo, tentou esmurrá-lo, mas o braço direito doeu forte ao movê-lo, deixando-o rígido e inacessível por algum tempo, com ares totalmente impassíveis, sem apresentar qualquer indício do que se passava em sua mente.

Por fim, levantou-se e observou o local. Passou a mão pela cabeleira suja e desalinhada e perguntou:

– Que lugar é esse? Onde estamos? O que houve?

Javed explicou.

– Um tremor de terra... – sussurrou Harian, enviesando o cenho.

– Sim – confirmou Javed. – O tremor abriu uma vala no chão que nos sugou para dentro dela. Caímos aqui.

– Que lugar é esse?

– Não sei ao certo... Mas provavelmente dever ser uma espécie de gruta subterrânea.

167

Antes que sucumbisse à pura exaustão, Javed, tomado por uma súbita esperança, decidiu reagir.

– Nós temos de unir forças se quisermos escapar daqui, Harian. Compreendeu?

– Nós nunca sairemos daqui!

– Sairemos sim, acredite! Não perca a esperança.

Hipnotizado por aquelas palavras de otimismo, Harian também decidiu reagir.

– Você está certo. Unidos, teremos mais chances de escapar dessa catacumba.

– É assim que se fala.

E assim os dois, lado a lado, começaram a procurar por uma saída. Por muitas vezes seus joelhos fraquejavam, o estômago doía, mas eles tinham de prosseguir, era a única chance de sobreviverem.

XXI

Enquanto isso, no palácio de Sarmad, Yasmine encontrava Darice de frente para o horizonte, chorando...

– Vim ver como está passando – disse ela, verdadeiramente preocupada com a moça. – O abalo pode afetar sua gravidez e, bem... Há uma criança inocente, crescendo em seu ventre. Preocupo-me com ela.

Darice voltou-se para ela e disse, simplesmente:

– Eles podem estar vivos, Yasmine... Vivos!

– Vivos... Você realmente se preocupa com Harian? Pensei que só se preocupasse com Javed.

– Eu me preocupo com os dois, sim, afinal... – ela não conseguiu terminar a frase, pendeu o rosto para baixo, soluçando de tanto chorar.

– Não fui sincera com você, Yasmine, não fui! – admitiu minutos depois. – Mas eu só fiz o que fiz porque Harian me obrigou. Foi por causa do meu filho, entende?

– Do que você está falando, Darice?

Yasmine engoliu em seco e mordeu os lábios, parecendo em dúvida se deveria ou não prosseguir.

– Agora que começou a falar, termine, por favor! – insistiu Yasmine, olhos atentos à moça que respirou fundo e disse, enfim:

— Se Harian está morto, não vejo por que não lhe dizer a verdade. Oh, Yasmine eu menti. Fui forçada a mentir para você sobre a minha gravidez. O filho que carrego em meu ventre é de Harian, não de Javed. Mas naquele dia eu fiquei com tanta raiva de você por ter aparecido e estragado meus planos de ver meu filho que quis torturá-la com essa mentira. Quando pensei em lhe dizer a verdade, Harian me obrigou a me calar caso eu realmente quisesse rever meu menino. Disse-me que era minha única e última chance depois da mentira que lhe contei, envolvendo as duas cabeças decepadas. Eu fiquei desesperada. Sem chão! Completamente sem chão!

— Quer dizer...

— Quer dizer que Javed jamais a traiu. Confesso, porém, que quis muito que acreditasse que sim, pois como lhe disse, desde que viemos para cá, minha vida virou um caos, entretanto... Sabe, acho que nunca lhe disse, mas, logo que eu e Javed chegamos a Sarmad, no segundo dia, eu senti que deveríamos ir embora... Que se ficássemos algo de muito ruim nos aconteceria. Eu estava certa, ele se apaixonou por você e, com isso, fomos separados. Ah, Yasmine como eu a odiei.

— Eu sei. De certo modo eu também a odiei. Talvez eu ainda a odeie por amar Javed tanto quanto eu o amo.

— Sim, eu o amo pelos bons momentos que passamos juntos e por ser uma pessoa especial e sempre atenciosa comigo. Mas aquele amor carnal, de mulher para homem, esse morreu ferido logo depois que descobri que ele a amava. Esse amor então voltou-se para Harian por ter se interessado por mim quando eu me sentia um lixo, por ter me dado um filho adorado e acho que eu o teria amado infinitamente se não fosse tão ciumento e sórdido comigo. Sim, eu o teria o amado se ele fizesse por merecer.

— Por trás de todas as tempestades, está Harian. Ele não é só o Príncipe das Tempestades como o chamavam antes de se tornar rei, é o príncipe das tempestades emocionais. Não há lugar em que ele não chegue e transtorne o coração de todos.

— O que será de nós, agora, Yasmine?

– Os reinos estão em nossas mãos, Darice. Eu ainda sou a rainha de Kansbar e você de Sarmad. Tenho de voltar para Kansbar, não posso deixar o reino desprotegido, prometi isso a Javed caso um dia morresse de repente como aconteceu. Além do mais nosso filho é o herdeiro do trono.

– Pelo menos você ainda tem seu filho e eu que nem sei aonde se encontra o meu.

– Alguém por aqui deve saber.

– Harian contou que mandou matar todos aos quais incumbira de levar a criança para longe.

– Será? Um deles pelo menos deve estar vivo. Vamos perguntar. E Darice, assim que encontrarmos o seu menino, dedicaremos nossas vidas aos nossos filhos e aos nossos reinos.

Darice suspirou, assentiu e quando os braços de Yasmine a envolveram, retribuiu o abraço. E Yasmine estava certa, visto que o rei havia morrido, seu súdito mais leal não veria mais motivos para esconder de todos o paradeiro da criança. Mesmo porque o menino agora seria o herdeiro do trono de Sarmad. Em menos de dois dias, o pequeno Lohan voltou ao palácio e foi recebido por Darice trêmula de emoção. Todos se comoveram com o reencontro da mãe e do filho.

XXII

Enquanto isso, na gruta, os dois reis continuavam buscando uma saída do lugar. Quando chegaram ao fim do túnel subterrâneo, Harian, lançando olhares de repugnância para o local, comentou, melodramaticamente:

– E aqui termina nossa busca, Javed.

Uma sensação apavorante de clausura e frustração dominou os dois homens. O futuro agora lhes parecia uma senda estreita prestes a se fechar para sempre.

– Não percamos a esperança – retrucou Javed, acreditando profundamente naquilo.

Imediatamente, na velocidade de um raio, Harian pulou sobre Javed e quando ele deu por si, estava prensado contra as pedras, olhando assustado para o seu agressor.

– Você ainda ousa falar em esperança diante de tudo?

– gritou Harian, enfurecido. – Quer me deixar mais irritado do que já estou?!

E Javed, quase sem voz, respondeu:

– Só estou querendo ajudar, Harian.

– Assim você só está conseguindo, deixar-me pior.

Por fim, Harian acabou soltando Javed, ajeitou os cabelos desalinhados e comentou com descaso:

– Estamos mesmo condenados. E não ouse contestar o que eu digo. Sou bem capaz de usar a força que ainda me resta para esmurrá-lo até a morte.

– Acalme-se.

– Acalmar?! Será que você poderia parar de abrir a boca para falar besteira?!

O minuto seguinte se estendeu silencioso e foi então que Harian endireitou o corpo, ergueu a cabeça e respirou fundo. O mínimo que podia fazer, era perder para o destino, lutando pela vida.

– O melhor a se fazer nessa hora é conservar a cabeça no lugar – opinou Javed a seguir.

– Sua fé me irrita, sabia? – enfezou-se Harian mais uma vez.

– Não, mas agora sei.

– Além de tudo consegue manter o bom humor.

– Se posso escolher entre manter o bom humor e o desespero, prefiro o que me alegra.

Harian desdenhou suas palavras, enquanto Javed sugeria:

– Sigamos por aqui, que tal?

– Que escolha tenho eu?

– Opine.

– Não, obrigado. Aqui, pelo menos aqui, você é o mestre.

E os dois prosseguiram e não muito longe dali, notaram que o ar se tornava cada vez mais fresco. Havia até uma espécie de brisa, chegando até eles.

– Você está sentindo o que eu estou sentindo? – perguntou Javed, animado.

Harian não respondeu, apenas endereçou-lhe um olhar

de soslaio e de puro desdém. Eles apertaram o passo e logo avistaram uma luz no fim do túnel.

– Liberdade, enfim! – exclamou Javed, feliz. – Ar puro! E de fato, o túnel findava numa abertura entre rochas do tipo de uma caverna no topo de um abismo. É que o lugar escolhido para o confronto findava, quase dez quilômetros depois de onde eles haviam caído no abismo, o mesmo em que Javed, no passado, pensou em se atirar.

O alívio que sentiram foi tão espantoso que caíram na gargalhada. Quiseram esfregar os olhos, mas não tinham controle. Sentiam-se idiotas; riam e choravam ao mesmo tempo. Nunca o oxigênio lhes pareceu tão maravilhoso.

Mas a alegria durou pouco, pelo menos para Harian que, lançando um olhar de reprovação para o local, perguntou:

– Como iremos sair daqui?

– Teremos de seguir por entre essas rochas, com muito cuidado para não pisarmos em falso e cairmos.

– Pelo visto saímos de uma pior para outra pior ainda.

– Seja otimista, Harian. Mantenha a fé.

Ele nada respondeu, apenas foi seguindo Javed que, prensando as costas contra a parede do abismo, ia se locomovendo de lado visto que a passagem que havia ali para apoiar os pés, era muito estreita.

– Vamos com calma, com calma – aconselhou.

Estavam prestes a alcançar o topo, quando Harian falou em alto e bom som:

– Só uma pessoa vai sair desse lugar, Javed. E esse alguém sou eu!

– Você não faria isso comigo. Fizemos um trato, lembra?

Harian respondeu rapidamente, com um traço de veneno na voz.

– Eu jamais honraria um trato feito com você.

– Por quê? Por que é sempre tão mau? Por que prefere o mal ao bem? O que você ganha com isso?

Javed teve esperança de que suas palavras pudessem emocioná-lo, mas o rosto dele permaneceu inalterado. Não havia sequer um toque de contrariedade, nem de constrangimento, nenhum indício de culpa ou consternação. Era a frieza em pessoa.

Foi quando Harian avançou para cima de Javed que ele pisou em falso e escorregou, só não caiu porque se agarrou firmemente a uma pedra pontiaguda.

Javed imediatamente se ajoelhou para alcançá-lo com sua mão.

– Segure firme em minha mão, vamos! – pediu ele a toda voz.

– Ahr! – grunhiu Harian.

– Vamos! – insistiu Javed, berrando.

Harian finalmente atendeu ao seu pedido.

– Mais firme – ordenou Javed.

E quando ele se preparava para puxar Harian para cima, Harian, num repente, o puxou para baixo com toda força de que dispunha, fazendo com que Javed se desequilibrasse e caísse abismo abaixo.

– Não! – gritou Javed enquanto assistia horrorizado a sua queda vertiginosa e assustadora.

De onde estava, Harian não pôde ver, mas o corpo de Javed atingiu com tudo o leito de um rio que corria por entre os pés do penhasco e logo foi levado correnteza abaixo, rumo à catarata que findava num vale de pedras pontiagudas.

Harian não se lembrava de ter experimentado um sentimento como aquele antes, uma mistura cruel de prazer e vitória.

– Eu lhe disse que somente um de nós sairia daqui, seu tolo! E que seria eu, Harian! Nada pode me deter, os deuses estão comigo, sempre estarão, seu imbecil.

E com grande esforço, Harian conseguiu voltar para cima e continuou pelo caminho que o levou ao topo do abismo.

– Eu venci! – urrou. – Mais uma vez eu venci! – e bateu no peito com grande orgulho.

Logo avistou uma de suas sentinelas, que se mantinham ali, por exigência de Yasmine e Darice, em busca dos reis desaparecidos.

– Vossa Majestade! – exclamou a sentinela, ao aproximar-se dele.

– Leve-me daqui! – ordenou Harian. – Mas antes de me

dê o que tiver de comer e beber a seu dispor.
O homem prontamente atendeu ao pedido e com sua ajuda, Harian montou o cavalo.

XXIII

Darice passeava com o filho pelos jardins do palácio, encantando-se mais uma vez com a beleza e a atmosfera do lugar, com o murmúrio das águas correntes do lago artificial e o perfume das inúmeras flores se misturando pelo ar. Aquela atmosfera de Olimpo era sumamente agradável... A dureza da vida ao lado de Harian, as amarguras e o desespero que ele provocava nela, não mais os carregaria dentro de si. Ele estava morto e ela liberta e feliz novamente por poder viver livre, leve e solta ao lado do filho tão amado. Finalmente os deuses haviam feito justiça para com ela, com o filho e com todos que habitavam o reino de Sarmad. Haviam levado Harian para o além da vida, libertando todos de suas maldades, de seu desejo insano de semear a discórdia entre todos.

Subitamente, uma brisa fria começou a soprar, provocando um arrepio esquisito na moça. O tempo misteriosamente havia mudado. Como poderia ser, se estivera até então tão ensolarado e sereno? Mistérios da natureza, concluiu. De repente, enquanto subia os vários degraus que levavam de volta ao interior do palácio, ela teve a nítida sensação de que era observada por alguém. Por olhos invisíveis já que por mais que procurasse, não conseguia avistar ninguém nas imediações.

– Que sensação estranha! – comentou consigo mesma, apertando com as mãos a gola de seu vestido tipo túnica. – Você está imaginando coisas, Darice, ninguém a vigia senão os olhos do céu... – insistiu, querendo muito acreditar naquela explicação.

Ia cruzando a grande porta em arco quando foi surpreendida pelo general da guarda real.

– Rainha.

A mulher por pouco não gritou.

– O que houve? Assustei Vossa Majestade?! Desculpe, não foi a minha intenção.

– É que o dia estava tão bonito e subitamente o tempo

fechou, o vento soprou gelado, o sol tomou aquele aspecto lúgubre.

– O tempo é mesmo imprevisível, Vossa Majestade sabe.

– Sim, eu sei. O que deseja?

– Há uma visita para a senhora, aguardando no salão real.

– Uma visita? Quem é? Homem ou mulher?

– Homem.

Imediatamente ela pensou tratar-se de Javed e correu para lá. Assim que adentrou o salão real e avistou o sujeito encapuzado, ela foi até ele e perguntou, como um bom anfitrião recebe um convidado:

– Pois não? A quem devo a honra?

Só então o visitante tirou o capuz que escondia sua face, revelando, para a surpresa de todos os presentes, ser Harian, aquele que todos até então pensavam estar morto.

– Harian... – o choque na voz de Darice era visível.

– Não me parece feliz por me ver, rainha.

– É que...

Todos os presentes imediatamente curvaram-se em reverência ao Rei que disse a seguir:

– Você acreditou mesmo que eu sairia perdedor do confronto? Que um terremoto me destruiria?

– Nem tive tempo para pensar nisso, Harian...

– Sei... Foi por ele que você torceu, não é mesmo, rainha? Por Javed! Mas ele perdeu! Como havia de ser, ele perdeu! Porque os deuses estão do meu lado, sempre estarão e sendo assim, sou invencível!

E voltando-se para todos que ainda o olhavam com espanto, gritou:

– Porque eu sou invencível! Nada nem ninguém há de me derrubar! Nada nem ninguém, ouviram?

E todos novamente se curvaram numa reverência. Voltando-se para a esposa, Harian, com grande satisfação, completou:

– Isso tudo aqui ainda é meu, Darice. O reino todo! Até mesmo você me pertence. Pelas leis do sagrado casamento, você ainda é minha esposa. Sempre será!

E ela sentiu novamente um calafrio percorrer todo o seu corpo de cima a baixo. E a pergunta que fez a seguir saltou-lhe à boca como que por vontade própria. (O que não deveria ter acontecido, percebeu ela quase que no mesmo instante.)

– E Javed, Harian? O que houve com ele?

Levou alguns segundos até que ele respondesse num misto de alegria e satisfação ao mesmo tempo:

– Acabou, Darice! Javed está morto! Não adianta mais ter esperanças de que um dia vocês ficariam juntos, porque ele está morto, mortinho, e a uma hora dessas, podre, podrinho!

E rompeu-se numa gargalhada aguda e assustadora.

– Você é mesmo como as tempestades que passam, mas voltam, nunca nos deixam em paz... – comentou Darice a seguir.

– Ainda bem que voltam senão todos padeceriam de fome – respondeu ele, presunçoso como nunca.

Foi então que ele prestou atenção ao filho junto da mãe. Ao notar, Darice estremeceu e agarrou a criança, abraçando-a forte, como um escudo para protegê-la de todo mal. Em tom de súplica, ela apressou-se em dizer:

– Como pensamos que você estava morto, achamos que o certo era trazer o herdeiro do trono de volta para o palácio.

– Esse pirralho ainda vai ter de comer muito pão e beber muito leite até que possa ocupar meu trono!

– Não o leve para longe de mim, novamente, Harian. Por tudo que é mais sagrado, não faça isso, eu lhe imploro!

– Não se preocupe, ele pode ficar.

– Jura? Pode realmente?

– Sim.

Ela sorriu enquanto ele voltou a adquirir sua expressão séria e compenetrada.

– Onde está Yasmine?

– Voltou para o palácio de Azur com o filho. Prometeu a Javed que se ele morresse enquanto o filho ainda fosse criança, ela reinaria no seu lugar até que o herdeiro do trono tivesse idade suficiente para governar o lugar.

– Fez bem, mas não quero deixá-la sobrecarregada de

responsabilidades. Um reino traz muitas responsabilidades. Vou aliviar seu peso.

– O que pretende fazer?

– Agora que o reino está sem rei e abatido pela perda dele, é o melhor momento para invadi-lo e fazê-los se render aos meus pés.

– Você pretende...

– Sim, o palácio de Azur agora será meu! Farei dele uma espécie de casa de veraneio.

E novamente os olhos dele brilharam, ensandecidos.

No dia seguinte, assim que o exército estava preparado, Harian partiu para o palácio de Azur, fazendo o mesmo jogo de aparição que fez para assustar a esposa. Deixou seus homens, aguardando por ele num local onde não podiam ser vistos, esperando seu sinal de ataque e seguiu, encapuzado, acompanhado de um pequeno séquito até o palácio de Azur para surpreender a irmã.

– A quem devo a honra? – perguntou Yasmine, olhando com grande interesse e emoção para homem encapuzado a sua frente. Tal como acontecera com Darice, ela também pensou tratar-se de Javed.

Quando ele tirou o capuz, seus cabelos azulados e sua aparência severa e sinistra de sempre brilharam à luz das tochas. Yasmine saltou do trono como uma mola.

– Harian?!

– Olá, maninha. Tem-me aqui de regresso! Noto, intuitivamente, que esperava que eu fosse seu amado Javed, não é mesmo? Querendo lhe fazer uma surpresa, não é mesmo? Mas seu amado e adorado Javed não pode lhe fazer surpresa alguma, minha querida, porque ele está morto, finalmente morto.

– Harian... O que exatamente aconteceu a Javed?

– Caiu! Tibum!

E uma gargalhada sinistra ecoou pelo salão real do palácio, assustando todos. Ele deu um passo à frente, empinou o rosto para frente e completou, numa altura de voz que só ela pudesse ouvir:

– Tudo isso agora vai ser meu, Yasmine! Como havia de ser faz tempo. Por isso estou aqui, para tirar de suas mãos toda

177

a responsabilidade que assumiu após sua morte.

E os olhos dela se convergiram mais uma vez assustados para o irmão. Um dos súditos, ao perceber as intenções de Javed, discretamente afastou-se para alertar a guarda real e o exército. Mas Harian foi mais rápido que ele, agarrou a própria irmã e prensando uma faca contra o seu pescoço gritou:

– Não se movam ou ela morre.

E ao seu sinal, mandou um de seus homens ir até lá fora dar o sinal para seus homens atacarem o reino. Fez uso de um berrante.

– Por que não me mata de uma vez? – perguntou Yasmine entre dentes, suando frio.

– Porque... Porque não haveria mais graça em viver, sua burra. Sei que nossos pais estão nos assistindo do lugar onde foram parar após a morte e o que eu mais quero é provar a eles que sou mais forte que tudo, amparado pelos deuses, e, especialmente, mais do que você. Quero que sofram por vê-la em minhas mãos, como um joguete.

Vendo que não havia mesmo como lutar, Yasmine dirigiu-se a seus súditos.

– Diga ao reino para se entregar, não vale a pena derramar sangue por um poder efêmero.

E Harian permitiu que o homem fosse transmitir a ordem a todos, ao perceber que a união de seu exército com o de Azur lhe possibilitaria ter uma exército muito maior para conquistar outros mais. E novamente Harian pensou em Eleazar, o vidente, e no momento em que estaria novamente face a face com ele para lhe provar de uma vez por todas que ele errara feio na sua previsão.

E foi assim que Harian conquistou os dois reinos.

Dias depois, sob a luz das tochas do refeitório, Darice encontrou Harian, saboreando carne assada com as mãos. Parecia mais um animal se alimentando, nunca o vira comer daquele jeito tão grotesco. Lambuzando-se todo, até os cabelos quando os coçava. Sua aparência severa e sinistra de sempre a intimidou. Foi preciso grande esforço para dizer o que queria:

– Você pode não acreditar, mas eu fiquei muito feliz com

a sua volta, Harian.

Ele olhou-a com mais atenção.

– Um reino sem um rei, o verdadeiro, torna-se frágil... Com você aqui todos se sentem mais seguros.

– Rainha, rainha, rainha... Você é mesmo uma mentirosa deslavada!

– Não, Harian!

– Você só gostou da minha volta porque não suportaria por muito tempo o peso da responsabilidade em suas mãos. Porque é fraca, nasceu fraca, vai morrer fraca!

– Não é isso, Harian! Não queria que o nosso filho crescesse sem o pai.

– Mentira!

– Digo a verdade, acredite!

– Você é mesmo muito tola em pensar que eu acreditaria numa historieta dessas. Você me faz rir. Seu único interesse com a minha volta é se poupar de obrigações e só me quer bem, aparentemente, porque não tem mais com quem contar. Antes havia Javed, sim, e a esperança de um dia vocês... Agora ele está morto. Só resto eu! E como dizem, se não pode lutar contra os inimigos, una-se a eles!

E Darice engoliu em seco.

SEXTA PARTE

DO AMOR SOBREVIVEM TODOS

I

Na antessala de mármore do magnífico e soberbo palácio de Sarmad, Harian examinava alguns documentos quando Jordano, um de seus mais recentes serviçais teve a coragem de comentar:

— Vossa Majestade está a par do que estão comentando pela cidade?

— Comentando? Não!

— Um sujeito diz ter provado que Eleazar, o grande vidente, errou numa de suas previsões.

— Mesmo?! – exclamou Harian imediatamente ouriçado.

— Um sujeito?!!! Quem é ele?

— Não se sabe muito a seu respeito. Só se sabe que veio de longe.

— Pois o tragam até mim. Já, o quanto antes!

— Seu desejo é uma ordem, Vossa Majestade.

Algumas horas depois, Jordano voltava, dizendo que havia finalmente localizado o tal sujeito.

— Por que não o trouxe até mim? – exaltou-se Harian sem esconder a ansiedade.

— Porque ele não mora exatamente na cidade, Majestade. Estava apenas de passagem, mas sua caravana não deve estar muito longe.

O rei, vibrando de empolgação, imediatamente largou o que fazia e disse, entusiasmado:

— Eu pediria a você que fosse atrás do sujeito e o trouxesse até mim, mas minha ansiedade é tanta em querer falar com ele, que eu mesmo irei!

180

E sem delongas, o rei partiu acompanhado de Jordano e sua guarda.

II

Logo encontraram a caravana composta de muito poucas pessoas para ser chamada de uma. Estavam acampados o que facilitou sua localização.

– Procuro aquele que diz ter provado que Eleazar, o vidente, errou numa de suas previsões – anunciou Jordano.

O moço que os recebeu, um sujeito alto e forte fez que sim com a cabeça, indicando a tenda.

– Ele está ali? – indagou Jordano, voltando os olhos para o local.

O rapagão novamente assentiu e Harian imediatamente fez sinal para que seus homens o aguardassem ali. Seguiu para a tenda, acompanhado de Jordano.

– Olá – foi ele próprio quem falou assim que adentrou o local.

Uma mulher de porte exuberante voltou-se para ele e mirou fundo seus olhos:

– Pois não? – disse ela, num tom de voz bastante sedutor.

Harian, examinando atentamente os olhos indescritíveis da mulher, perguntou:

– Procuro o sujeito que diz que Eleazar, o grande vidente, errou em uma de suas previsões.

– Sujeito?

– Sim.

– Sou eu a pessoa que Vossa Majestade procura.

– É que pensei que se tratasse de um homem.

E Harian endereçou um olhar reprovador para Jordano que pediu licença e se retirou da tenda.

– Diga-me então, qual previsão foi essa que Eleazar fez e errou? Conte-me detalhadamente.

A mulher de impactante presença assentiu, sem desviar os olhos do rei.

– Está bem, assim farei... Antes quero saber por que é tão importante para Vossa Majestade saber disso.

– Eu não lhe devo satisfações.

– Então não saberá nada de mim.

– Como ousa desafiar um rei?

– Vossa Majestade, o interesse de saber é seu, não meu!

– Eu posso mandar açoitá-la, sabia?

– Sim, eu sei. Sei que pode muito mais do que isso, mas não fará, porque se o fizer nada vai ficar sabendo de concreto a respeito do que tanto almeja saber de mim.

Os lábios de Harian moveram-se e fecharam-se quase que imediatamente, ao perceber que ela estava certa. Era melhor usar de cautela, pelo menos por ora, até que estivesse em vantagem sobre ela.

– Vamos, diga-me, Majestade. Por que é tão importante saber que Eleazar errou numa de suas previsões?

Ele respirou fundo e quando ia começar a falar, ela o convidou a se sentar sobre uma das almofadas e degustar com ela um saboroso vinho. A bebida ajudou Harian a soltar a língua e quando terminou de dizer tudo que achou suficiente, voltou-se para ela e disse, sem esconder a ansiedade:

– Agora, diga-me o que quero saber.

Ela inclinou a cabeça para frente, aprofundando seus olhos nos dele e falou, com prazer estampado em cada silaba e cada vogal:

– O senhor não se lembra de mim?

– Eu deveria?

– Sim!

Ela levantou-se e deu uma rodadinha.

– E agora se recorda?

Ele, olhando muito espantado para ela, respondeu com raiva:

– Posso jurar que nunca a vi antes em toda a minha vida.

– Viu, sim! Está apenas desmemoriado.

– Olhe como fala comigo. Quantas vezes vou ter de lembrá-la de que sou um rei?

– Para mim pouco importa o que seja.

– Posso mandá-la para o calabouço num simples aceno de mão.

182

– Pois mande!

Harian não conseguiu conter o riso:

– Audaciosa você!

– Aprendi a ser.

– É mesmo?!

– Sim, a vida me ensinou.

Diante dos olhos profundos e atentos da mulher, Harian se empertigou:

– Quem é você, criatura?

– Sou aquela que o destino invocou para fazer justiça a todos que você espezinhou e matou.

Ele riu.

– Destino? – zombou.

– Sim, o destino!

Ele novamente fez ar de interrogação.

– Foi Eleazar quem a mandou, não?

Ela negou com a cabeça.

– Diga-me então quem é você.

– Não deve se lembrar mesmo, pois pouco presta atenção aos subalternos.

Algo se agitou na mente do rei.

– Subalternos...

– Isso mesmo.

Harian, adensando seu olhar sobre ela, se fez ácido novamente:

– Pare de brincar comigo, sua tonta! Desembucha!

– Só quando eu bem quiser! – desafiou ela, perfurando os olhos do rei com toda a audácia de que dispunha. Havia ódio ali também, um ódio flamejante.

– Jordano! – berrou Harian, impaciente.

E diante da demora do rapaz, Harian levantou-se e elevou a voz:

– Jordano! Aqui!

O rapazinho finalmente apareceu, cabisbaixo, parecendo sentir vergonha de encará-lo.

– Chame os guardas, essa mulher me desrespeitou, vai parar no calabouço.

Diante da imobilidade do jovem, Harian se enervou:

– Está surdo, por acaso?

A mulher riu, debochada.

– Não arreganhe os dentes para mim, sua... – trovejou Harian, enfurecido. E voltando-se para Jordano, insistiu: – Se vai ficar parado aí feito uma estátua, eu mesmo chamo meus homens.

Nem bem deu um passo, a mulher o deteve, dizendo:

– Seus homens se foram, Majestade!

Harian voltou-se feito um raio para ela.

– O quê?!

– Jordano os dispensou. Como eu lhe ordenei que fizesse.

– Não me faça rir... Jordano é de minha inteira confiança, jamais atenderia às ordens de uma qualquer como você! – admitiu ele, sentindo um mal-estar atípico.

Voltando os olhos para o rapazinho, Harian se surpreendeu com o modo com que ele o olhava agora. Já não havia mais submissão em seus olhos, somente coragem e audácia tal e qual havia nos olhos da mulher a sua frente.

A voz dela voltou a vibrar aguda e aterrorizante aos seus ouvidos:

– Jordano faz o que eu ordeno! Eu poderia ter feito tudo sozinha, certamente. Aprendi com o tempo que sou capaz de tudo, mas Vossa Majestade não teria me dado a chance, pois aprendeu, por superstição, a ficar atento às mulheres. Por isso tive de pôr minha cabeça para funcionar. Assim, percebi que se me utilizasse de um homem, Vossa Majestade certamente o permitiria entrar em sua vida, pois não teme nenhum deles. E meu plano deu certo.

– Do que você está falando sua doida? – explodiu Harian.

– O que ela diz é verdade – informou Jordano.

Harian, zombeteiro, respondeu:

– Vocês só podem estar brincando.

A mulher e o rapaz se mantiveram quietos, olhando para o rei enquanto o clima esquentava e a tensão se espalhava ainda mais pelo ar. Ao atingir o ápice da impaciência, Harian gritou:

– Quem é você?!

Ela riu, fazendo pouco caso da sua pessoa.

– Vossa Majestade nunca vai acertar.

Ele olhou ainda mais intensamente para ela e a circundou, medindo-a de cima a baixo.

– Pode tentar, mas nunca vai acertar – desafiou ela mais uma vez, rindo do seu estado desesperador.

– Não me subestime – respondeu ele, fingindo-se de forte.

Ela riu alto novamente, provocando ainda mais sua ira. Ele, perdendo a compostura de vez, segurou-a firme pelo braço e berrou:

– Quem é você?

O riso desapareceu do rosto dela como que por encanto.

– Olhe bem para mim, seu idiota.

Ele engoliu em seco e atendeu ao seu pedido. Pouco lhe importava agora ser chamado tão desrespeitosamente por ela que até então lhe parecia uma estranha.

Ela tornou a rir, debochada.

– Não vai lembrar nunca!

– Não, mesmo, você venceu! Agora, me diga quem é.

O rosto dela se tornou sério, tão sério quanto a sua voz:

– Meu nome é Aneska. Sou...

Demorou para ela conseguir completar a frase, a excitação agora a dominava por inteira. Finalmente, depois de muito suspense, ela disse:

– Sou a gorda, feia e estúpida que Vossa Majestade humilhou na frente de todos os seus convidados.

Ele franziu o cenho, tentando se recordar.

– Quem?

Ele realmente não lembrava.

– Eu era tão insignificante para Vossa Majestade que nem se lembra de mim. Mas eu vivia ao seu redor o tempo todo e naquele dia, naquela noite, fui humilhada na frente de todos que participavam de mais uma de suas festas indecentes.

Finalmente ele se recordou.

– A gorda feia e casta... – murmurou, surpreendendo-se com a descoberta.

Acontecera numa de suas festas que logo se tornaram verdadeiros bacanais. Ele cismara com ela e, por isso, ordenou que a despissem e quando nua, chorando de medo e vergonha, exigiu que entornassem um galão de vinho sobre ela, deitassem-na numa esteira e a rolassem de um lado para o outro como se fosse um barril para divertir todos. Minutos depois, mesmo vendo a pobre criatura, chorando e gemendo de desgosto pelo que estava passando diante dos presentes, ele falou: "Aposto que nunca foi deflorada, não é mesmo? Também pudera, quem iria querer uma gorda como você?" e com outro sinal, ordenou que um de seus escravos deflorasse a mulher ali mesmo, sem pudor algum.

O encanto impetuoso de Harian havia desaparecido quando despertou de suas recordações.

– Agora eu me lembro... – murmurou, deveras surpreso com tudo.

Ela, sem se deixar abater pela emoção, respondeu:

– Vossa Majestade só errou numa coisa: casta não! Eu tinha um filho!

Ela caminhou até Jordano, acariciou seu rosto jovial e reforçou o que disse: – Um filho...

Então a mente de Harian se clareou ainda mais.

– Agora me lembro de tudo e, por isso, posso afirmar que você não pode estar aqui.

– Quer que eu o belisque para ver se está sonhando?

– Você está morta! Pulou de uma das janelas do palácio e se espatifou no chão.

O riso dela, mais parecendo um grunhido, o assustou tanto quanto sua pergunta a seguir:

– Vossa Majestade me viu morta?

Os olhos dele pareciam que iam saltar das órbitas.

– Vossa Majestade já deveria ter aprendido que só se deve confiar no que se vê.

– Mas todos viram!

– Todos viram o que estavam prontos pra ver. Uma mulher ao chão, ensanguentada, com alguém ao seu lado dizendo: está morta! Estaria de fato? Alguém mais foi se certificar?

– Não pode ser... – gaguejou Harian com olhos abobados.

– Foi uma bela encenação. Eu realmente quis pular da janela e morrer. Mas um homem, um homem da realeza me lembrou do quanto era covarde o suicídio.

– Um homem da realeza?

– Sim, Vossa Majestade! Eu estava presente no dia em que o senhor aconselhou sua irmã a não cometer o suicídio. Haviam me escalado para acompanhá-lo ao calabouço, para levar alguns utensílios para ela.

E novamente a mente de Harian foi invadida por um trecho do passado. O momento em que ele foi visitar Yasmine no calabouço, aprisionada ali a seu mando, para se vingar dela, por ter tomado parte no plano de seus pais. Suas palavras para ela foram:

"Só me faça um favor enquanto estiver aqui. Não cometa suicídio."

Ao que ela respondeu imediatamente:

"Imagina que eu ia me suicidar, ou coisa que o valha? Isso seria indigno da minha pessoa. Revelaria uma fraqueza que não possuo."

E ele respondeu:

"Muito bom ouvir isso... Sinto menos vergonha de tê-la como irmã."

Ressurgindo de suas lembranças, Harian se mostrava ainda mais perplexo:

– Não pode ser... Não pode.

– Mas foi, aceite os fatos.

– Você, a gorda...

– Fui gorda, meu rei. Hoje sou exuberante!

Ele a mediu novamente de cima abaixo e para não ficar por baixo voltou a soltar farpas:

– Que bom, deve se sentir mais feliz agora!

– Eu já era feliz, o fato de eu ser uma obesa nunca me privou da felicidade. Alguns se incomodam com isso, eu, nunca! Foi a amargura, a vergonha e ódio pelo que passei na frente de todos que me deixou assim.

Ela calou-se, olhando com nojo para ele e ele, estalando a língua, voltou a rir, debochado como nunca até recuperar a

187

seriedade e dizer:

– Acabou? Já disse tudo o que tinha a me dizer? Ótimo!
Ao mover-se, Jordano empunhou uma lança na sua direção.

– Não, Majestade, eu ainda não terminei! – prosseguiu ela, seriamente. – Na verdade eu apenas comecei.

Ao bater as mãos, dois brutamontes apareceram e agarraram Harian. Logo o encaminharam para uma liteira que havia nas imediações, aguardando por eles.

– Para onde vocês estão me levando? – indagou Harian, contorcendo-se todo.

– Para uma viagem muito longa... – respondeu ela, sem esconder o prazer. – Para terras distantes onde não possa mais semear o mal entre o próximo.

– Assim que sentirem a minha falta, revirarão os quatro cantos da terra...

Ela o interrompeu, rindo com escárnio:

– Quem vai sentir a sua falta, Rei? Sua esposa que você a ensinou a odiá-lo? Seu filho, que por ciúmes você levou para longe? Sua irmã que você aprisionou num calabouço para impedi-la de ser feliz ao lado do homem que tanto amava? Seu povo que você espezinha cada vez mais, cobrando impostos impossíveis de serem pagos? Quem Vossa Majestade acha que realmente vai sentir sua falta? A quem mesmo deixará saudades?

– Eu ainda sou o rei de Sarmad!

– Você pode ser o rei da discórdia, da maldade, do ciúme, do ódio, do desrespeito humano e das tempestades da alma e do coração, só isso! Sarmad merece voltar a ser o reino feliz e justo para todos viverem como acontecia na época em que seu pai estava no poder. E esse momento chegou, vou libertar todos do jugo de suas maldades.

Quando ele tentou se defender mais uma vez, Aneska gritou, histérica:

– Calado! A sua voz me irrita!

Ao seu sinal, Harian foi amordaçado e deu-se então uma longa viagem até o porto mais próximo. Quando lá, o rei, impiedoso, amarrado, tentou se livrar mais uma vez das cordas, o que era impossível. Os nós eram fortes e, mesmo que se libertasse, os cupinchas de Aneska o pegariam.

– Adeus, meu querido rei – disse Aneska no momento adequado, sentindo o doce amargo da vingança.

– Aqui termina a sua história e começa uma nova. Boa sorte!

– Você não pode fazer isso comigo! – protestou Harian, transpirando, tenso.

– Não? Já fiz! – Ela riu sarcástica e completou: – Não é preciso mil homens, montando majestosos cavalos e tendo nas mãos poderosas lanças, para destruir um rei que dizem ser capaz de comandar as tempestades, varrer cidades em batalhas, vencer tudo e todos. Basta apenas uma mulher com sede de justiça, apenas isso!

Ao seu sinal, Harian levou um soco de um dos homens de Aneska e quando voltou a si, estava seminu, estirado ao chão, cercado de escravos suarentos e fedidos dentro de um navio que seguia para longe, um destino até então ignorado por ele.

III

Enquanto estes fatos ocorriam, um camponês cujas terras de cultivo ficavam junto ao penhasco de onde Javed havia caído naquele dia fatídico, encontrou-o junto à margem do rio enquanto pescava. Imediatamente correu para ajudá-lo e o levou para sua morada.

Ao vê-lo, chegando, a esposa se assustou.

– Quem é? – perguntou, ressabiada.

– Não sei, encontrei-o junto às margens do rio. Ainda está desacordado.

– Você não sabe quem ele é e mesmo assim traz para casa um desconhecido?

– Ainda assim, um ser humano.

– Pode ser um homem perigoso. Um assassino!

– Não façamos julgamentos apressados. Agora me traga água fervida e trapos para limpar-lhe o rosto e o peito.

Sem mais, o sujeito adentrou sua casa e deitou Javed sobre a cama, ajeitou seu cabelo úmido grudado à testa e parte da face e começou a limpá-lo com os trapos embebidos em água quente que a esposa trouxe a seguir e deixou ao seu lado.

– Enquanto eu o limpo, prepare algo para ele comer. Uma sopa, um líquido quente.

– Está bem – concordou ela, ainda incomodada com a presença de um estranho na sua casa.

Quando voltou até o marido, Javed já estava com seu rosto bem limpo e, assim, ela pôde reconhecê-lo. Por pouco não gritou. Sua reação chamou a atenção do marido que se voltou para ela e perguntou:

– O que foi, Fiamma? Você por acaso conhece esse homem?

Ela imediatamente engoliu em seco e fez que não com a cabeça por acreditar que não era Javed e, sim, um homem muito parecido com ele. Não fazia sentido para ela, Javed, o rei de Kansbar, ter sido encontrado às margens de um rio e naquele estado.

Foi então que Javed voltou a si.

– Onde estou? – indagou com grande dificuldade.

– O senhor está na casa de um camponês. Meu nome é Farideh e esta é minha esposa Fiamma.

Não houve reação alguma por parte dele, dando sinal de que a havia reconhecido.

– Aqui você estará bem, não se preocupe – continuou Farideh. – Vamos cuidar de você. Agora me diga seu nome, o que faz e de onde vem?

Javed franziu a testa como quem faz para se recordar de algo e, por fim, respondeu, simplesmente:

– E-eu não sei...

É mesmo Javed, disse Fiamma para si mesma. Pelo seu tom de voz e sua expressão facial é ele, sim! Mas como pode ter vindo parar aqui e sem memória?

Assim que pôde, ela foi até Kansbar com a desculpa de que iria visitar seu pai, só para obter informações sobre o rei. Quando soube que ele havia sido dado como morto em meio ao confronto com o rei de Sarmad, no dia em que a terra tremeu, ela teve certeza absoluta de que era mesmo Javed quem agora estava alojado em sua casa.

Fiamma mal podia acreditar que o homem que tanto amou e a desprezou sem se importar com seus sentimentos, o homem que a fez se casar com um camponês feioso e bronco, bem longe do que ela tanto sonhava encontrar no sexo oposto, estava agora sob seus cuidados. Ela poderia dizer ao marido e ao próprio Javed quem era ele, mas, de repente, percebeu que a perda de memória lhe seria útil. Sem memória, ele jamais sentiria necessidade de partir dali para voltar a ser quem sempre foi e, assim, ela poderia encantá-lo com o tempo e finalmente ser feliz ao seu lado.

Para facilitar a comunicação entre os três, Farideh decidiu chamar Javed de Baharum até que ele se recordasse do próprio nome. E assim os dias seguiram seu curso.

IV

Enquanto isso, Harian se mantinha prisioneiro num navio cujo destino ainda lhe era ignorado. Uma vez a bordo, não havia como voltar, a nado nem pensar. Apesar de se considerar um bom nadador, o cansaço pelo tanto de braçadas necessárias para chegar à terra firme o venceria. Por ora, o melhor a se fazer era aceitar seu destino.

Enquanto isso, o desejo crescente de se vingar de Aneska fervia por suas veias a ponto de lhe provocar ondas e mais ondas de calor.

Voltando-se para os deuses, Harian, pela primeira vez lhes falou em tom de súplica:

– Só tenho um pedido a lhes fazer! Mantenham-me vivo, sadio e lúcido, pelo menos até que eu possa destruir a mulher que me pôs aqui e provar, de uma vez por todas, que Eleazar, o vidente, errou numa de suas previsões. É só isso que tenho a lhes pedir, na verdade, implorar.

Ao servirem a comida, Harian encontrou um rato morto, mergulhado na sua sopa. Quem teria feito uma coisa dessas com ele? Ninguém, respondeu para si mesmo segundos depois. O rato caíra ali por uma fatalidade do destino, só isso.

Ao ouvir Zilmat, um dos escravos mais fortes da embarcação, rindo dele, Harian, num acesso de fúria atirou nele o bicho morto. O homem imediatamente saltou sobre ele, agarrou-o pelas costas, aprisionando seus braços com toda força e fez sinal para um amigo que logo compreendeu o que ele queria.

Imediatamente, catou o rato do chão, aproximou-se de Harian, fuzilando seus olhos com certo prazer e, num movimento rápido, pegou seu rosto com uma de suas mãos fortes e o apertou até fazê-lo abrir a boca para prensar o rato morto ali, até forçá-lo a comer o roedor.

– Mastigue! – ordenou, feroz.

Harian travou o maxilar, mas metade do bicho ficou entre seus dentes não houve rapidez o suficiente para se livrar daquilo.

– É melhor você comer isso por inteiro! – trovejou Zilmat, apertando ainda mais seus braços.

O sangue do rato, que começara escorrendo pela boca, já alcançava o pescoço de Harian, na altura do Pomo de Adão. Quando eles o soltaram, o vômito foi inevitável. Golfadas e golfadas cobriram o chão até que ele caiu de joelhos e chorasse calado a sua desgraça.

Uma escrava de porte insinuante, parecendo consternada com sua situação, sumiu temporariamente do local, regressando instantes depois com um caneco nas mãos, o qual ofertou a ele.

– Toma! Vai fazê-lo se sentir melhor.

Harian, sentindo-se ainda nauseado, aceitou a oferta e ao tomar o líquido com voracidade, na esperança de limpar sua boca daquela nojeira, cuspiu longe. Não era água, nem vinho, era urina e sabe lá de quem ou do quê. A gargalhada foi geral e quanto mais ele se contorcia de nojo, revolta e mal-estar, mais riam espalhafatosamente de sua pessoa.

Naquele instante, tudo o que ele mais desejou foi usar seu misterioso poder de provocar temporais, para que os céus desabassem sobre aquela embarcação, matando todos que ousaram fazer dele um fantoche para se divertirem. Deteve-se, ao perceber que aquilo também o mataria e ele precisava se manter vivo, custasse o que custasse para voltar a reinar em Sarmad, vingar-se de Aneska e provar a Eleazar que ele, Harian, cumprira sua palavra.

V

Enquanto isso, cansados de procurar pelo paradeiro do rei, o povo de Sarmad deu seu desaparecimento como um castigo, enviado pelos deuses pelas maldades que ele fizera com todos desde que assumira o poder. Quanto a Kansbar, Yasmine voltou a comandar seu povo, assim que Darice libertou a cidade do jugo do poder de Harian. Sem ele ali, não havia mais um porquê para dominá-los. Viveriam doravante em paz, aliados a Sarmad, como sempre foram, contra possíveis inimigos. A paz voltara a reinar entre todos.

VI

Dias depois a embarcação que levava Harian como escravo, chegava finalmente ao seu destino, um mercado à beira-mar de uma grande e importante cidade na época. Barcos de cores vivas oscilavam na água, enquanto os pescadores arrastavam para terra firme, grandes tinas de peixes se debatendo uns contra os outros.

Imediatamente Harian foi levado para ser vendido no mercado de escravos. Preso, como os demais escravos, em argolas de metal, ligadas a correntes presas em pesados postes de madeira, ele, assim como muitos, se debatia para fugir dali, esticando-se até onde seus grilhões o permitiam. Foi assim até perceber que teria mais chances de fugir depois de comprado. Assim, procurou parecer o escravo ideal para um freguês ou uma freguesa adquirir.

A maioria dos escravos, por não poderem usufruir de um lugar apropriado para urinarem e defecarem, faziam suas necessidades ali mesmo, sobre a palha imunda em que eram deixados. Com isso, o lugar fedia, especialmente para uma mulher como Zuleika que nunca havia estado no mercado de escravos antes, pois fora sempre seu pai quem se incumbira de comprá-los e fazer tudo mais que era necessário para o conforto da família. Todavia, o pai agora estava morto, juntara-se à mãe que morrera cinco anos antes, e, por isso, as responsabilidades agora eram todas dela.

– Esse lugar cheira muito mal! – desabafou ela com Siamak, seu fiel escravo.

– A senhora não deveria ter vindo. Isso aqui não é lugar para uma mulher da sua estirpe.

– Se eu não viesse, não poderia opinar na escolha de um escravo e, bem, eu queria muito isso. E se quer saber, tinha também curiosidade em ver com meus próprios olhos o que se passa aqui, como é o processo de compra e venda.

O mau cheiro não era o único infortúnio do lugar, os escravos que gritavam de fome, ódio e revolta, e os que cuspiam nos compradores e tentavam ofendê-los com palavras de baixo calão deixavam o lugar ainda mais deprimente. Mesmo sob chicotadas, muitos continuavam a expressar sua revolta por estarem ali.

– São mesmo uns animais – comentou um comprador, abrindo um pequeno frasco de perfume e o encostando junto ao nariz para se proteger do fedor.

Ao passarem por uma escrava cujos braços protegiam um casal de filhos, olhando para tudo e para todos com olhos assustados, Zuleika sentiu tanta pena que teve vontade de comprá-los para libertá-los.

Diante dos escravos mais velhos, Siamak comentou:

– Esses aí não servem, na idade em que se encontram, são imprestáveis.

– Alguém há de comprá-los, não?

– Raramente. Os mercadores os deixam aí, à mercê da sorte. Quando percebem que não há mesmo interesse por eles, são deixados presos até morrerem de fome.

Zuleika se arrepiou enquanto Harian a poucos metros dali, examinava os compradores, um a um, pensando em qual deles seria o ideal para comprá-lo. E ele escolheu Zuleika, mulher de porte altivo, desprovida de beleza, cuja ingenuidade era transparente no olhar.

Logo, Zuleika também se interessou por ele e ficou a perscrutar seu rosto vivaz e inteligente, seus olhos escuros e luminosos, o nariz alongado e sua boca de lábios delicados.

– É bonito demais para ser um escravo – comentou, sem se aperceber.

Siamak, surpreso com seu comentário, perguntou:

– O que foi que a senhora disse?

Zuleika respondeu com outra pergunta:

– Que tal aquele?

Siamak pareceu não gostar.

– Não me passa confiança.

– Não?

– Não!

– A mim, sim!

Vendo que sua senhoria já havia realmente se encantado por Harian, Siamak acenou para o mercador de escravos que rapidamente correu até eles, exibindo um sorriso banguela e exalando um mau hálito horrível. Disse:

– Pois não, pois não.

– Aquele ali – apontou Siamak. – Minha senhoria se interessou por ele.

– Pois sim, pois sim!

O homem virou-se na direção de Harian, franzindo o cenho e tratou logo de concluir a venda. Entregou rapidamente uma escritura forjada para Siamak, o qual examinou atentamente.

– Aí há informações sobre o escravo – acrescentou o vendedor. – Suas habilidades, as línguas que fala.

Harian, de longe, perguntava-se onde e quando o mercador poderia ter conseguido uma escritura daquelas se ele nunca fora escravo. Imediatamente, a imagem de Aneska voltou a sua mente e com ela, suas palavras que tanto o impressionaram: "Não é preciso mil homens, montando majestosos cavalos e tendo nas mãos poderosas lanças, para destruir um rei que dizem ser capaz de comandar as tempestades, varrer cidades em batalha, vencedor tudo e todos. Basta apenas uma mulher com sede de justiça!"

Examinando atentamente Harian, Siamak especulou o mercador:

– Tem certeza de que ele tem mesmo bons antecedentes?

– Pois sim, pois sim.

– Minha senhoria precisa de um servo trabalhador e pacífico.

– Pois sim, pois sim.

– Posso confiar no senhor?

– Pois não, pois não... – o homem engasgou e imediatamente se corrigiu: – Pois sim, pois sim!

Zuleika, lançando um olhar especulativo para Harian, que se mantinha imóvel feito uma pedra, com o rosto impassível, exceto pelos olhos, fixados nela, perguntou:

– Você fala a minha língua?

– Sim, um pouco – respondeu ele, usando de todo o seu charme e sedução.

Foi o suficiente para a mulher ter certeza de que havia feito a escolha certa.

VII

Nesse período, Javed recuperou a saúde menos a memória. Desde então passou a ajudar Farideh na plantação e colheita de grãos, enquanto Fiamma tentava seduzi-lo quando longe da vista do marido. Para Farideh, Baharum (Javed) havia ido parar às margens do rio no dia em que a terra tremeu e certamente havia batido com a cabeça e, por isso, perdera a memória.

Enquanto isso, os reinos de Sarmad e Kansbar se mantinham nas mãos das duas rainhas que se esforçavam ao máximo para preservar a ordem, prosperidade e harmonia de seu povo.

VIII

Nas semanas que se seguiram, Harian enquadrou-se com esforço à casa que se tornou a sua mais nova morada, portando-se como se servisse sua senhoria há anos.

Jeitoso para cuidar de tudo ali, tornou-se indispensável a Zuleika e, ao mesmo tempo a Siamak, a cozinheira e o jardineiro, um trio de mal-humorados, porém, extremamente profissionais.

Mas por trás de toda sua presteza e amabilidade, havia somente uma meta, libertar-se de tudo ali para poder voltar ao seu reino e destruir Aneska.

Suas saídas da casa aconteciam sempre na presença de Siamak pois ele ainda não era de inteira confiança para fazer aquilo sozinho. Muitas vezes eles seguiam até o mercado tumultuado por fregueses, pechinchando e vendilhões, gritando suas ofertas e descontos para serem ouvidos por todos em meio àquela balbúrdia. Ali, Harian logo se mostrou ágil nas compras, adquirindo sardinhas e pargos, mexilhões e caranguejos numa velocidade estonteante, o que lhe rendeu elogios por parte de Zuleika que se descobria cada vez mais encantada por ele.

IX

Enquanto isso, Fiamma aproveitava a ida do marido a Kansbar para seduzir Javed de uma vez por todas. Logicamente que Farideh quis levar Javed consigo, mas Fiamma com sua lábia, o impediu, alegando que com ele ali, ela se sentiria mais segura enquanto ele estivesse fora. O que ela temia mesmo é que Javed fosse reconhecido caso voltasse a pisar em Kansbar e, por isso, ele nunca mais poderia pôr os pés lá.

A tarde caía bonita, quando ela convidou Javed que até então pensava ser Baharum para ir com ela até o rio. Quando lá, sem pudor algum, ela se despiu, provocando espanto e furor no moço que a acompanhava. Sem delongas, ela entrou na água e caminhou até onde sabia que dava pé e o convidou a se juntar a ela.

– Venha! A água está uma delícia!

Sob o sol, ela estava tão linda que Javed não conseguia deixar de olhá-la. Cansada de esperar por ele, ela saiu da água e o puxou pelo braço.

– Não, é melhor eu não entrar – disse ele.

– Bobagem, venha!

E ao perceber sua timidez, ela o encarou e ordenou:

– Olhe para mim, Javed. Aprecie o que é belo.

Ele pareceu estremecer.

– Olhe para mim, estou ordenando.

– A senhora disse Javed?...

Só então Fiamma percebeu o fora que havia dado.

– Disse? – riu, fingida. – Eu quis dizer Baharum.

– Javed... – murmurou ele, pensativo. – Esse nome... esse nome não me é estranho.

– Bobagem, agora tire a roupa e entre na água, vamos!

E com seu poder de sedução ela conseguiu fazê-lo aten-

197

der ao seu pedido. Quando os dois voltaram para casa, ela achegou-se a ele e disse:
— Agora podemos ficar mais à vontade...
— Aonde a senhora quer chegar?
Ela deu um passo à frente e pondo a ponta do seu dedo indicador de sua mão direita sobre os lábios dele, respondeu:
— Sem meu marido aqui poderemos nos conhecer melhor.
E antes que ele se opusesse mais uma vez a suas ideias, ela lhe serviu vinho, o suficiente para deixá-lo embriagado e assim, poder fazer dele, o que bem entendesse.
Desde então, Fiamma fez de Javed seu amante. Por mais que se sentisse incomodado por estar se deitando com a mulher do sujeito ao qual tanto bem queria, ele não podia mais resistir à sua sedução.

X

Cansado de ser privado de sair sozinho da casa, e de não poder gozar de outras regalias, Harian decidiu seduzir Zuleika por acreditar que ela, caindo nas suas graças, seria capaz de ajudá-lo a dar a volta por cima, voltar a ser o rei quem sempre foi.

As lamparinas emitiam uma luz tênue na sala em que ela se encontrava deitada num divã, vestindo uma camisola corde-rosa transparente e sensual quando ele foi até lá e disse, com voz sensual:
— A senhora gostaria de receber uma massagem?
— Sim — respondeu ela, um tanto acanhada.
— Pode se despir se quiser! — sugeriu ele, aprofundando o seu olhar de fingida sedução sobre ela.

A sugestão a pegou de surpresa. Seu embaraço foi tanto que, por um minuto, ela pareceu imóvel, feito estátua na sua frente. Só então ele compreendeu que ela nunca havia tido intimidades com um homem.

Usando novamente um tom sedutor, ele a estimulou a tirar suas vestes de vez e se deitar de bruços sobre o divã, o que ela acabou fazendo, parecendo hipnotizada por seu olhar e sua voz. Ele então começou a deslizar seus dedos longos e vigorosos

198

pelas costas dela, num toque tão preciso e, ao mesmo tempo suave, que relaxava o corpo e a mente por completo.

– Relaxe – aconselhava, aproximando seus lábios bonitos da orelha direita dela, algo que a fez suspirar.

Minutos depois, ele pediu licença para lhe fazer uma surpresa. Deixou o cômodo por instantes e voltou trazendo uma ânfora e duas taças onde serviu vinho para ambos. Vinho forte, sem diluí-lo em água. O sabor encorpado da bebida deixou Zuleika, sentindo-se ainda mais à vontade na presença do escravo que jamais pensou que poderia lhe ser tão gentil e devotado a sua pessoa.

Quando alta de tanto beber, ele se deitou com ela, esforçando-se para fazer dela a mulher mais feliz. Minutos depois, em tom de lisonja, fingido como nunca, esforçando-se para parecer real e sentimental o mais possível, ele disse:

– Devo muito à senhora, Dona Zuleika.

A mulher pôs delicadamente dois de seus dedos cheios de anéis sobre os lábios dele, para impedi-lo de falar. O gesto ou o toque, talvez, divertiu Harian, há tempo que não se sentia tão bem, ao ser tocado por uma mulher. Só naquele instante é que percebia o quanto estava necessitado de calor humano, especialmente provindo de uma alma feminina, ainda que essa alma estivesse longe do perfil que tanto o atraía.

Quando ela o liberou, seus lábios puderam articular as palavras desejadas:

– Como eu dizia... Eu devo muito à senhora. A senhora é como uma luz na minha vida. Uma deusa encarnada numa mortal. Uma enviada dos deuses.

– Que nada... Falando assim, você me constrange.

– Devo falar, sim, porque é verdade. Nunca me esquecerei do que fez e faz por mim. Mas saiba que será recompensada pelos deuses por ter me ajudado.

A frase "Eu te amo!" veio à mente dela e rapidamente escorregou para a garganta, e quando ela pensou em evitar que chegasse aos seus lábios já era tarde demais:

– Eu o amo, Harian. Eu o amo...

Zuleika jamais vivera tal emoção, de expressar seus sentimentos por meio de uma frase tão simples, cujo significado era dos mais importantes. Sim, ela queria e muito dizer a ele "Eu o amo!" porque no fundo era verdade, pela primeira vez em toda vida, ela estava verdadeiramente amando um homem. Com Aquézio fora paixão, uma avassaladora paixão, por Harian era amor, puramente amor.

As palavras dele a despertaram de seus pensamentos.

– Muito me lisonjeia saber que estou sendo amado por uma mulher tão especial como a senhora.

– Especial?

– Sim, uma enviada dos deuses para me ajudar a me libertar das agruras da escravidão.

E sem dizer mais nada, ele a beijou, fazendo com que ela se derretesse em seus braços.

Não demorou muito para que Harian tirasse proveito do fato de Zuleika estar perdidamente apaixonada por ele. De tão apaixonada que ficou, a mulher tornou-se capaz de atender cegamente a todas as suas ordens.

Desde então, Siamak ficou atento ao escravo, ele podia enganar a senhoria, mas a ele, jamais. Qualquer movimento em falso, ele o pegaria e provaria a Zuleika que ele não prestava.

Ao tentar preveni-la, Zuleika o considerou inconveniente e dramático.

– Eu confio em Harian, Siamak – respondeu ela, acreditando muito no que dizia.

– Não deveria, minha senhora – retrucou o serviçal, sem medo de ser punido por dar uma opinião tão sincera. – Ele não me passa confiança.

– Agradeço sua preocupação, mas...

– A senhora está apaixonada e a paixão cega as pessoas.

A mulher pareceu não gostar do que ouviu, fazendo com que o serviçal imediatamente se curvasse diante dela e se desculpasse.

– Desculpe-me, se fui rude.

– Meu bom, Siamak, eu vivi a vida toda, esperando que um homem se interessasse por mim. Finalmente ele chegou! Harian é esse homem! Eu o amo, amo-o profundamente!

200

De fato ela amava Harian que só estava com ela para poder ter condições de voltar ao seu reino, o mais rápido possível, e numa embarcação de maior requinte, pagando com o que pretendia tirar dela por meio da sedução.

XI

Na sua próxima ida a Kansbar, Farideh decidiu levar Javed consigo. Não se sentia bem, deixando-o sozinho com a esposa, e, sabendo que ela se oporia a sua ida, decidiu levá-lo consigo sem que ela soubesse.

Quando Fiamma deu pela falta de Javed, não demorou muito para perceber o que o marido havia feito. Imediatamente selou um cavalo e partiu atrás dos dois que seguiam de carroça para a cidade. Seu desespero era tanto que por muitas vezes pensou que iria desmaiar. Quando percebeu que não havia como alcançá-los, voltou para sua casa, chorando, por acreditar que Javed nunca mais voltaria para ela, uma vez que seria reconhecido assim que voltasse a pôr os pés em Kansbar onde era o rei.

Mas isso não aconteceu. Para sua alegria ninguém notou que o ajudante de um simples camponês era na verdade o rei desaparecido. Se notaram, pensaram tratar-se de um homem muito semelhante a ele, nada além disso.

XII

Mais uma vez, Hariam e Zuleika estavam a sós nos aposentos dela, trocando ideias. Mas era ela quem falava o tempo todo, compartilhando pensamentos e acreditando que ele realmente sentia prazer em ouvi-la.

– Já passou pela sua cabeça, alguma vez na vida, que os deuses nos puseram aqui para descobrirem qual de nós é realmente bom e qual não é? Como um teste, entende?

– Não! – respondeu ele com certo espanto. – Com sinceridade, não!

– Somente diante dos infortúnios é que poderão saber quem somos na verdade. Diante das reações que tivermos diante do que nos afeta negativamente é que saberão quem somos na alma. É que conhecerão a índole do nosso espírito.

201

Harian, admirado, sorriu:

– Você acha mesmo?

– Sim, acho. Os deuses buscam encontrar aqueles que não se voltam contra aqueles que lhe fizeram mal. Que conseguem permanecer na bondade, ainda que tenham sido feridos na alma.

– Será mesmo que existe na humanidade alguém que realmente consiga se controlar diante de qualquer instinto de vingança, ódio, rancor e ciúmes, mantendo em si somente sentimentos bons? Essa pessoa não seria humana... Ela seria...

– Exato! – exclamou Zuleika. – Um deus na Terra! O seu enviado, ou o próprio Deus em forma de gente.

– Um deus encarnado?

– Sim, um deus terreno.

– Os reis são deuses na Terra.

– Podem ser semideuses, deuses de fato, não são!

– Ora por quê?

– Você por acaso já soube de algum deles que tenha conseguido dominar o ódio, a raiva, os desejos de vingança, os ciúmes, a ganância e a loucura pelo poder?

– Bem...

– Não são posses ou títulos que farão diferença para os deuses e, sim, a índole da alma e do coração de um rei ou de um simples camponês.

Zuleika, com olhos sonhadores, confessou:

– Um dia eu ainda hei de encontrar aquele cuja bondade é superior a tudo neste mundo. Acho que foi esse sempre o meu maior sonho.

– E o que pretende fazer quando esse dia chegar?

– Vou admirá-lo com certeza, porque um ser humano cuja bondade é superior a qualquer influência da maldade é digno de admiração. O verdadeiro rei dos reis!

E Harian engoliu em seco diante do comentário, sentindo uma pontinha de inveja daquele que poderia se sobressair a todos os reis.

XIII

Enquanto isso, Siamak tinha um dedinho de prosa com a

cozinheira e o jardineiro da casa.

– Mas que ironia do destino, hein? – comentava com os dois, em meio a um risinho escrachado.

– Do que fala, Siamak?

– Falo de nossa senhoria que sempre quis encontrar aquele cujo coração só guarda bondade... Aquele que dentro de si não guarde nada além do que é bom. Que consiga dominar o seu lado mal. Elevá-lo a um cisco, a um simples grão de areia. Um ser evoluído...

– É mesmo?

– Sim!

– Como um dos deuses, você quer dizer?

– Sim! Ela sempre acreditou que um ou mais homens poderiam se igualar aos deuses e, por isso, desejou imensamente encontrá-los.

– Isso é loucura... – murmurou a cozinheira. – Será mesmo que existe alguém capaz de ser bom o tempo todo, de não se verter para o mal quando incitado a ele? Alguém que seja capaz de dar a vida pelo próprio irmão, doar-se para o próximo, ser infinitamente bom, com pensamentos do bem?

– Dona Zuleika acredita que sim e, no entanto, tudo o que conseguiu encontrar foi Harian, a personificação do mal na Terra.

– Ele não é mau.

– Ele finge não ser, é diferente. A mim ele não me engana.

– Você não gostou dele desde o início.

– Sim, desde que o vi no mercado de escravos. E penso que temos de ficar atentos a ele, para proteger nossa senhoria que anda cada vez mais apaixonada por ele.

– Isso lá é verdade.

Após breve pausa, a cozinheira, pensativa, perguntou:

– Mas será que alguém consegue ser mau o tempo todo?

Siamak respondeu prontamente:

– Para muitos, ser mau, o tempo todo, é algo muito natural. Nada lhes é mais prazeroso do que fazer maldades. Sentem até orgulho por isso, o que é, a meu ver, uma atitude estúpida e deprimente.

— Sim, deprimente. Minha mãe dizia que em cada um de nós há um tanto de bondade e de maldade e que essas forças precisam ser bem administradas para vivermos em paz. Penso que ela estava certa. Aquele que deixar ser dominado somente pelo seu lado mau, jamais conhecerá as virtudes que só o bem pode oferecer a todos ao longo da vida, o que realmente dá sentido a ela.

Siamak e o jardineiro concordaram com a mulher, pois para eles aquilo também era a mais pura verdade.

XIV

Logo após o jantar, Fiamma incentivou o marido a beber vinho até se encharcar, para que pudesse ficar mais uma vez a sós com Javed sem que ele os atrapalhasse. Jamais pensou que o marido despertaria meia hora depois e desse por sua falta.

— Fiamma?! — chamou ele, estranhando sua ausência na casa. — Ela deve ter saído para caminhar um pouco ao luar... — concluiu minutos depois e quando pensou em voltar a dormir, a hipótese de que talvez ela estivesse precisando de sua ajuda, o fez ir atrás dela.

Bem naquele momento, Fiamma seduzia Javed mais uma vez quando ouviu o marido chamando por ela:

— Fiamma!

O casal imediatamente ficou em estado de alerta.

— Fiamma! — berrou Farideh mais uma vez.

A moça rapidamente se vestiu e foi ao seu encontro.

— Farideh, meu marido... O que houve?

Ela o beijou, fingindo alegria por revê-lo.

— Quando acordei e não a encontrei em casa, fiquei pre-ocupado.

— Estou bem, meu amor. Pode voltar a dormir em paz.

— Você não vem?

Ela não esperava pela pergunta:

— Ir? Sim, é lógico que sim!

Só então o marido suspeitou que a esposa o estivesse traindo.

– Onde está o Baharum?

– Baharum? Ora, dormindo, certamente.

– No celeiro?

– É onde ele sempre dorme, não?

– Sim e...

– Não me diga que suspeitou da minha fidelidade para com você, Farideh?

– Fiamma...

– Por favor, Farideh... Não me diga isso!

– É que você é uma mulher jovem e bonita.

Ela recuou o rosto e o encarou.

– Sinto-me ofendida.

– Não se ofenda, por favor...

– Não há como não me ofender, Farideh. Sempre devotei a você um amor sincero e fiel e...

Ela fez beicinho.

– Perdoe-me, querida.

– Está perdoado. Agora voltemos a dormir.

– Espere! E quanto ao Baharum?

– Baharum, o que tem ele, Farideh?

– Ele, por acaso, não tentou seduzi-la, tentou?

– É lógico que não, meu amor! Mesmo que tivesse, seria total perda de tempo da parte dele, além do que, certamente, eu contaria a você o que ele fez.

– Contaria mesmo?

– Sim, porque seria um abuso da parte dele. Onde já se viu tentar algo desse tipo com a esposa do homem que o salvou? Sentir-me-ia tão ofendida quanto me senti agora por ter suspeitado da minha fidelidade.

– Oh, Fiamma... Perdoe-me...

O marido voltou a abraçar a esposa enquanto ela sentia novamente repugnância por seu abraço.

– Vamos para casa, por favor – insistiu ela, desvencilhando de seus braços.

– Vamos, sim – concordou ele, enlaçando suas costas, hábito que ela mais odiava nele.

Só então Javed espiou o casal e acompanhou-os com o olhar até adentrarem a sua morada. A sensação de culpa, por estar traindo o homem que tanto o ajudara e era tão bom para ele, continuou dilacerando seu peito. Com muito custo voltou a dormir.

Naquela noite, Fiamma agradou o marido até cansá-lo, sabia que um agrado exagerado o faria se esquecer da noite daquele dia. Mas ele não se deu por convencido, logo pela manhã seguinte, foi tirar suas suspeitas a limpo. Ao encontrar Javed, ficou a estudar seu semblante com olhos mais de suspeita do que de simpatia.

– Senhor... – cumprimentou Javed um tanto sem graça.

– Olá, Baharum – respondeu o homem sem tirar os olhos dele.

– Algum problema? – estranhou Javed, incomodado com seu olhar de suspeita sobre ele.

– Gosto de você, Baharum, não traia a minha confiança, por favor.

Javed gelou.

– Eu jamais faria isso, meu senhor.

– Acho bom! Porque os homens podem ser cruéis, mas um homem enciumado e traído pode ser muito mais.

Javed tornou a gelar diante da advertência e, desde então, aguardou o momento oportuno para falar com Fiamma.

– Fiamma não podemos mais ficar juntos.

– Ora, por quê?

– Porque não é certo. Não me sinto bem, fazendo isso com seu marido. Ele sempre é tão bom comigo.

– Bobagem.

– Não é bobagem. Se fosse, não me sentiria culpado e entristecido por traí-lo. Estou seriamente pensando em ir embora daqui.

– Embora? Para onde?

– Para qualquer lugar...

– Aqui você pelo menos tem a mim que o ama, longe não terá ninguém, tampouco um lugar para chamar de lar.

As palavras dela o tocaram.

– Fique comigo e será feliz para sempre! Parta daqui, e só encontrará tristeza e solidão. Acredite-me!

E ela se deu por satisfeita, ao perceber que sua advertência o havia mantido prisioneiro aos seus sentimentos por ela.

XV

Quando Harian conseguiu juntar uma boa quantia com a qual poderia pagar por um bom lugar num navio que o levasse de volta à suas terras, tempestades atípicas para as estações da primavera e do verão retardaram seus planos. Navios se perdiam no mar e outros não podiam partir. Ele acreditava ter o poder de invocar tempestades, mas não de afastá-las, como desejava, para poder voltar para Sarmad o quanto antes.

Ao ver uma ruga, vincando-lhe a testa, Zuleika aproximou-se do amante e perguntou:

– O que o aborrece, meu homem?

Ele, apaziguando a voz, respondeu:

– Essas tempestades... parecem que não vão ter mais fim. Não gosto delas. Antes eu as admirava, agora, começo a odiá-las.

E Zuleika quis, de repente, ser uma deusa para limpar os céus, deixá-lo como seu amado tanto queria.

Certo dia, Siamak foi até ela conversar em particular.

– A senhora não acha estranho que Harian ande tão preocupado com a melhora do tempo?

– Porque talvez não goste de tempos assim.

– Pois para mim, ele quer o tempo estável para poder pegar um dos navios e voltar para sua terra de origem.

As palavras de Siamak a surpreenderam.

– V-você acha?

– Sim, senhora. Que outra razão haveria para ele ficar tão irritado com o tempo e ansioso para que melhore?

– Sim, pode ser. Vou falar com ele a respeito.

Naquela mesma noite, Zuleika cumpriu o que prometeu e Harian imediatamente negou tudo. No meio da madrugada, acordou, e, sorrateiramente, deixou o quarto que passou a ocupar desde que se tornara amante de sua senhoria, caminhou até o quarto que Siamak ocupava na casa e o surpreendeu com uma adaga prensada contra o seu pescoço. O horror tomou conta do serviçal.

– Isso é para você aprender a não se pôr mais no meu

caminho – alertou Harian, sussurrante. – Se você continuar insistindo em fazer a cabeça de sua senhoria contra mim, eu corto o seu pescoço. Ouviu?

E o serviçal assentiu, transpirando fundo e vermelho de pavor.

XVI

Desde a noite em que estranhou o sumiço da esposa, Farideh se manteve atento a ela, suspeitando de sua fidelidade. Certa noite fingiu estar embriagado, foi dormir, só para pegá-la em flagrante, caso realmente o estivesse traindo. Dito e feito, encontrou-a meia hora depois nos braços de Javed.

– Você e Baharum! – explodiu o homem. – As duas pessoas em que eu mais confiava.

Javed imediatamente foi até ele e procurou se desculpar. Mas Farideh, de tão nervoso não o deixou se defender:

– Eu o salvei da morte e é assim que você me retribui?

Javed imediatamente respondeu:

– Sou lhe muito grato, meu senhor, e sei que o que fiz foi errado, eu não queria...

– Não queria – riu Fiamma. – Agora vai se fazer de santo, é, Javed?

Os dois homens olharam mais atentamente para ela.

– Javed... Você disse Javed? – empertigou-se Farideh, lançando um olhar curioso para a esposa.

Ela, avermelhando-se toda, fingiu-se de surda. Farideh, no entanto, insistiu:

– Sim, Fiamma, você chamou Baharum de Javed. Por quê?

– Ora, ora, ora! Chamei-o por chamar!

– Não foi por isso, não! Foi porque você conhece esse homem, admita!

– Eu, não!

– Conhece, sim! Quem é ele, Fiamma?

Ela deu de ombros e fechou o cenho. Foi então que Farideh uniu os fatos:

– Javed era o nome do rei de Kansbar que segundo soube, morreu durante o confronto com o rei de Sarmad. Os dois caíram numa vala aberta no dia em que a terra tremeu.

Olhando mais atentamente para Javed, Farideh perguntou:

– Baharum, o nome Javed significa algo para você?

– Javed... – balbuciou ele, pensativo.

– Sim.

Javed recordou-se então do confronto, momentos antes de a terra tremer e ele e Harian serem tragados pela vala que se abriu no chão.

– Houve um tremor, nós caímos – respondeu ele, puxando pela memória. – Então outra queda, pedras, rio...

– Você caiu do abismo, direto no rio que corre abaixo dele – explicou Farideh. – Pelos deuses, você é Javed, o rei de Kansbar que desapareceu e foi dado como morto.

– Rei?!

– Sim!

Farideh então voltou-se para a esposa, fuzilando-a pelo olhar:

– E você sabia disso o tempo todo, não é mesmo, Fiamma? Por isso não queria que ele fosse comigo para Kansbar para não ser reconhecido.

Ela novamente se avermelhou enquanto ele juntava mais dois e dois.

– Então é mesmo verdade o que ouvi falar a seu respeito – continuou ele, chocado. – Você foi mesmo noiva do rei, aquela com quem, no último instante, desistiu de se casar. Ao encontrá-lo nessas condições, aproveitou-se para tê-lo como sempre desejou, não foi?

Fiamma finalmente se mostrou quem era diante de suas palavras:

– É isso mesmo, Farideh! É exatamente isso que você deduziu e Javed vai continuar sendo meu. Inteirinho meu!

O clima pesou ainda mais no recinto e foi quando Farideh decidiu dar um basta naquilo, pelo menos por ora. Disse:

– Amanhã falaremos mais a respeito.

– Sim – Fiamma acabou concordando, parecendo novamente meiga e compreensiva com o marido.

– Preciso de um vinho agora para relaxar – disse Farideh em seguida. – Todos nós precisamos.

E ela serviu um caneco para cada um. E sem que notassem, colocou um pozinho, feito de sementes trituradas, usado na época para embalar mais facilmente o sono das pessoas. Na manhã seguinte, ao despertar, Farideh estava com as pernas amarradas na altura dos joelhos e seus pés estavam presos entre dois pedaços de madeira que com grande esforço ela torceu até romper o ligamento de seus tornozelos. Uma dor pavorosa que fez o pobre homem gritar, desesperado.

– Agora, sim! – disse ela, satisfeita sem se abater com o desespero do marido. – Daqui você não vai sair tão facilmente. E assim Javed continuará sendo meu!

– Fiamma, não faça isso! Javed é o rei de Kansbar! – retrucou Farideh, transpirando de desespero e dor.

– Ele que tivesse pensado melhor antes de ter me deixado de lado em plena cerimônia do nosso casamento. Deixado-me de lado como uma qualquer!

– Fiamma, isso não é certo!

– O que ele fez comigo também não foi!

– Estamos falando de um rei...

– Que se lasque!

O homem transpirava fundo, gemendo entre uma palavra e outra devido à dor quase insuportável que sentia.

E assim Farideh permaneceu acamado e sempre dopado uma vez que Fiamma punha o mesmo sonífero em meio à comida que lhe servia.

XVII

Quando as tempestades tiveram fim, Harian adoeceu de tão ansioso e nervoso que ficou por não ter conseguido levar adiante seu plano de fuga. Zuleika cuidou dele com todo afeto de que dispunha, pagando até um médico para examiná-lo, algo que só os nobres podiam usufruir na ocasião. No entanto, o carinho dela para com ele que não sabia amar e nem se deixar ser amado, começava a deixá-lo cada vez mais irritado, pois também já não suportava mais ter de se submeter ao que fazia para viver com regalias e ter chances de partir de volta para Sarmad. Nunca a vida se mostrara tão cruel para ele, mas tudo era apenas reflexo do que ele fizera de sua vida e das pessoas que podiam vir a amá-lo intensamente.

XVIII

Certo dia, quando Fiamma levou Javed mais uma vez para o rio, para se divertir com ele, Farideh, com grande esforço deixou a cama e foi se arrastando até a cozinha na esperança de pegar o sonífero e depositá-lo num alimento qualquer ao qual só Fiamma tinha acesso. Com muito custo ele chegou até lá e tudo que encontrou, foram as sementes que ainda precisavam ser trituradas o que tomaria ainda mais seu tempo. Todavia, fez o que deveria ser feito ainda que tivesse medo de ser pego ali com a volta repentina da mulher. Se ela o visse, compreenderia de imediato suas verdadeiras intenções e se vingaria dele da pior forma. Talvez até o matasse, para que pudesse viver livre para sempre ao lado de Javed.

Quando Fiamma voltou, assim que provou do alimento que o marido depositou o sonífero, estranhou o gosto e quando pensou em jogá-lo fora, suspeitou do que realmente havia acontecido e forçou Farideh a comer. Assim, o coitado acabou novamente entorpecido e frustrado por não conseguir ajudar o rei a voltar a ocupar seu trono.

Quando chegou a vez de eles levarem os grãos para Kansbar, Fiamma se viu em dúvida se deveria ou não levar Javed consigo para ajudá-la, o que poderia ser perigoso, alguém poderia reconhecê-lo desta vez. Talvez devesse fazer tudo sozinha, deixando-o cuidando de Farideh que sem ninguém ali, acabaria morrendo de fome uma vez que não tinha como se locomover para se servir de comida e água. Ainda assim, poderia deixar pães e água numa mesinha junto à cama onde pudesse alcançá-los.

Por fim, Fiamma optou por ir só, mas não antes de aconselhar o amante:

— Não dê ouvidos ao que Farideh lhe disser. A doença que o prende à cama o está deixando louco. Louco, compreende?

Javed fez que sim com a cabeça, mas Farideh estava disposto a tudo para ajudá-lo a voltar ocupar o trono que era seu por direito. Por isso, não muito tempo depois que Fiamma partiu para Kansbar, ele o chamou e tentou fazê-lo recuperar sua memória, a todo custo.

– Pegue o cavalo, Javed...

– Por que insiste em me chamar de Javed?

– Porque Javed é seu nome verdadeiro. Pegue o cavalo e siga para Kansbar, quando lá procure pela rainha, ela vai ajudá-lo a recobrar sua memória.

– Mas eu não posso deixá-lo só.

– Pode, sim! Deixe-me com pão e água nesta mesa. E também algumas frutas serão o suficiente para eu me alimentar. E agora parta, o quanto antes! E se por acaso se encontrar com Fiamma pelo caminho, ignore-a. Siga até o palácio de Azur e fale com a rainha. Vá, por favor!

– Mas eu volto! O senhor foi sempre tão bom para mim.

– Volte, mas só depois de falar com a rainha.

– Está bem.

E sem mais, Javed partiu, deixando o homem acamado esperançoso de que finalmente chegaria aos seus devidos fins. Ao chegar ao palácio de Azur, Javed teve obviamente dificuldades para entrar. Desde essa época as pessoas já eram julgadas por sua aparência e vestimenta, somente reis e rainhas, pessoas muito bem vestidas eram melhor recepcionadas.

Ao pisar no salão real, a memória de Javed se acendeu. Viu-se criança, brincando ali e depois adolescente e mais tarde sentado ao trono. Yasmine ao vê-lo, gritou, histérica, chamando a atenção de todos a sua volta.

– Javed!

– O Rei! – exclamaram todos, curvando-se em reverência.

Diante da rainha, Javed estremeceu.

– Yasmine... – murmurou ele, recordando-se gradativamente de tudo. – Yasmine, meu amor..

E ao ser abraçada e beijada por ela, ele recuperou de vez sua memória.

– Pelos deuses, você está vivo, Javed!

E entre lágrimas eles se beijaram e logo a novidade se espalhou pelo reino. O rei estava vivo e uma grande festa seria realizada em homenagem ao seu regresso.

Quando Fiamma descobriu que Javed não mais se encontrava no seu pequeno sítio, enervou-se a ponto de querer matar o marido indefeso sobre a cama.

– Foi você, seu monstro! – explodiu, furiosa.

– Monstro, eu?! Olha só quem diz! Está para nascer mulher mais perversa do que você, Fiamma.

Sem delongas, ela amarrou os pés dele com uma corda cuja ponta amarrou num boi que assim pôde arrastar o homem para fora da cama e da casa, levando-o até o poço. Ali ela o ajudou a se levantar e quando ele se encontrava numa posição satisfatória, ela o empurrou para dentro do local.

– É aí que você vai viver de agora em diante, seu verme! – ela berrou, ensandecida.

E diante das condições deploráveis em que se encontrava, Farideh teve de aceitar seu novo destino.

XIX

Quando Harian começou a se sentir mais disposto, a possibilidade de vir a partir o quanto antes para Sarmad o alegrou profundamente. Logo, seu estado eufórico chamou novamente a atenção de Siamak que redobrou sua atenção sobre ele.

XX

Fiamma estendia roupas sobre as pedras para secarem ao sol, quando ouviu galopes de cavalos, vindo naquela direção.

– Pois não? – perguntou, assim que a cavalaria parou em frente a sua humilde morada.

Quando ela reconheceu Javed, sua alma gelou. Ela quis dizer alguma coisa, mas não tinha como, parecia ter perdido temporariamente as forças. Javed então desmontou do cavalo e foi até ela.

– Olá – disse, estudando atentamente seus olhos.

– Olá – respondeu ela com voz sumida e, então, subitamente, um sorriso despontou na sua face por pensar que ele havia voltado até lá por causa dela.

– Baharum...

– Javed – corrigiu ele prontamente. – Meu nome é Javed e sou o rei de Kansbar.

– Javed... – pronunciou ela, articulando bem cada síla-

213

ba.

– Voltei para agradecer o que você e seu marido fizeram por mim.

– Agradecer? Só por isso? E quanto a nós, Javed? Tudo o que vivemos enquanto você esteve abrigado em minha casa.

– Eu me deixei levar pela sedução... Sou um homem casado e tenho um filho.

– E daí? Quantos e quantos homens não são casados e com filhos e têm amantes? Você me seduziu enquanto esteve aqui, me levou para cama, traindo a confiança daquele que lhe estendeu a mão.

– Foi você quem fez tudo isso, Fiamma.

– Agora eu sou a vilã da história, é?

Ela riu, um riso triste e acrescentou:

– Pela segunda vez você vai me descartar, é isso? Bonito! Tola fui eu mais uma vez em acreditar em você...

– Pela segunda vez... O que quer dizer com isso?

Só então ele a reconheceu.

– V-você... você é a moça com quem eu iria me casar depois que pensei que Yasmine estava morta. Só agora me recordo.

– Fui de uma insignificância tão grande que só agora você se recordou de mim?

– Eu sinto muito, é que a vi tão poucas vezes e naquela época estava com a cabeça tão aturdida por causa da morte de Yasmine, a morte forjada pelo irmão.

– Pois é. Mas fui eu quem o salvou da sua maior desgraça dos últimos tempos. Dei-lhe abrigo, comida e roupa lavada. Dei bem mais do que isso, Javed. Dei-lhe amor, carinho e compreensão.

– Não deixo de lhe ser grato, mas seu marido também teve grande importância no meu salvamento. Graças a ele... A propósito onde ele se encontra?

– De viagem.

– Que pena! Gostaria tanto de agradecer por tudo o que ele me fez.

– É a mim que deve agradecer, Javed. A mim, Fiamma!

A atenção dos dois foi desviada quando uma das sentine-

214

las, pediu licença para falar.

– Majestade, nossos homens e os animais estão com sede.

– Ah, sim – respondeu Javed e voltando-se para Fiamma, perguntou: – Importar-se-ia se meus homens se servirem da água do poço?

Ela, um tanto quanto ausente, respondeu:

– De jeito algum. Fiquem à vontade.

Ela mal conseguia tirar os olhos de Javed, olhos apaixonados e cheios de desejo. Os homens já se aproximavam do poço quando ela se deu conta do que poderiam descobrir ali e, por isso, gritou:

– Esperem! A água desse poço está contaminada. Sirvo vocês da água que armazeno em barris dentro de minha casa.

Ninguém achou estranho sua atitude e a seguiram até lá para matarem a sede. Nesse ínterim, Javed andou pela casa e depois pelos arredores, relembrando alguns momentos do que passou ali. Então, voltou os olhos para o topo do penhasco de onde caiu, e, só então se lembrou do que aconteceu naquele instante com clareza.

– Harian... Foi ele...

Lágrimas vieram aos seus olhos mas ele tratou logo de enxugá-las. Decidira não mais perder seu tempo com os desagrados do passado. Segundo soube, Harian havia desaparecido e pelo tempo de sumiço fora dado como morto. A maldade tivera seu fim, o bem triunfara no final.

Eles já estavam de partida quando Fiamma lhe perguntou:

– É só isso então que recebo depois de tudo que fiz por você?

– O que mais eu deveria fazer como recompensa?

– Aceitar-me como sua esposa.

– Já tenho uma esposa.

– A segunda, então. Muitos reis têm mais de uma.

– Acontece que você já é casada e com um sujeito maravilhoso.

– Maravilhoso para você.

Ela riu de raiva.

215

– Eu preciso ir. Diga a seu marido que me procure no palácio de Azur quando for a Kansbar.

Ela nada respondeu, apenas baixou o rosto para esconder as lágrimas que afloraram de seus olhos.

– Adeus.

Nem bem ele deu um passo, voltou até ela e perguntou:

– Por algum momento você suspeitou que eu era o rei, aquele com o qual iria se casar?

– Achei-o parecido com ele, só isso – respondeu ela, voltando a encará-lo.

E diante de seus olhos vermelhos e lacrimejantes, ele passou a mão por sua face para lhe enxugar as lágrimas e disse:

– Não chore, por favor.

– Não tenho outra escolha já que não me quer como esposa.

Ele mordeu os lábios, um tanto sem graça e subiu no cavalo. Foi então que ouviu um chamado de socorro, um tanto apagado, mas que o fez voltar-se para seus homens e perguntar:

– Vocês ouviram isso?

A maioria não havia se dado conta do fato.

– Tive a impressão de que alguém gritou por socorro.

E voltando-se para Fiamma, perguntou:

– Há mais alguém na casa ou no celeiro?

– Não, não! – respondeu ela, apressada. – Só mesmo eu! Deve ter sido o mugido da vaca que o senhor ouviu.

– Pode ser. Adeus.

– Adeus.

E novamente ele parou e perguntou a ela:

– Se o poço está poluído, de que lugar você tirou a água que nos serviu? Não me recordo de haver outro poço nas imediações.

– Foi de uma bica não muito longe daqui – respondeu ela, tentando esconder a apreensão.

– Foi, é?

Ele girou o pescoço de um lado para o outro, lançando um olhar cheio de cisma para cada canto e, por fim, partiu de vez.

Não muito longe, Javed parou sua cavalaria e incumbiu duas de suas sentinelas para ficar de olho na sede da pequena propriedade que haviam acabado de visitar. E que o avisassem se vissem qualquer coisa de errado.

Só então a cavalaria seguiu seu curso para retornar no dia seguinte, logo pela manhã, assim que foram informados pelas duas sentinelas que ficaram espionando a casa de Fiamma, que a proprietária do local, volta e meia, ia até o poço e ficava conversando em voz alta com ele.

A princípio pensaram que ela era doida, mas Javed logo percebeu o que de fato estava acontecendo ali e, por isso, voltou imediatamente com seus homens para lá. Fiamma se assustou, ao vê-los novamente, chegando a sua morada e em tão pouco tempo.

— Seu marido já voltou de viagem? — indagou Javed, olhando seriamente para ela.

— Ainda não. Por que se preocupa tanto? Eu direi que veio até aqui agradecer-lhe e que...

Ouviu-se então uma das sentinelas gritar:

— Majestade! Há mesmo alguém aqui dentro deste poço!

Fiamma entrou em choque enquanto Javed ordenou que tirassem o sujeito dali.

— Você! — explodiu ele assim que Farideh foi retirado do lugar. — Você empurrou o seu marido ali dentro? Por quantos dias ele ficou lá?

Ela não respondeu sua pergunta, simplesmente gritou, externando toda a sua raiva:

— Toda minha vida foi arruinada por você, Javed! Toda ela!

— Você é má. Vingativa e rancorosa!

— E você é tão mau quanto eu, pois me usou quando precisava para depois me descartar.

Num repente, ela saltou sobre ele e começou a estapear seu peito, seu rosto enquanto gritava, histérica:

— Eu o odeio! Odeio!

Assim que se livrou dela, Javed fez questão de ele próprio ajudar a carregar Farideh até sua casa, colocá-lo na cama e limpá-lo, exatamente como ele fizera, no dia em que o tirou do rio e o levou para sua casa.

– Desculpe por toda essa tragédia na sua vida, meu amigo. A culpa foi minha.

– Não, meu rei... Não se culpe – argumentou Farideh. – Foi Fiamma quem complicou tudo por não aceitar a realidade que a cerca.

– Você acha, por acaso, que ela sabia o tempo todo que eu...

– Sim, meu rei... Desde o primeiro instante e, por isso, escondeu-o de mim e de Vossa Majestade para que pudesse tê-lo ao seu lado para sempre. Creio que pretendia me matar assim que tivesse certeza de que eu não lhe era mais necessário e que o senhor não mais recobraria a memória.

– Então ela sabia...

– Infelizmente, sim. Eu sinto muito.

– Vou levá-lo comigo para o palácio onde os médicos poderão cuidar melhor de você.

– Eu agradeço sua gentileza, mas não posso deixar minha morada sozinha. Ainda mais depois de tudo o que aconteceu.

– Então mandarei meus homens trazerem um médico para cá.

E assim foi feito e quando Javed se encontrou novamente com Fiamma, a sós, que se mantinha lá fora, crispando as mãos, agoniada, disse:

– Então você sabia de tudo a meu respeito. Sabia e, mesmo assim, escondeu de todo um povo a verdade. Foi de um egoísmo inacreditável... Mas como você mesma disse, o culpado fui eu e talvez eu tenha sido mesmo. Jamais deveria ter aceitado me casar, amando outra mulher ainda que tivesse sido dada como morta. Foi por insistência de meu pai que aceitei, sabe? Porque ele acreditou que uma nova mulher na minha vida me faria voltar a sorrir e, também, para que essa mulher reinasse ao meu lado, quando eu me tornasse rei.

Ele deu um passo à frente, mirou fundo os olhos dela e disse:

– Por isso eu lhe perdoo pelo que fez a mim e a todos.

E gostaria muito que nos perdoasse também, a mim e a meu pai.

Visto que ela se manteve calada, ele acrescentou:

– Um dia quem sabe, eu possa encontrar o seu perdão. Até lá desejo que seja feliz e que volte as pazes com seu marido que é um sujeito de uma generosidade tamanha.

Quando ele partiu, Fiamma caiu de joelhos, chorando e descabelando-se toda de ódio e paixão pelo homem com quem pensou que viveria até o fim da vida.

Quando ela voltou para dentro de sua casa, Farideh pediu ao médico que terminara de examiná-lo e a sentinela deixada no local, a mando de Javed, para protegê-lo de qualquer ameaça por parte da esposa, que o deixassem a sós com Fiamma para conversarem em particular. Levou alguns minutos até que Farideh tivesse forças para dizer o que achava ser necessário:

– Eu procurei ser um marido e tanto para você, Fiamma. Nunca um príncipe, nunca um rei, isso eu jamais poderia me tornar. Mas um marido real que se preocupou e se esforçou em lhe dar uma casa, uma morada...

– Morada? – atalhou ela em tom de deboche. – Você chama isso de morada?

– Não é um palácio, eu sei, mas...

– Farideh, como você é medíocre... Pobre e medíocre!

– Eu jamais poderia lhe dar o que eu não tinha condições.

– Então não deveria nem existir. Pouparia muitos do desprazer de ter de encarar a sua face medonha e seu jeito bronco de ser.

– Se você não me suporta, Fiamma, vá embora. Vá, agora! Não se obrigue mais a viver com um sujeito que abomina. Volte para a casa de seu pai, recomece sua vida, procure outro otário que possa, quem sabe, lhe dar a vida que tanto sonhou.

– Nenhum pode me fazer isso, porque só existe um Javed. Um único! É dele que eu preciso!

– Vai continuar dando murro em ponta de faca se continuar insistindo nessa paixão doentia.

– Pois continuarei, estou decidida a isso agora mais do que nunca. Depois de tê-lo tido em meus braços, sob o domínio da minha sedução, estou certa, mais do que certa, de que ele foi feito mesmo para mim e eu para ele. Ele apenas desconhece o fato, mas será por pouco tempo, logo irá compreender.

– Contenha-se Fiamma, se fizer algo que prejudique o rei, acabará morta!

– Prefiro a morte a ter Javed longe de mim.

E sem mais, ela apanhou suas coisas e foi dormir no outro cômodo, fechando-se ali dentro.

XXI

Ao chegar ao palácio, Javed contou para Yasmine tudo o que descobriu e o quanto acabou se sentindo culpado pelo que aconteceu.

– Primeiro foi com Darice, depois com essa moça... Que posso fazer se eu me apaixonei por você, se fiz de você a única mulher da minha vida?

Yasmine, com lágrimas nos olhos, abraçou-o e o beijou.

– Tomara que essa pobre moça encontre a felicidade finalmente. Que não mais se torture por algo que não aconteceu como queria.

– Javed, não sei... Depois de tudo que ela foi capaz de fazer para mantê-lo ao seu lado e com o próprio marido, penso que temos de ficar atentos a ela, pois pode vir a nos fazer mal. Especialmente a mim que me encara como uma rival.

– Você tem toda razão, Yasmine. Fiamma me parece ser mesmo do tipo que é capaz de tudo para alcançar seus objetivos.

Ele a abraçou forte, como se pudesse protegê-la daquela forma, e comentou a seguir:

– Olhando para o penhasco, lembrei-me de tudo que aconteceu no dia do confronto, depois que a terra tremeu.

E ele relatou passo a passo, o que viveu ao lado de Harian quando confinados na gruta subterrânea em busca de uma saída e do quão traiçoeiro foi ele, ao puxá-lo para baixo, quando menos esperava, culminando na sua queda que ocasionou a perda da sua memória.

– Então foi ele... – murmurou Yasmine, arrepiando-se inteira. – Eu deveria ter desconfiado.

– Não se lamente mais.

– Por que ele foi sempre tão mau? É isso que eu não entendo. Quando Darice se virou contra nós, ela tinha de certo modo motivos para se revoltar e, mesmo assim, sua revolta durou pouco, logo ela voltou a ser boa como antes. Quanto a essa tal de Fiamma, como você mesmo disse, é compreensível que ela tenha feito o que fez por ter se decepcionado com o casamento que não aconteceu... Mas com Harian, não há explicação do porquê de ele ser tão mau... Desde criança, maltratando todos que podiam lhe dar carinho e bondade. Não consigo entender. Ao invés de compartilhar amor com todos, ele só fez dívidas e mais dívidas de amor.

– Dívidas de amor... – murmurou Javed, pensativo. – Talvez façamos muitas sem saber.

E o comentário deixou os dois reflexivos por alguns instantes.

XXII

Siamak, sempre de olho em Harian, pôde descobrir o dia em que ele pretendia fugir, e, assim, pôde avisar sua senhoria.

– Harian não faria isso comigo, Siamak – respondeu Zuleika, aterrorizada.

– Se a senhora não me acredita, venha comigo.

E ela, impressionada com a eloquência do serviçal, seguiu-o. Levada por uma liteira, minutos depois eles chegavam ao porto, bem no momento em que Harian subia pela prancha que dava acesso ao navio que o levaria de volta a Sarmad. Zuleika levou as mãos à boca, chocada e entristecida por descobrir que o homem amado estava indo embora, sorrateiro como uma naja. Imediatamente, Siamak fez sinal para que as sentinelas do local detivessem Harian.

– Este homem é um escravo, tentando fugir! – explicou e imediatamente Harian foi detido. Ao se ver mais tarde diante de Zuleika, face a face, a mulher, olhos vertendo-se em lágrimas, perguntou:

– Por que você fez isso comigo, se fui tão boa para você, Harian?

– Porque preciso da minha liberdade para voltar às terras onde sou rei e assumir novamente o trono que me é de direito.

– Rei?!

– Sim, rei! Só vim parar aqui por causa de uma trama de vingança.

– Vingança? Por quem, pelo quê?

– Por uma gorda horrenda.

A mulher se arrepiou.

– O que você fez a ela para que desejasse se vingar desta forma?

– Não importa.

– Como não? Deve ter sido algo horrível.

– Uma bobagem qualquer que ela, por ser recalcada, não gostou.

Houve uma pausa até ele dizer:

– Mas de uma coisa você pode estar certa, Zuleika. Você foi realmente boa para mim e acho que teria sido, mesmo se eu não a tivesse seduzido pelo propósito de fazê-la ficar do meu lado, ganhar sua confiança e, assim, ter condições de voltar para o meu reino.

– Quer dizer que você me seduziu só para...

Ela não conseguiu terminar a frase, o choque era tremendo.

– Eu não merecia ter uma vida de escravo – continuou ele, sem se importar com os sentimentos dela –, os deuses me fizeram rei, por isso, uma vida de rei eu deveria continuar levando ainda que as circunstâncias houvessem feito de mim um escravo.

Ela quedou pensativa e ele prosseguiu:

– Foi Siamak, não foi? Foi ele que a fez vir atrás de mim.

Não foi preciso ela responder.

– Eu o odeio tanto quanto ele me odeia. É um ódio mútuo!

– Ele se preocupa demais comigo, quer o meu bem.

– Sim, eu sei.

Nova pausa antes de ela dizer:

– Bem, se você é realmente um rei, deve voltar para seu

lugar de direito.

As palavras dela o surpreenderam.

– Posso mesmo?

– Sim, Harian, você pode. O que é certo, é certo.

Ele assentiu sem se deixar lacrimejar.

– Só mais uma coisa. Neste lugar onde é rei, você tem esposa, presumo.

– Sim e um filho.

– Então eles devem estar desesperados com o seu desaparecimento.

As palavras dela novamente o surpreenderam.

– S-sim, sim, certamente...

– Só podem. Afinal, é um marido e um pai querido, não? E seu povo também deve sentir imensamente a sua falta, não é mesmo?

Ele fez que sim com a cabeça, evitando ouvir as vozes em sua mente que diziam o contrário. E o que ela disse a seguir o surpreendeu ainda mais:

– Devem estar todos orando por sua volta e, por isso, você deve voltar. Para o bem do reino, para o bem de todos!

E antes que ele partisse, ela perguntou:

– E quanto a mulher que fez de você um escravo, que arquitetou todo esse plano...

– Sim...

– Pelo brilho dos seus olhos, percebo que anseia se vingar dela, estou certa?

– Eu mentiria se dissesse que não, Zuleika.

– Acha mesmo que vale a pena levar adiante essa desforra?

– É o que me move, Zuleika. É o que me manteve vivo por esses quase três anos aqui.

– Talvez você devesse esquecer tudo isso, não mais perder seu tempo com essa mulher que lhe fez tanto mal.

– Só mesmo se você tivesse sido ferida como eu fui, é que me compreenderia e compartilharia dos meus sentimentos de vingança.

– Você pretende matá-la quando reencontrá-la?

– Não! Só os vivos sentem na pele os horrores pelo que

passei. Por isso eu a manterei viva, aprisionada num calabouço para eu assistir sempre que desejar a seu martírio ali dentro.

Ela novamente procurou compreendê-lo e disse:

– Vá então e seja feliz. Que os deuses iluminem seu caminho.

Ele fez uma reverência e voltando a concentrar em seus olhos, falou determinado:

– Adeus!

– Suponho que nunca mais voltaremos a nos ver...

E ele fez uso de uma sinceridade cruel novamente para com ela:

– Depois de tudo o que passei até chegar aqui e as coisas que me obriguei a fazer para sobreviver neste lugar, não quero nunca mais sequer rever em memória esse período de minha história e isso inclui todos que tomaram parte dela.

Ela engoliu em seco e falou, mais uma vez:

– Adeus!

– Adeus!

Ele já ia se retirando quando ela o chamou:

– Espere!

Ele voltou seus olhos escuros para ela que, mirando os seus, ternamente, disse com voz de mãe que aconselha um filho:

– Se um dia voltar a precisar de mim, estarei aqui, pode contar comigo.

E suas palavras conseguiram atravessar a espessa camada de frialdade com a qual Harian tanto fazia uso para se proteger das emoções.

Assim que ele partiu, ela se deixou cair no divã, chorando copiosamente. Era o retrato da tristeza em vida.

Ao deixar a casa, Harian encontrou Siamak de vigia. Os dois se enfrentaram pelo olhar até Harian dizer:

– Estou livre para partir!

O serviçal, mirando seu rosto de cima a baixo, falou, surpreso:

– Quer dizer que você conseguiu convencê-la mais uma vez com sua lábia.

Um riso sinistro transpareceu no rosto de Harian, enquanto

Siamak acrescentou:

– Minha senhoria vai se arrepender amargamente do que fez.

– Que se arrependa quando eu estiver bem longe daqui.

Sem mais, ele partiu, deixando Siamak revoltado com a decisão de Zuleika.

XXIII

Finalmente Harian estava a bordo e quanto mais a embarcação se distanciava do porto, mais ele se sentia seguro por ver que nada mais agora poderia retardar sua volta. Ah, como ele ansiava por ver o choque que se estamparia na face de Aneska, ao vê-lo de volta depois de três anos. Três tempestuosos anos em que ele passou as piores provações.

Ele ainda tremia só de relembrar o dia em que foi jogado naquele navio imundo, obrigado a remar sob a ameaça do chicote e forçado a comer aquele rato nojento. Só de pensar, era tomado por uma sensação de torpor. Foi horrível, sim, horrível, e o que o fez suportar cada segundo de tudo aquilo foi seu desejo de vingança. De destruir a mulher, a última pessoa da Terra que pensou que poderia subjugá-lo.

Harian emergiu de seus pensamentos quando uma passageira de porte atraente achegou-se a ele e se fez clara:

– Você é bem bonito, sabia?

Para sua surpresa, ele gostou de ouvi-la, dizendo aquilo e também do seu jeito penetrante de olhá-lo.

– Chamo-me Mazda – apresentou-se a moça.

– Eu me chamo Harian.

– O que fazia no Egito?

– É uma longa história...

Só então ele percebeu que se ela falava a mesma língua que ele, é porque vinha do mesmo lugar que o seu e ao ser questionada a respeito, ela confirmou que sim. Pertencia ao reino de Kansbar.

– Há quanto tempo você está longe da sua cidade? – empertigou-se Harian.

– Alguns meses...

– Sei... E quem está agora no poder?

– No poder? O rei como sempre.

– Sim, eu sei, é que depois da morte de Javed...

– Alto lá! – corrigiu a moça. – O rei Javed continua vivo.

– Rei Javed? Não... – respondeu Harian. – Você deve estar enganada, ele morreu há mais de três anos.

– Pensou-se que ele havia morrido, mas ele regressou.

– Impossível! Eu o vi cair montanha abaixo.

– Mas ele continua vivo e muito vivo!

Harian sentiu súbita vertigem tamanho o ódio que sentiu por saber que seu rival reassumira o trono e levava uma vida feliz ao lado de Yasmine e do filho, enquanto ele passava as agruras da escravidão.

– Isso não é justo... – comentou decepcionado. – É um deslize dos deuses... Só pode.

– Acalme-se.

Ele respirou fundo e se fez claro:

– Sim, é preciso. Pois agora tenho dois grandiosos acertos para fazer no meu regresso.

– Acertos?

– Sim, acertos.

E ele preferiu mudar de assunto a ter de revelar seus planos para uma estranha.

Ao cair da noite, naquele mesmo dia, os dois novamente se reencontraram e transitaram pelo navio. A certa altura da conversa, Harian voltou-se para ela e admirando bem seus olhos, disse:

– Mazda, você é um encanto de moça, sabia?

Ela procurou sorrir, mas foi um sorriso trêmulo, talvez por inibição. Em seguida ele deslizou seus dedos por seus cabelos longos e sedosos e concluiu, com voz sedutora e cativante:

– Foi bom termos nos conhecido, sabia? Vou precisar de você...

A moça assentiu com um ligeiro balançar de cabeça.

– Posso contar com você?

– Sim, é só me dizer o que eu preciso fazer.

– Depois você será muito bem recompensada.

– Não se preocupe com isso agora, o importante é que você atinja seus objetivos.

– Sim, eu sei. Eles são muito importantes para mim. Meu

maior desafio dos últimos tempos, sem dúvida. Mas eu vencerei, sob todas as circunstâncias, eu vencerei. E ensinarei a todos, de uma vez por todas quem é Harian, o Rei das Tempestades.

– Rei das Tempestades? Assim chamavam o rei de Sarmad, mas ele desapareceu há cerca de dois, três anos atrás. É considerado morto desde então.

– Eu sou o rei de Sarmad e desapareci por causa de uma trama pavorosa de uma gorda imunda.

– Gorda?

– Se quiser saber com detalhes, conto-lhe tudo o que me aconteceu.

– Por favor, adoro ouvir histórias.

E a moça parecia mesmo muito disposta a ouvi-lo. Altamente curiosa. Ao término da narrativa ele se fez claro mais uma vez:

– Não vejo a hora de destruir a gorda.

– Você odeia tanto assim essa mulher?

– A gorda balofa? Sim, eu a odeio mais do que tudo! E sabe por quê? Por que ela deveria me agradecer por eu tê-la libertado daquela vidinha estúpida que levava.

Houve um minuto de silêncio até que ela perguntasse:

– Mas ela também já sofreu um bocado, não acha?

– Se tivesse sofrido o suficiente, teria me deixado em paz.

– Você também sofreu e, mesmo assim, não pretende deixá-la em paz.

– Eu sei... Essa é a alma humana, pelo menos de alguns.

Mazda fez um minuto de silêncio e só então compartilhou o que pensou nesse instante:

– Só penso se...

– Diga.

– Se não deveria aproveitar essa nova chance que os deuses estão lhe dando para tornar tudo diferente. Não perder mais tempo com o que lhe fez tanto mal.

O comentário dela o surpreendeu.

– A mulher que foi minha senhoria e amante me disse o mesmo quando lhe revelei meu desejo insano de me vingar

227

daquela que me tirou de minhas terras. Mas não posso deixá-la impune pelos seus atos... Não posso! É o que me move, Mazda! É o que me manteve vivo nesses últimos anos.

– Você pretende matá-la quando reencontrá-la?

– Não! Só os vivos sentem na pele os horrores pelo que passei. Por isso eu a manterei viva, aprisionada num calabouço escuro, úmido e nojento, para que sofra tanto quanto eu sofri e eu possa acompanhar sua amargura diariamente. Vê-la, humilhando-se diante de mim, implorando por misericórdia e perdão. De qualquer forma, Mazda, agradeço-lhe pelo conselho. Mas não sossegarei enquanto não devolver aqueles que se puseram no meu caminho ao seu devido lugar. E assim tenho dito.

E o assunto morreu a seguir.

XXIV

Diante de tempestades repentinas, Darice começou a ficar temerosa.

– Harian... – murmurou. – É ele...

– Mamãe, o papai está morto – lembrou-lhe o filho.

– Ninguém sabe ao certo, meu querido.

– O quê?

– Ele desapareceu, nunca encontramos seu corpo... Ele ainda pode estar vivo.

– Será?

O menino se emocionou diante da possibilidade e a seguir, comentou:

– Seria uma maravilha que estivesse. Pouco contato tive com ele e...

– Meu filho, esqueça o que eu disse, por favor. Seu pai está mesmo morto. Junto com os deuses, certamente.

E o filho abraçou a mãe. E sem que ele visse, Darice voltou os olhos preocupados para o céu cheio de nuvens escuras. A possibilidade de Harian estar vivo ainda lhe era assustadora.

XXV

Enquanto isso Yasmine também sentia-se inquieta, com um mau pressentimento.

– O que foi? – indagou Javed, estranhando seu comportamento.

– Essa tempestade fez com que eu me lembrasse de Harian... Tenho medo de que tudo volte a ser como antes, quando ele estava entre nós... Temo que ele acabe com a nossa paz novamente.

– Ele está morto, Yasmine!

– Disso ninguém tem certeza, Javed. Ninguém!

E o rei voltou os olhos para o céu, preocupado também com aquela possibilidade.

XXVI

Assim que Harian deixou o navio, ao sentir seus pés, tocarem novamente suas terras, seu peito pareceu se incendiar de alegria e emoção.

– Precisamos de um cavalo, Mazda...

– Uma liteira seria melhor, não acha?

– Seria se Sarmad não ficasse tão longe daqui. Por isso, um cavalo nos será mais útil.

E assim os dois seguiram a cavalo em direção ao reino, como haviam ordenado. Pelo caminho, fizeram uma parada numa morada, como de hábito, para dar água de beber ao animal.

– Está chegando a hora – desabafou Harian, sorrindo abertamente de euforia para Mazda ao seu lado.

– A hora de que, meu rei? – perguntou uma mulher, saída da casa.

Ele rapidamente voltou-se para trás, havia reconhecido a voz de Aneska de imediato.

– V-você!... – balbuciou. – Aqui?...

– Não é a mim que procura, meu rei?

Ele sentiu seu sangue ferver, deu um passo à frente, depois outro e mais outro até ficar a dois metros dela e dizer:

– Você pensou mesmo que sairia impune do que me fez?

Ela também deu um passo à frente e o encarou, com olhos de superioridade, e seu silêncio o incomodou profundamente.

– Eu vou acabar com você... – despejou ele a seguir.

229

– Mesmo? – desafiou ela, peitando-o com um olhar severo.

– Sim.

– Você já acabou comigo, rei. Comigo, com seu povo e com sua família.

O silêncio voltou a se prolongar até ela bater as mãos e dois homens fortes apareceram. Ao vê-los, Harian se alarmou e voltando-se para Mazda, falou:

– Venha, Mazda, vamos embora!

A moça não se moveu.

– Mazda!

Diante da sua imobilidade, ele foi até ela e tentou agarrar seu braço, mas ela imediatamente se esquivou de suas mãos.

– O que é isso? – ele enviesou o cenho e então comparou o rosto da moça com o de Aneska. – Vocês...

Foi Aneska quem respondeu:

– Somos parentes, sim, meu rei. Ela é minha irmã.

– Não, não pode ser...

– É, sim. Eu precisava de alguém de olho em você para impedi-lo de voltar para cá e minha irmãzinha se prontificou a fazer isso por mim.

Ele suspirou e riu.

– Isso é loucura...

– É o que é, aceite os fatos! E pelo que sei, você não aprendeu nada com o exílio. Nada que pudesse transformá-lo num rei digno e amado por seu povo. Quem não aprende a lição, tem de estudar tudo de novo. Quem não se dispõe a pagar suas dívidas de amor, é um irresponsável, terá de aprender a pagá-las devidamente e com AMOR puro e sincero.

E com duas novas batidas de palmas, os dois sujeitos agarraram Harian, amordaçaram-no enquanto ele se debatia e grunhia feito um leitão, ao ser estripado. Logo foi levado novamente de volta ao porto onde foi jogado mais uma vez num porão imundo de um navio e levado para longe cujo destino lhe era ignorado. E aquilo que pensava ser o fim, tornou-se novamente o começo.

230

SÉTIMA PARTE

I

Depois de se livrar de Harian pela segunda vez, Aneska voltou ao palácio de Sarmad onde retomara sua função após o exílio do rei.

– Rainha... – disse ela para Darice. – A senhora estava certa quando me perguntou, anos atrás, se já havia me visto.

– E eu já havia? – empertigou-se Darice.

– Sim. Trabalhei anteriormente no palácio até...

– Até...

– Eu era obesa nessa época. Bem obesa e, bem, o rei...

– Pelos deuses, você era uma das mulheres que Harian humilhou na frente de todos. Sim, agora sei por que me parece conhecida. Eu estava presente quando ele...

– Foi horrível.

Darice foi até ela e acariciando seu rosto, foi sincera, ao dizer:

– Eu sinto imensamente pelo que houve. Foi insano da parte do Rei fazer o que fez com você e com outras. Mais um de seus atos insanos para com todos.

– Por causa disso eu sofri horrores e... – ela tomou ar antes de completar: – Vinguei-me dele!

A revelação fez Darice estremecer. Com força e determinação, Aneska voltou a falar:

– Vossa Majestade pode se zangar comigo, até mesmo me castigar pelo que fiz ao Rei, mas eu vou lhe contar tudo o que fiz para me vingar dele. Ou melhor dizendo, dar-lhe uma lição bem dada para que aprendesse a ter respeito e compaixão pelo próximo.

231

E assim ela fez.

– Quer dizer que Harian está mesmo vivo como eu sempre supus?

– Sim, rainha, e seu desejo de vingança pelo que fiz a ele agora é tão forte quanto o que me levou a subjugá-lo poucos anos atrás. Pensei, equivocadamente, que na dor do exílio ele pudesse transformar-se numa pessoa melhor, mas não, o exílio só serviu para formentar o ódio e maldade interior, torná-lo uma pessoa ainda pior do que já era.

– Que pena ouvir isso, Aneska. Tive esperanças de que Harian pudesse ter mudado depois de tudo que passou. Não é à toa que dizem que pau que nasce torto, morre torto! Pessoas como o Rei, que não se importam com nada além de seus próprios umbigos, são feito rochas imutáveis.

– Mesmo assim, minha rainha, um pingo d'água em uma rocha, tanto bate até que fura. Ainda que leve anos.

– Você quer dizer...

– Sim, que um dia a rocha é moldada. Ainda que leve anos.

– Resta saber se acontece o mesmo com a alma humana. Se gotas e mais gotas de bondade e ensinamentos e dor são capazes de fazer o mesmo.

– Me apego à esperança de que sim.

Nem Darice nem Aneska perceberam que o pequeno príncipe estava ali perto e pôde ouvir toda a conversa entre as duas.

– Papai, o Rei, vivo... – balbuciou a criança, sentindo forte emoção.

II

A mesma cena se repetiu com Harian, ao chegar ao seu novo destino. Novamente ele foi parar no mercado de escravos e vendido para um agricultor excêntrico e imoral. Ele não sabia se teria forças para recomeçar tudo ali novamente, mas decidiu que se esforçaria ao máximo, não só para se vingar de Aneska, de sua parente, de toda a sua prole, mas para acabar com a alegria de Yasmine e Javed.

III

De volta ao palácio de Sarmad, Lohan questionava a mãe

a respeito do que ouviu entre ela e Aneska.

– Se o papai está vivo, mamãe, então precisamos trazê-lo de volta para casa!

Darice estremeceu diante de tal ideia.

– Filho, você é ainda muito menino para compreender certas coisas... Por isso...

– A senhora, como rainha, deve mandar nossa guarda trazer o rei de volta para Sarmad, não é isso?

– Mas nós não sabemos aonde ele se encontra.

– Mas... Eu pensei que Aneska soubesse.

– Não, ela não sabe.

Darice sentiu pena do garoto, por ter de privá-lo da presença do pai, mas fazia isso porque sua intuição assim dizia que tinha de ser. Para o seu próprio bem e de todos no reino.

IV

Certo dia, enquanto comia, sentado com os demais escravos em torno de uma fogueira, Harian, não podendo mais suportar seu orgulho ferido, contou toda verdade a seu respeito:

– Sou um rei.

Todos voltaram os olhos para ele no mesmo instante, encarando-o com curiosa perplexidade.

– É isso mesmo o que vocês ouviram, sou um rei!

O riso foi geral.

– Digo a verdade! – defendeu-se ele, enervando-se.

Quanto mais ele se defendia, mais risos provocava naqueles que o cercavam. Apenas uma mulher acreditou nele, seu nome era Hestia, a mulher oficial de seu senhorio.

– Eu acredito em você – disse ela, horas depois, quando ele chegou aos seus aposentos, chamado por ela.

O rosto dele imediatamente transpareceu alívio.

– Conte-me sua história, detalhadamente, por favor.

Harian se empolgou, jamais imaginou que a mulher à sua frente só estava lhe dando crédito, para fazer dele seu amante. Desejara-o desde o primeiro instante em que o viu. Ao término da narrativa, ela o seduziu com a promessa de que o ajudaria a voltar para o seu reino e, assim, os dois se tornaram amantes.

233

V

Enquanto isso, no palácio de Azur, Javed e Yasmine recebiam uma visita.

— Darice! — exclamou o casal, ao vê-la, aguardando pelos dois na sala real.

— Olá Javed, olá Yasmine...

Depois das reverências costumeiras, Javed perguntou:

— O que houve? Algum problema...

Ela, visivelmente insegura, respondeu:

— É Harian... ele está vivo.

O casal real estremeceu diante da notícia e Darice contou-lhes a seguir tudo o que Aneska lhe dissera.

— Então a profecia aconteceu — murmurou Yasmine, pensativa, falando a seguir do desafio que Harian lançou sobre Eleazar, o vidente.

— Venho até vocês para saber se estou agindo certo em ocultar de todos essa verdade. Temo pela segurança do meu reino, pela felicidade do povo, da minha própria e da do meu filho. Hoje vivemos em paz, permitir que Harian volte ao poder, seria novamente o fim da nossa paz tão almejada. Uma vez, eu, direta e indiretamente, forcei vocês dois a libertarem Harian do calabouço onde seus pais o prenderam, com isso, transtornei a vida de todos. Não quero cometer o mesmo erro! Não mais! Seria um atentado a mim, a meu filho e ao povo de Sarmad.

Foi Yasmine quem opinou primeiro:

— Você está certa, Darice. Sei que é horrível da minha parte dizer isso. Afinal, sou irmã de Harian, mas o mal tem de ser combatido. Nós demos a Harian a chance de ser bom, soltando-o do calabouço, permitindo que ocupasse o trono que era seu de direito e, mesmo assim, ele transtornou a vida de todos sem se importar com os sentimentos de ninguém. Nem com o do próprio filho. E pelo que me disse, mesmo tendo sido exilado, passado poucas e boas como escravo noutras terras, ele continua o mesmo de sempre. Disposto a fazer maldades intermináveis. Ele não pode ter o poder novamente nas mãos. Um líder de um povo tem de ser bom, digno e respeitoso para com todos.

— Então você concorda comigo...

234

– Sim, Darice. Plenamente.

E voltando-se para Javed, Yasmine pediu sua opinião.

– Que assim seja! – respondeu ele seriamente. – Para o bem do povo de Sarmad e em nome da paz!

E aquilo foi um pacto entre os três.

VI

Levou meses até que Harian se desse conta das verdadeiras intenções de Héstia e quando isso aconteceu, ele se revoltou terrivelmente. Decidido a destruí-la, foi até seu senhorio, fazendo-se de bom moço, um homem de caráter e respeito para lhe contar que a esposa o estava traindo.

O homem, para seu total espanto, riu descaradamente diante da sua face de vítima, deixando Harian abobado e surpreso.

– Há muito que sei que Hestia fez de você seu amante, meu caro – respondeu o sujeito, enfim. – Ter amantes é completamente normal entre nós. Não só para nós como para muitos casais... Serve para espantar a monotonia do dia a dia.

Harian mal podia acreditar no que ouvia.

– Hestia fez de você seu novo brinquedinho e ela está feliz com isso. E eu estou feliz por vê-la feliz.

Harian, arrojando-se aos pés do homem, suplicou:

– Preciso voltar para o meu país onde sou rei...

O homem gargalhou.

– Rei, é? – zombou o senhorio.

– Sim, pergunte a sua esposa, ela sabe, acredita em mim.

– Hestia já havia me contado a respeito. Tanto ela quanto eu admiramos sua imaginação e o modo como interpreta suas loucuras.

– Não é loucura, é verdade! – retrucou Harian, atingindo o ápice do desespero.

– Queira se retirar agora – ordenou o homem, readquirindo seu aspecto severo. – Minha paciência com você se esgotou.

Ao reencontrar Hestia, quando ela o chamou para ter intimidades com ela, Harian se recusou, o que fez a mulher mostrar, pela primeira vez, sua verdadeira face.

235

– Se não atender as minhas necessidades, farei de você um eunuco – disse ela, ferina. – Tenho poderes para isso!

Harian caiu em total desespero desde então, sentindo o doce amargo de ser usado sexualmente por uma mulher que passara a odiar e, muitas vezes, queria estrangular ao vê-la, rindo, debochada de sua pessoa. Ela o usou exatamente como ele usou Zuleika e tantas outras pessoas, provando que a vida devolve a todos tudo o que se faz.

VII

Semanas depois, Harian desabafava com Azura, uma senhora escrava que há muito lhe queria bem como a um filho. Ela realmente acreditou que ele era um rei e que havia ido parar ali pelos motivos que apresentou. Por isso, falou:

– Presumo que depois de tudo o que passou, ou melhor, vem passando por causa dessa mulher que se vingou de você dessa forma tão hedionda, você tenha se tornado uma pessoa mais humana, não?

– Não! Eu ainda sou o mesmo, entende? O ódio e o desejo de vingança ainda estão aqui, enraizados no meu coração, impulsionando-me a viver por eles, somente por eles!

– Mas isso deve ser uma tortura para você.

– É, de certa forma é, sim!

– Quer dizer que todo o seu esforço diário só tem um objetivo?

– Sim! Fugir daqui e voltar para meu reino e destruir a gorda que deixou de ser gorda.

Azura refletiu por um minuto e disse:

– Você me parece cansado.

– Estou começando a ficar...

Ela fez um carinho em seus cabelos e comentou:

– A morte está vindo ao nosso encontro, você sabe, não sabe?

– Do nosso encontro?!

– Sim! Cada dia que passamos nos aproximamos mais e mais da morte...

– E daí?

– E daí que depois que você se for, sua história será varrida e apagada pelo tempo e tudo, tudo pelo que você tanto lutou e se descabelou e se aborreceu e se torturou não significará absolutamente nada! Nada, entende? Por isso que há muito tempo sou da opinião de que não vale a pena lutarmos por nada disso. Mesmo porque, o que fica mesmo conosco para onde vamos, é somente o que de bom fizemos em nome do amor, do mais puro amor!

– Do amor... Eu nem sei se ele existe.

– É lógico que existe!

– Pois para mim pouco importa se existe ou não desde que eu possa voltar para o meu reino e retomar o que sempre foi meu de direito. O lugar onde sempre fui tratado como o soberano dos soberanos, o maior dentre todos!

– Se for para ser, que os deuses lhe concedam essa graça, se não for...

E assim Harian deu uma última olhada especulativa para a mulher antes de voltar para os seus afazeres.

VIII

Meses depois, Harian ouviu dizer que Eleazar, o grande vidente, estava de passagem pela cidade e, assim, fez de tudo para chegar até ele. Quando os dois se encontram, Eleazar mal podia acreditar no que via.

– V-você... – balbuciou, perplexo.

Harian procurou conter a ansiedade que o fazia tremer de cima a baixo, para lhe contar o que havia lhe acontecido. Ao término da narrativa, suando em profusão, foi enfático:

– Você precisa me ajudar, Eleazar.

– Eu o avisei tanto – retrucou o homem, ainda olhando estupefato para ele. – Foi mais do que um aviso, foi um alerta. Você poderia ter evitado tudo isso se tivesse optado pelo bem, escolhido seguir pelos caminhos do que é direito, digno e espiritual... Você podia ter escolhido, foi alertado para fazer as escolhas certas e, no entanto, você continuou insistindo em comungar com a maldade, fazer dela seu guia e seu mentor.

– Agora não careço de sermão, Eleazar. Careço de ajuda! Se me ajudar, farei de você um homem rico.

– Não preciso de dinheiro – respondeu categoricamente

o vidente.

Harian não se deixou abater, propôs:

– Cobrirei você de ouro e pedras preciosas.

E mais uma vez Eleazar foi sincero:

– Nem ouro nem pedras me atraem!

– Terá todas as mulheres que quiser aos seus pés.

– Já tenho minha esposa e ela me satisfaz por inteiro.

Os lábios de Harian moveram-se sem conseguir emitir mais nem uma palavra sequer.

– Como vê – continuou o vidente –, nada do que pode me oferecer me atrai.

– Farei de você meu assessor no palácio. Meu braço direito!

Eleazar fez que não com a cabeça e Harian sem ter mais vergonha de se humilhar perante ninguém, segurou seus braços e disse, suplicante:

– Você tem de me ajudar a voltar para Sarmad, Eleazar, para que eu possa...

Ao cortar o que ia dizer, o vidente, empertigado, pediu:

– Complete a frase, rei...

– Pouco importa! – respondeu Harian secamente. – Só lhe peço que me leve com você. Que me compre de algum jeito do sujeito indecente e imoral que me adquiriu no mercado de escravos.

– Eu... eu vou pensar – afirmou Eleazar ainda abobado por encontrar em condições tão humilhantes, aquele que era conhecido por todos como o Rei das Tempestades.

– Não há tempo, Eleazar! – protestou Harian eufórico. – Meu caso carece de urgência!

Eleazar refletiu por instantes e concordou:

– Está bem, farei o que me pede, em nome do seu pai que era um grande homem, um grande rei. Porém...

– Porém?... – estranhou Harian, arqueando as sobrancelhas.

– Ainda que eu o compre, você continuará sendo escravo.

– Escravo? Como assim, do que está falando?

– Você fez de si mesmo um escravo do desejo insano de

se vingar dessa mulher e do ódio contra si mesmo por ter se deixado cair nas mãos dela. Transtorna sua vida diariamente por causa disso, criando as piores tempestades em sua alma. Se você não se libertar disso tudo não mais poderá gozar de liberdade como antes, acredite-me!

– Eu já tentei e não consigo!

– Então, é como eu disse: por mais que eu o liberte, você continuará sendo escravo de si mesmo.

– Que seja assim, o que se há de fazer? Eu não sei viver diferentemente.

– Aprenda!

– Para que?

– Para que possa pagar de vez suas dívidas de amor, porque uma coisa é certa: nessa vida, nada ganhamos senão o que desenvolvemos de bom em nós mesmos. Você pode nascer rei, rainha, príncipe, morar num castelo de ouro, ter tudo, enfim, que se pode conquistar de mais precioso no mundo material, mas somente as conquistas interiores, despertas no íntimo é que farão com que você, na alma, sinta-se verdadeiramente vitorioso e próspero.

Harian ouviu, sim, as belas e oportunas palavras do vidente, mas não as assimilou. O desespero por se ver livre para voltar para Sarmad era tanto que não conseguia refletir sobre nada além disso.

IX

Imediatamente os dois homens seguiram para a morada do senhorio e como ele ainda não havia chegado a casa, aguardaram sua volta. Quando Hestia intuiu que o amante pretendia partir, falou com o marido a sós, assim que ele chegou, antes de ele atender quem o aguardava. Pediu-lhe, obviamente, que não vendesse Harian em hipótese alguma se realmente ele ainda lhe queria bem.

– É uma honra ter o grande Eleazar em minha morada – saudou o senhorio.

– Muito me honra estar aqui também – respondeu Eleazar, polido como sempre.

– A que devo a honra?

– Há um escravo de sua propriedade que muito me interessa, meu senhor. É um velho conhecido de outras terras e, por isso, peço-lhe encarecidamente que o venda para mim.

– A que escravo se refere, oh, grande vidente?

– Seu nome é Harian.

Ao seu sinal, Harian entrou no recinto.

– Ah, sim, o que diz ser rei...

– O próprio.

O homem pareceu refletir por instantes e disse:

– Infelizmente ele não está à venda.

– Como?! – agitou-se Harian.

– Minha esposa não quer vê-lo longe dela. E eu não quero contrariá-la. Desde sua chegada ela tem me deixado em paz e isso muito me agrada.

– Mas... – balbuciou Eleazar, ligeiramente aturdido com o inesperado.

– Eu sinto muito – respondeu o senhorio, parecendo indisposto a continuar conversando mais sobre o assunto. Com isso, Eleazar, o grande vidente, partiu sem poder ajudar Harian.

Ao perceber que Harian ia saltar sobre o seu marido, Hestia fez sinal para que um de seus servos o segurasse.

– Soltem-me! Soltem-me! – berrou ele.

O senhorio, assustado e aturdido com a sua reação, fez-lhe um alerta:

– Se você voltar a se enfezar comigo, seu escravo metido a rei, faço de você um eunuco!

– Por favor, meu senhor – gemeu Harian, cedendo às lágrimas. – Isso não é certo... Sou mesmo um rei e preciso voltar para o meu reino.

Mas o homem nem ninguém mais ali lhe deu ouvidos e este foi mais um dos piores dias passados por Harian desde que fora subjugado por Aneska.

X

Quando Hestia reencontrou Harian naquele dia, ele queria simplesmente estrangulá-la como tinha o hábito de fazer com os passarinhos no passado.

– Você é abominável – disse ele, sem temer sua fúria.

– Devo ser então da mesma laia que a sua – respondeu

ela, olhando-o com impaciência.

E ela o provocou, fazendo um gracejo no seu queixo, adensando sua ira, fazendo com que ele cuspisse longe o nojo da sua pessoa, transformado em saliva.

– Eu tenho nojo de você – continuou ele sem receios. – Você cheira mal porque é podre!

– Nada do que você me disser, seu rei do nada, fará com que deixe de me dar prazer quando eu bem quiser. Você é meu escravo e será sempre, até morrer!

Ela, enfrentando o seu olhar da mesma forma que ele enfrentava o dela, concluiu:

– E se fizer algo contra mim, meu marido já o alertou: fará de você um eunuco! Se tentar fugir, sendo meu marido um homem poderoso nesta cidade, porá toda guarda a sua procura.

E Harian sabia o quanto aquilo era verdade e, por isso, não podia lutar.

XI

Meses depois, Eleazar chegava ao palácio de Azur para contar a Javed e Yasmine sobre o seu encontro com Harian. Não foi preciso muitas palavras para perceber que os dois já sabiam que Harian estava vivo e compreender os motivos que lhes calavam a voz.

– Diga-nos, oh, grande Eleazar, estamos errados em guardar esse segredo pelo bem de um povo? Um povo que foi massacrado, explorado e humilhado por um rei sem coração, um louco no poder?

Eleazar pareceu em dúvida quanto ao que responder e, por isso, Javed foi mais uma vez enfático:

– É o bem de um reino que está em jogo, Eleazar. O bem, a paz!

Quando o vidente opinou foi com o uso de palavras bem pensadas e elaboradas:

– Devemos lutar pela paz sem derramar sangue. Essa foi sempre a minha opinião e o meu objetivo maior de vida. Mas para alguns isso é impossível. E por esses, os que buscam a paz, acabam padecendo. Portanto, rei Javed, que seja feita a vontade de Vossa Majestade pelo bem de um reino. E que o

241

destino tenha piedade de todos nós mais uma vez.

E a palavra destino ecoou estranhamente pelo salão real.

XII

A sorte de Harian mudou no ano seguinte, quando uma forte seca se abateu sobre o lugar onde agora vivia. Diante do desespero dos agricultores, ele, com seu dom de invocar tempestades, fez com que chovesse, salvando, assim, plantações e mais plantações. Com isso, os agricultores passaram a considerá-lo um grande homem, o que lhe permitiu ter respeito e dinheiro, mudando assim seu status.

Ao perceber que muito em breve, ele teria condições financeiras para partir, Hestia, ainda perdidamente apaixonada por ele, foi até o marido fazer-lhe um alerta:

– Vocês estão alimentando o demônio.

– O quê?! – espantou-se o homem.

– Vocês estão dando a Harian bem mais do que deviam. Jamais deveriam pagar por seus préstimos. Agora ele pode partir, regressar às terras de onde veio, que é o que ele mais deseja. Sem tê-lo aqui, vocês não terão mais como invocar chuva para combater as secas.

O marido e o colega se entreolharam.

– Se eu fosse vocês, podava as asinhas de Harian antes que ele voe para bem longe...

Quando os homens fortes de seu senhorio pegaram Harian e o arrastaram para uma espécie de calabouço, ele se debatia como uma enguia, tentando desesperadamente compreender o que estava acontecendo. Foi a própria Hestia quem lhe apresentou os motivos, sentindo um prazer inenarrável com aquilo.

– Eu odeio você! – admitiu Harian entre dentes, cuspindo-lhe na face. – Odiei cada momento em que me deitei com você!

– Eu sei. Sabia o tempo todo que só fazia por interesse. Não sou tola, nunca fui!

Ela riu, satânica, e completou:

– E isso foi o que mais me divertiu e me excitou. Vê-lo, obrigando-se a fazer algo por interesse...

242

– Você não presta!

– E você também, não! Se for rei de fato, deve ter feito algo de muito maléfico para ter sido arremessado numa embarcação imunda e vendido como escravo.

Harian mordeu a boca para conter a fúria. Sua vontade era abrir aquelas grades com as próprias mãos e saltar sobre ela. Ele não podia ser novamente um perdedor e tudo por causa de uma mulher, não, isso não era certo. Ele era um rei, nascera para ser um, não um mero mortal.

XIII

Dois anos depois, quando a seca voltou, o senhorio de Harian se viu obrigado a libertá-lo das garras da esposa. Quando o encontrou no calabouço, Harian estava barbudo e imundo. Pelo prazer de judiá-lo, Hestia o deixava sem banho por semanas.

– Preciso de você – disse o senhorio, mandando um de seus criados ajudá-lo a se levantar.

– Não preciso de ajuda – retrucou Harian, esquivando-se das mãos dos serviçais. – Estou imundo, não fraco! Sua esposa não me deixaria sem alimentos, pois sabe que sem eles eu perderia o vigor que tanto a excita.

Desdenhando suas palavras, o senhorio ordenou-lhe que o seguisse e que fosse tomar um banho e fazer a barba. Quando Hestia voltou para casa de uma de suas tardes na sauna para mulheres, ela odiou profundamente o fato de o marido ter libertado seu amante. Quando Harian novamente se apresentou ao seu senhorio, estava novo em folha e antes que atendesse as suas ordens, fez uma exigência:

– Não farei nada do que me pede sem antes me dar a liberdade e pagar pelos meus préstimos. É pegar ou largar. Eu não tenho nada a perder, vocês, sim!

E o senhorio e os demais fazendeiros sabiam o quanto aquilo era verdade e, por isso, atenderam suas exigências, deixando Hestia com profundo ódio de todos, porque sabia que assim, Harian teria condições de partir muito em breve, de volta para suas terras. Subitamente ela quis vê-lo morto, ao concluir que ele poderia viver longe dela.

243

– Ele jamais irá embora daqui, sua tola – respondeu-lhe o marido, tentando acalmá-la.

– Como não?

– Se ele for, não poderemos mais fazer uso dos seus dons. Portanto, ele deve apenas pensar que está livre, quando na verdade jamais estará.

Mas Harian, muito esperto, presumiu quais eram as verdadeiras intenções de todos ali para com ele e, por isso, arquitetou um plano para conseguir fugir dali sem que os capangas o impedissem. Ele passou a ser mais amável com Hestia, fingindo profundo interesse por seu corpo e pelas noites de amor que passavam juntos.

– Eu menti, Hestia – disse ele certa noite, abraçado a ela.

– Mentiu?! – ela se assustou, recuou o rosto e o encarou.

– Eu menti quando disse que me deitei com você somente porque me obrigava e que sentia nojo de você e... Bem, disse o que disse porque estava com raiva de você, muita raiva.

– Jura?

– Juro. Por isso quero que vá embora comigo.

– Embora?

– Sim, de volta para as terras que pertenço. Preciso voltar e não quero ir sem você. Eu a amo!

– V-você me ama?

– Sim, Hestia. Amo você, sua ousadia, seu corpo, sua audácia. Tudo em você me seduz. Parta comigo, Só longe daqui poderemos viver realmente como um casal e sermos felizes.

– V-você... estou sem palavras.

E ele a abraçou e acariciou seus cabelos e a beijou sedutoramente.

– Eu vou pensar.

– Não há o que pensar, Hestia. Você é ou não é louca por mim?

– Sim, Harian, eu sou.

– Então...

– Quando partimos?

E tudo foi tramado. Saindo na companhia de Hestia, ninguém suspeitaria das verdadeiras intenções de Harian com o passeio. No porto, embarcaram sem problemas, e quando o navio já estava a uma boa distância da terra firme, Harian pôde respirar aliviado.

– Finalmente livre! – murmurou, feliz.

– Juntos para sempre! – falou Hestia também feliz por ver feliz o homem que tanto adorava.

E eles se recolheram até que à noite, quando todos os passageiros dormiam, Harian convidou Hestia para um passeio no convés e num local propicio, onde ninguém poderia vê-los, ele abraçou, beijou, pegou-a nos braços e a beijou novamente e disse, mirando fundo seus olhos:

– Adeus, Hestia! Adeus, querida!

E antes que pudesse se agarrar a ele, foi lançada às águas onde de nada adiantaria gritar, pois ninguém a ouviria. Tudo o que fez, foi se debater para não morrer afogada enquanto observava o navio se distanciando cada vez mais e mais e mais. Harian, depois de um bocejo, feliz, voltou-se para o imenso oceano que se estendia a sua frente e falou, com grande satisfação:

– Pensou que havia ganhado de mim, destino? Não! Jurei que daria a volta por cima e provarei que sou mais forte do que suas garras.

A seguir ele se recolheu para dormir tranquilo e sem arrependimentos enquanto Hestia, já sem forças para lutar, morria afogada.

Nos dias que se seguiram, o rufar dos tambores que comandava os escravos das galés acentuava a ânsia de Harian chegar a Sarmad o quanto antes. Reclinado na amurada do navio, ele passava boa parte de seu tempo, contemplando o mar, tentando avistar um pontinho preto à distância, o porto pelo qual tanto ansiava chegar.

Dessa vez ele não deixou que nenhum dos passageiros e tripulantes se aproximasse dele, como fizera com Mazda, resultando na sua derrota novamente. A única companhia que realmente permitiu ter ao seu lado, foi a do desejo insano de vingança que nunca vibrara tão forte quanto agora em seu peito.

XIV

Finalmente Harian estava de volta a Sarmad, ansioso por encarar Darice e todos que pensaram que ele estava morto. Assim que pisou no palácio, imediatamente foi reconhecido, causando grande furor entre todos. Ele mesmo caminhou até o salão real e entrou sem ser anunciado. Demorou um bocado para que Darice, de onde estava sentada pudesse reconhecê-lo.

– Olá, Darice – disse ele finalmente.

A mulher saltou do trono feito uma mola. Boquiaberta, não conseguia dizer uma só palavra.

– Aqui me tens de regresso, Darice – continuou ele, articulando maliciosamente cada silaba.

– Harian... – balbuciou ela em choque.

– Sou eu mesmo e não uma assombração, minha querida... – respondeu ele em meio a um risinho maléfico.

– Dez anos... – murmurou ela, ainda estupefata pela volta dele. – Dez anos se passaram desde...

– Isso mesmo, rainha, desde a última vez em que nos vimos. Pelo visto você fez um bom trabalho enquanto estive fora. Parabéns!

A seguir ele girou o pescoço de um lado para o outro e, fazendo uma fingida reverência, pediu licença para ir se banhar e mudar de roupa. Logo não se falava noutra coisa em todo reino senão na volta, no retorno do Rei de quem tanto sentiam paúra.

XV

Quando novamente a rainha e o rei se reencontraram, Harian já estava de banho tomado, vestido elegantemente e com sua arrogância de sempre estampada na face. Foi então que ele se achegou a ela e perguntou, malicioso:

– Sentiu falta de mim?

Ela se manteve séria enquanto ele ria sarcástico e venenoso.

– Sentiu, não sentiu? Deve estar numa seca só...

Ela se voltou para ele, mirou seus olhos com os seus que mais pareciam arder em chamas e perguntou, desafiadoramente:

– Você acha mesmo que alguém sentiria a sua falta, Harian? Acha?

Ele não esperava por aquela reação da parte dela que continuou sem dó nem piedade:

– Só sentimos falta de quem foi bom para nós e do que é bom. Ninguém sentiria saudade de uma pessoa que só soube semear o mal entre seus semelhantes; de um líder que só soube usar o poder para massacrar seu povo. Nem seu filho pôde sentir saudades suas, pois você nunca permitiu sua aproximação. Quando podiam ficar juntos, você o mandou para longe e quando permitiu sua volta, você foi levado para longe, por meio de uma vingança merecida pelo que fez ao seu semelhante.

Ele se mantinha forte diante dela, empinando o rosto, olhando-a com superioridade, mas era tudo fingimento. Por dentro, as palavras dela atingiam-no como flechas.

– Você pensou mesmo que sairia impune de toda maldade que semeou entre todos, pensou, Harian?

Ela fez uma pausa de impacto e prosseguiu:

– Por todos os minutos que passei, assistindo as suas maldades, pensei no quanto os deuses eram injustos por permitir que um ser como você continuasse habitando o planeta, causando tanto mal ao próximo. Especialmente ao seu povo. Um povo que era para ser guiado e não maltratado, conduzindo-o a guerras, ferindo-o na alma. Eu julguei os deuses sem noção e sem coração, mas depois, depois de tudo o que lhe aconteceu, sei que nada nem ninguém escapa impune da perversidade.

Ela suspirou e prosseguiu, com toda emoção na voz:

– Na verdade, enganei-me, ao pensar que há muito, muito tempo você vinha saindo impune aos olhos dos deuses. Que nada, você já vem pagando por ser mau há muito tempo, porque um ser que não se permite ser amado, querido e apreciado pelos demais já é um infeliz. É isso que você é, Harian, um infeliz! E qualquer um nesse reino ou noutro que não tem sequer um por cento do poder e da vida farta e luxuosa que você possuía, foi sempre muito mais feliz do que você.

Pela primeira vez ele reagiu:

– Você pode continuar falando o que quiser, nada vai me fazer deixar de ser o rei!

247

– Grande rei, você! – ela suspirou, feliz por conseguir despejar sobre o marido tudo o que há muito estava entalado na sua garganta. – Você não faz ideia do quão feliz o povo desse reino se tornou depois que foi levado daqui. É isso mesmo o que você ouviu, Harian! Felizes ficamos todos nós e por que não dizer agradecidos àquele ou àquela que deu sumiço em você!

Ela deu um passo à frente e mirando fundo seus olhos, foi enfática mais uma vez:

– Ninguém vai ter coragem de lhe jogar na cara tudo isso que eu acabo de lhe dizer, porque ainda o temem de certo modo. E talvez você não tenha coragem de ouvir, mas eu digo, por todos, sem temor algum: bendito o dia em que você foi levado pra longe deste reino para que tudo aqui voltasse a prosperar na paz e na alegria! Você no poder foi um desastre, um caos, um equívoco do destino. E por isso, exatamente por isso, ninguém sequer ousou sentir saudades da sua pessoa, porque ninguém nunca gostou de você de verdade. Ninguém gosta de quem só nasceu para semear a discórdia, o mal e a podridão entre os seus. Ninguém! Agora, de Lohan, seu filho, todos gostam, porque veem nele a esperança de terem novamente no poder um líder de caráter que se preocupa verdadeiramente com seu povo, que almeja um futuro melhor para todos. É disso que um povo precisa, Harian, de um líder de caráter no poder! Porque é digno e sinal de respeito para com todos.

Pela segunda vez ele tentou falar:

– Acabou o seu discursinho?

Mas ela não lhe permitiu:

– Não! Ainda não acabei!

– Eu tentei amá-lo da mesma forma que me amou. Sim, eu sei que me amou... por um momento, não sei precisar por quanto tempo exatamente, você me amou com paz e harmonia. Até se voltar contra esse amor e passar a lutar contra ele como se fosse seu rival numa arena de luta. E sabe por que você age assim? Porque não sabe amar e, por não saber, não se permite ser amado. Eu aprendi muito na sua ausência, Harian. Muito mesmo! Não sou mais aquela mulher submissa que você conheceu. O seu desaparecimento serviu e muito para o meu crescimento.

– Pois você e todos desse reino vão ter ainda de me engolir! Porque eu ainda sou o rei.

– Pois penso que deveria ser criada uma lei para afastar do poder todo rei que não presta, não faz nada senão prejudicar seu povo.

– Essa lei ainda não existe.

– Por enquanto. Um dia, quem sabe...

Houve uma pausa até ela dizer:

– Sabe qual é o seu mal, também, Harian? É que você não sabe viver em paz. E só agora percebo que todo aquele que não sabe viver em paz, cedo ou tarde, vai querer destruir a paz alheia. E, sinceramente, isso não é certo, ninguém deve permitir tal coisa. ainda que esse ser esteja no poder ou socialmente ocupe uma posição superior ao outro.

– Terminou?

– Só mais uma coisinha. Aonde foi que você aprendeu a ser um semeador da maldade, eu não sei. Mas gostaria muito de saber.

– O que eu sei, minha rainha... É que os deuses ainda me apoiam, porque mesmo tendo sido aprisionado por meus pais, as circunstâncias me fizeram ser libertado para ocupar o trono que me era de direito. Mesmo tendo sido levado para longe por aquela gorda imunda, eu voltei para reassumir novamente o trono que é meu por direito.

– Sim, eu sei e o que mais me impressiona, é saber que tanta gente de bom coração morreu tão cedo e injustamente enquanto você que só maldades faz, continua vivo, mesmo após exaustivos esforços do destino em matá-lo.

– O destino também está a meu favor, Darice porque o destino é controlado pelos deuses e eles simplesmente me adoram!

– Será, Harian? Será mesmo que eles o adoram ou na verdade é uma força do mal, uma força terrena que o sustenta no poder?

Nisso ouviram-se passos e ao voltar-se para trás, Harian se surpreendeu com a chegada do filho. Aos 15 para 16 anos de idade, Lohan se tornara uma criatura encantadora cuja sim-

249

patia contagiava todos e era fisicamente muito parecido com a mãe. O jovem ficou olhando para ele com surpresa e interesse até Darice ir até ele e dizer:

– Lohan...

– Sim, mamãe.

Ela engoliu em seco antes de dizer o que era necessário e quando fez, foi com grande dificuldade:

– Esse é seu pai.

Os olhos do rapaz se arregalaram no mesmo instante.

– O Rei?... Mas ele...

O queixo do jovem tremeu de emoção e a mãe se apressou em explicar o que de fato havia acontecido a Harian.

Lohan, ainda muito emocionado, falou:

– Se meu pai está vivo, então ele ainda é o rei. Não eu!

E Harian respondeu, mirando fundo seus olhos:

– Sim, Lohan, eu ainda sou o rei de Sarmad. E eu voltei para reassumir meu trono, meu poder!

O jovem deu um passo à frente, colocou a mão sobre o ombro do pai e com grande alegria, falou:

– Pois seja muito bem-vindo, meu pai, meu Rei! Hoje mesmo o senhor reassumirá seu trono e com uma grande comemoração por sua volta.

E um sorriso matreiro e de satisfação escapou pelo canto esquerdo dos lábios de Harian que em seguida abraçou o filho, fingindo grande alegria por revê-lo. Quando seus olhos voltaram a focar os de Darice, ele se deliciou, ao ver o desespero crescente que havia no fundo deles, como uma chama, ganhando proporções gigantescas. E ele soube o que ela pensou naquele instante, como se tivesse tido o poder de adentrar seus pensamentos. "E quando todos os tormentos causados por Harian pareciam ter finalmente chegado ao fim, eis que ele ressurge para começar tudo de novo!".

XVI

Naquele mesmo dia, pouco antes da cerimônia de reposse do rei, Lohan seguiu até o quarto da mãe para conversar em particular com ela:

– Mamãe.

– Sim, Lohan.

– Aquela vez em que ouvi aquela mulher lhe contar sobre o papai, o que havia feito a ele e que ele ainda estava vivo, era tudo verdade, não era?

Ela o olhou com pena.

– Quando lhe perguntei, a senhora negou, disse que eu havia entendido tudo errado. Foi mentira da senhora, não é mesmo? Por quê?

– Para poupá-lo, filho.

– E quanto ao povo de Sarmad, minha mãe? Eles mereciam seu rei, por isso a senhora deveria ter incumbido homens de ir até ele e trazê-lo de volta.

Ela foi até ele, olhou-o fundo com seus olhos lacrimejantes e tentou se explicar:

– Ninguém aqui queria seu pai de volta, Lohan! Todos o queriam, como ainda o querem, longe daqui e você no poder.

– Por quê?

– Porque seu pai é mau, sempre foi! E para o bem de um povo esse mal deve ser afastado. Pensamos que somente povos e outras raças podem nos fazer mal, mas não é só isso. Um líder mau caráter no poder pode ser tão nocivo ou mais do que qualquer ameaça externa a um reino. Pode afundar de vez seu povo na dor e no desespero, na miséria e na desilusão, e seu pai é um líder assim e, por isso, deve ser destronado para o bem de todos.

– Eu não aceito isso! A senhora não está sendo justa, ao falar dele desse modo. Ele me parece um homem e tanto e...

– Cuidado, Lohan! Muito cuidado! Seu pai não é de confiança. É como uma víbora, quando menos se espera, dá seu bote e pica, soltando todo o seu veneno mortal.

Mas Lohan ainda acreditou que a mãe estivesse exagerando em tudo que dizia a respeito do pai.

XVII

A cerimônia de reposse de Harian aconteceu logo no dia seguinte. Somente os que compartilhavam do mesmo mal, ou seja, o de semear discórdia entre seus semelhantes, é que ficaram felizes com a sua volta ao trono.

– Estou muito contente com sua volta, meu pai, meu rei – admitiu Lohan, falando alto para todos o ouvirem.

Harian agradeceu as palavras do rapaz, fazendo-lhe um gracejo e depois erguendo uma taça de vinho para o alto, convidou todos a brindarem com ele, seu retorno.

Foi nesse dia também que Lohan apresentou ao pai, Heloá, sua noiva, uma linda jovem de cabelos negros, ondulados e olhos vivos e atraentes.

XVIII

Naquela mesma noite, pouco antes de se recolher, Darice foi falar com o marido:

– Notei, durante a cerimônia, que você parecia ansioso com alguma coisa. Prestando mais atenção às subalternas, perambulando por entre elas, algo que nunca fez...

Ele olhou mais atentamente para ela.

– Você vai querer vigiar meus olhos também a partir de agora, Darice?

Ela riu, perversa e respondeu:

– Sei bem quem procurava, Harian. A tal mulher que lhe deu uma rasteira, a maior de todas de sua vida. Que o exilou para um mundo de horrores e punições quase infinitas. A tal gorda que se tornou magra e exuberante.

Ele foi até ela, agarrou-a e perguntou, desafiadoramente:

– Onde ela está, Darice? Você sabe, não sabe?

Ela riu sarcástica.

– Responda-me! – gritou ele.

E quando ela riu novamente, ele a empurrou para longe, fazendo com que quase fosse ao chão. Mesmo assim, ela se manteve rindo, radiante.

– Eu vou encontrá-la, nem que seja a última coisa que eu faça nesta vida! – berrou ele, enfurecido.

– Boa sorte! – respondeu ela com profundo sarcasmo.

Houve uma pausa até ele comentar com ódio e revolta profunda:

– Eleazar, Javed, Yasmine, a gorda, você... meus inimigos todos ainda estão no poder...

– Sim, meu querido, e durante todo o tempo em que você

viveu exilado, todos nós vivemos felizes e em paz.

– Isso não é certo... – balbuciou ele, lançando-lhe um olhar de soslaio.

– Como lhe disse – aventou ela – os deuses já vinham fazendo justiça a todos nós há muito tempo, eu é que não percebia.

– Quando você vai entender que não importa o que me façam de mau, eu sempre venço no final.

– Vamos ver até quando, Harian. Até quando.

– Até mesmo depois da morte, eu encontro uma forma de pôr cada um de vocês no seu devido lugar.

– Até mesmo...

– Depois da morte!

E ela se arrepiou da cabeça aos pés, sem saber ao certo o porquê, diante da promessa do homem a quem mais temia.

IXX

No dia seguinte, assim que pôde, Darice foi falar com os sacerdotes a respeito da promessa que Harian lhe fez na noite anterior e que tanto a chocou.

– Os senhores acreditam que isso seja realmente possível? – perguntou ela sem esconder a apreensão. – Que mesmo depois de morto uma pessoa possa voltar para atormentar os vivos?

– Muito já se ouviu falar a respeito, mas nunca se leu nada com precisão nas escrituras sagradas.

– Sei... Mas de algum modo penso que isso é possível, sim. Com Harian tudo é possível.

– Mas minha rainha, o Rei ainda está vivo.

– Eu sei, um dia há de morrer como todos.

XX

Enquanto isso, logo pela manhã, Harian ordenou a seus homens que localizassem Aneska e uma busca incessante começou desde então. E quanto mais demoravam para descobrir o seu paradeiro, mais e mais ele se contorcia de ansiedade e raiva. Foi então que ele mesmo se juntou à busca pela cidade, acreditando que ela poderia enganar um de seus homens, mas não a ele, pois seria capaz de reconhecê-la até mesmo no escuro.

Semanas depois, após exaustivas peregrinações, Harian finalmente encontrou uma pista do paradeiro da mulher.

– Aquele homem, eu o reconheço – disse ele para seu general que imediatamente voltou os olhos para o sujeito.

Sem delongas, Harian saltou do cavalo e foi até o sujeito.

– Você! – disse, impostando superioridade na voz.

Quando o homem olhou para ele, imediatamente seus olhos o entregaram.

– Jordano... – balbuciou Harian, com prazer. – Finalmente o encontrei!

Depois de dez anos, o jovem se tornara um homem feito e imediatamente fez uma reverência para o Rei.

– Onde está ela, Jordano? Sua mãe, diga-me!

Os olhos dele baixaram, o suficiente para fazer com que Harian agarrasse seus braços e gritasse:

– Fale! Cadê ela?!

O rapaz verteu-se em lágrimas.

– Fala!

Jordano finalmente encarou-o novamente e respondeu, trépido:

– Morta!

A resposta fez com que Harian o soltasse e recuasse um passo no mesmo instante, vertendo seu rosto numa máscara de horror.

– Impossível.

– Não, meu rei... Ela já estava doente quando o reencontrou pela segunda vez. A magreza já era fruto da doença. Nós é que não sabíamos.

– Mentira!

Ele novamente saltou sobre o homem que permaneceu sem se defender.

– Ela não pode ter morrido! Eu lutei esse tempo todo por me manter vivo só para provar a ela que eu venci. Eu venci!

Jordano continuou olhando para ele, mudo.

– Não pode ser...

Harian estava verdadeiramente desapontado, frustrado e revoltado com a vida. Rompeu-se num grito assustador e logo raios começaram a brilhar nos céus e uma forte tempestade desabou uma hora depois.

A decepção de Harian durou por dias e foi nesse ínterim que Eleazar chegou ao palácio para uma visita surpresa.

– Quando soube que havia voltado, eu precisava vê-lo com meus próprios olhos – falou o vidente assim que se viu diante do rei.

– Para saber que eu venci?

– Venceu, Harian?

– Você sabe que eu venci. Subjugado eu teria sido se não tivesse conseguido voltar para cá e ocupar novamente o trono que é meu de direito. Portanto, eu não fui derrotado por uma mulher como você previu, o que prova que você errou na sua previsão como eu falei que o faria. Com isso, eu sou o vencedor! Serei sempre lembrado como aquele que provou a todos que o grande Eleazar errou numa de suas previsões ou como aquele que derrotou o destino.

Eleazar, já muito idoso, disse, finalmente:

– Não viverei por muito mais tempo, meu rei... Esse é o nosso último encontro. Mas vivo estarei junto aos deuses, e, um dia, quem sabe, na imensidão desse infinito nós nos reencontremos e, talvez, possamos ser melhores do que fomos nessa vida em questão. Adeus, Harian, adeus!

O vidente já havia lhe dado as costas, quando ele falou:

– Espere! Antes de partir, diga-me onde ela está.

Eleazar voltou-se para ele, olhando com atenção e respondeu:

– Junto aos deuses, Harian.

– Impossível!

– Mas é verdade. Aceite o fato, é o melhor que tem a fazer.

E sem delongas, o homem partiu acompanhado de sua caravana, deixando Harian com os olhos voltados para o além, contorcendo-se de ódio com a hipótese de Aneska estar realmente morta.

XXI

Harian continuou sua busca por Aneska e quando estava prestes a desistir, uma possibilidade voltou a alegrá-lo imensamente. Foi quando se lembrou da troca que fez com Parvaneh para enganar Darice que algo iluminou suas ideias.

– Estivemos procurando o tempo todo por uma mulher chamada Aneska, exuberantemente magra. Mas está errado, esse foi o meu grande equívoco. Ela voltou a ser gorda com o passar dos anos, por isso não pudemos localizá-la.

– Mas o filho disse que ela está morta! – lembrou o general.

– Foi a forma que eles encontraram para me impedir de chegar até ela. Mande trazer até mim todas as gordas acima dos 35 anos de idade. Ela tem de estar viva!

– Meu rei, poucos chegam a essa idade... a faixa de mortalidade...

– Que se dane tudo isso! Ela está viva, sim, eu sei, eu sinto aqui no peito!

– Desculpe-me a pergunta, mas o que o senhor pretende fazer contra ela? Por todo mal que ela lhe causou?

– Você verá na hora certa!

Todas as mulheres obesas da idade em questão foram levadas até Harian, mas nenhuma delas era aquela que ele tanto queria encontrar. A decepção o deixou novamente arrasado por semanas.

XXII

Lohan sempre tentava alegrar o pai, estando ao seu lado, tentando convencê-lo a seguir em frente, sem mais se ater aos dissabores do passado. Heloá estava sempre com os dois, mas pouco falava, restringia-se mais a ouvi-los. Certa noite, quando restaram somente pai e filho no salão real, Harian, olhando bem para o rapaz que só tinha olhos amorosos para ele, usou mais uma vez de sua sinceridade assustadora:

– Seu eu pudesse trocar de lugar com você.

Lohan imediatamente se surpreendeu com as palavras do pai.

– C-como?

– Se eu tivesse como trocar de corpo com você eu seria

o homem mais realizado do mundo.

– Trocar de corpo?

– É. Eu ocuparia o seu e você o meu, velho e desgastado, fadado à morte em poucos anos. Aí eu viveria por mais tempo, reinando absoluto sobre Sarmad. Porque eu mereço viver e reinar, não você, um borra botas sentimental.

– Pai...

– Só de saber que eu vou morrer, deixando isso tudo para você, sinto meu sangue ferver de ódio e revolta. Você não merece tudo isso. Eu, sim, porque ninguém deste lugar se importou tanto com o poder do que eu. E quem se importa deveria ser privilegiado pelos deuses também nesse sentido.

Ele suspirou e sentou-se novamente no trono. Parecia cansado e abatido.

– Sinto-me de certo modo derrotado quanto a isso. Por saber que mesmo sendo rei e tendo o poder nas mãos, não posso escapar da morte. É revoltante, sabe?

– É o ciclo da vida, meu pai.

– Mas está errado, não é certo que seja assim. Eu nasci rei e, sendo rei, deveria ter um final diferente de todos. Isso sim, seria justiça.

Lohan preferiu acreditar que o pai havia bebido muito e, por isso, não estava falando coisa com coisa.

XXIII

No dia seguinte, Harian presenciou uma cena entre o filho e sua futura nora que muito lhe chamou a atenção. Depois de tomarem o que viria a ser o café da manhã da época, Heloá parou junto ao noivo, aproximou-se dele e lhe deu um afetuoso beijo.

– Você me ama? – perguntou ela, parecendo ansiosa por uma resposta positiva.

Lohan apressou-se em dizer:

– É lógico que sim, minha futura rainha. Por acaso tem dúvida quanto ao que sinto por você?

– Não, meu futuro rei, é lógico que não...

– Pois me parece.

– Às vezes sou um pouco insegura, sabe? Desde menina

257

sou assim.

– E quanto a você? Quão grande é o seu amor por mim?

– Do tamanho deste mundo.

Só então Harian passou a prestar melhor atenção à jovem. Aos dezesseis anos, Heloá era uma criatura encantadora, com um quê de semideusa, um pescoço delicado, cabelos de um preto azulado, emoldurando a cabeça de talhe primoroso com suaves ondas naturais, e olhos de um escuro profundo e vívidos. Ela também era tão cheia de juventude quanto Lohan, a juventude que Harian queria de volta para si.

À tarde enquanto o noivo auxiliava o pai nos seus afazeres, Heloá passeou pelos jardins, encantando-se com o brilho das inúmeras flores e suas fragrâncias e perfumes que se misturavam pelo ar à beleza e à atmosfera do lugar. Mas não era somente aquilo que a maravilhava, era o estado de espírito que o seu casamento com Lohan despertava nela, um acontecimento que estava prestes a ocorrer.

Naquela noite, quando a sós em seus aposentos, um serviçal bateu à sua porta, informando que Lohan a aguardava numa das salas específicas do palácio para um diálogo oportuno. Ainda que achasse estranho o noivo ter mandado alguém chamá-la em seu quarto àquela hora da noite, ela se dirigiu até o local.

Na meia-luz do salão em questão, a jovem se surpreendeu, ao avistar o Rei, com seus cabelos azulados e a aparência severa e sinistra de sempre.

– Desculpe-me – falou ela, rapidamente. – Acho que vim parar na sala errada. Procuro por Lohan, ele me pediu para...

– Fui eu quem mandou chamá-la até aqui! – explicou Harian, indo até ela e beijando-lhe a mão respeitosamente.

– Vossa Majestade?! Eu não entendo...

– Venha cá, sente-se. Quero muito conversar com você.

A moça atendeu ao seu pedido, ainda que incomodada por estar ali sozinha na presença do homem que de certo modo lhe dava medo. Sem delongas, Harian, começou a falar:

– Você disse ao meu filho, horas atrás, que sempre foi um pouco insegura desde menina.

– Sim, falei. Espere! Como Vossa Majestade sabe que eu disse isso?

– Eu sei bem mais do que você pensa, Heloá. Sei até mesmo o que vai na alma das pessoas.

– Desculpe a pergunta, mas... isso é mesmo possível? Digo, alguém consegue mesmo ter o poder de ver o que vai na alma das pessoas?

– Somente os privilegiados pelos deuses.

– O senhor é um deles, presumo.

– Ainda não havia notado?

– Bem...

– Havia, sim, só estava me testando para saber se sei realmente o que pensa, não é mesmo?

Ela sorriu, sem graça.

– É isso mesmo – admitiu, corando.

E diante dos olhos penetrantes dele, despudoradamente maliciosos e sedutores, ela pediu-lhe licença:

– Bem, é melhor eu voltar para os meus aposentos...

– Não, sem antes me dizer.

– O quê?

– O que tanto deseja.

Os olhos dela, aflitos, abriram-se um pouco mais.

– Desejo?! Do que o senhor está falando?

– Falo do desejo louco que sente por mim.

As sobrancelhas dela se arquearam expressivamente.

– Eu... – balbuciou, corando novamente até a raiz dos cabelos.

– Não minta! É feio! – atalhou ele, aproximando-se ainda mais dela. – Você gosta de homens mais velhos. Eles a atraem, não?

Ela recuou um passo e ao fazer menção de partir, ele a segurou pelo braço e a puxou contra seu peito. Ela agora olhava assustada para ele que disse:

– Ninguém foge de mim assim, minha querida.

Ela, com voz trepidante, respondeu:

– Por favor, solte-me! Se Lohan nos vê assim vai pensar o que não deve...

– Que ele pense o que quiser, pouco me importa.

259

– Para mim importa, pois eu vou me casar com ele...

– Casar, é?

A intensidade de medo e pavor se multiplicou em seu olhar.

– Por favor, solte-me!

Ele a prensou contra a parede e disse, bem rente ao seu rosto, aflito e horrorizado:

– Você pode até se casar com aquele bostinha, mas antes será minha...

Ela tentou recuar, mas não havia como, por isso ficou ainda mais tomada de pavor. Então, ele, explodindo numa gargalhada, afastou-se. Ainda rindo, falou:

– Depois continuaremos a nossa conversa e não ouse dizer nada para o príncipe se quiser que eu ainda consinta o casamento de vocês.

XXIV

À mesa do jantar na noite do dia seguinte, o clima já não era mais o mesmo. A paz que reinara até a noite anterior já não se fazia mais presente. Lohan apaixonado e radiante com o casamento que se aproximava não percebeu o anticlímax. Somente Darice achou que havia algo de estranho no ar, porém, não conseguia detectar o que era.

Mais tarde, quando todos já haviam se recolhido, Harian invadiu o quarto de Heloá e antes que ela reagisse ou gritasse, agarrou-a e a jogou na cama, segurando firmemente seus punhos e ficando sobre ela.

– Diga! – rilhou ele, entre dentes. – Diga que me quer! Vamos!

Ela apertava os lábios, parecendo que ia sufocar-se de aflição.

– Larga de ser teimosa e admita que me quer.

As mãos dela se crispavam, freneticamente.

– Larga de ser trouxa... Solte o seu verdadeiro eu, vamos! Mostre para mim e para si mesma quem você é no íntimo!

– Por que me tenta, Vossa Majestade?

– Porque sei que me quer. Porque sei também que não vale nada.

– Isso não é verdade.

260

– Largue de ser cretina.

– Sou noiva do seu filho, Vossa Majestade deveria respeitálo e me respeitar.

– Respeitar? Sei... Basta apenas uma garrafa de vinho ou cerveja para você ou qualquer uma perder o pudor.

Por fim ele a largou e disse, enquanto ajeitava suas roupas:

– Quero você em meu quarto amanhã à noite, nesta mesma hora, de banho tomado e perfumada para eu fazer de você o que eu bem quiser.

– Majestade...

– É isso mesmo o que ouviu. Ou faz o que eu ordeno ou não permitirei que se case com meu filho!

– Não, isso não, por favor!

A jovem estava em pânico.

– Já sabe o que deve fazer se quiser realmente desposá-lo. Não repetirei duas vezes. Tampouco lhe darei nova chance.

– Mas Vossa Majestade não pode se deitar comigo, se o fizer tornar-me-ei impura para Lohan.

– Problema seu. É pegar ou largar! Tem até amanhã à noite para se decidir. E se ousar abrir a boca para alguém, eu acabo com a sua raça.

Sem mais, Harian, parecendo mais fora de si do que nunca, partiu, deixando a jovem aflita e chorando desesperadamente. Para ela era ultrajante trair o noivo tanto quanto ser forçada a se deitar com um homem que tanto repudiava ainda que fosse o rei do lugar em que vivia. Só agora ela compreendia o porquê de todos no reino temerem tanto a ele e agradecerem aos céus pelos dez anos em que ficou desaparecido.

XXV

No dia seguinte, Heloá viveu o dia mais tenso de toda a sua vida.

– Minha senhora, a senhora está bem? – perguntou sua aia de maior confiança. – Parece-me hoje tão distante...

– Estou mesmo. É como se eu tivesse tomado uma bebida amarga e maligna.

Ela suspirou e foi além:

261

– Sempre ouvi dizer que as pessoas são como o tempo: mudam de uma hora para outra. Assim como um dia lindo se transforma num dia frio, chuvoso e escuro, uma pessoa que até então sempre lhe pareceu brilhante torna-se assustadora. Só agora sei o quanto isso é verdade. O tempo não é mesmo confiável assim como as pessoas também não são e o destino também não é. Está sempre colocando alguém na nossa vida para nos tirar do prumo, nos incitar o mal.

– Às vezes essa pessoa é invisível – opinou a aia.

– Invisível? – espantou-se Heloá.

– Sim e caminha ao nosso lado, falando conosco, mas fazendo-nos pensar que sua voz é mais uma daquelas com as quais dialogamos na mente. Esse ser invisível quer nos pôr contra quem amamos, nos instigando a fazer o mal contra eles, jamais algo de bom.

– Um ser invisível que nos incita a fazer o mal... É tão louco pensar que existe.

– Mas existe, senhora.

Heloá ficou a refletir sobre o que a mulher havia lhe dito e que lhe pareceu ser tão verdadeiro. Minutos depois ela se perguntava se não haveria um ser invisível por trás das maldades de Harian, algo de que ele nunca havia se dado conta, instigando-o a sofrer sem se aperceber. E a pergunta ficou no ar...

XXVI

Naquela noite, pouco antes da hora combinada com Heloá para que fosse ao seu quarto, Harian fez um pedido muito sério ao filho.

– Filho.

– Sim, pai.

– Queria lhe pedir um favor. Um simples favor se possível, é lógico.

– Pode dizer, o que é?

– Eu poderia dormir no seu quarto esta noite?

– No meu quarto? Ora, papai, sim, é lógico que sim! Mas, por quê? Se o quarto do senhor não lhe agrada é só mudar para outro...

– Não será preciso, é apenas por uma noite. Por uma

simples questão de superstição.

– Mandarei pôr outra cama em meu quarto então para o senhor se deitar ou...

– Não precisa chegar a tanto. Visto que ocuparei seu quarto por apenas uma noite, você dorme no meu, mas só por esta noite, se não se importar.

– Está bem, se assim deseja...

Assim que o rapaz se foi, Darice que ouvira tudo sem ser notada, foi até o marido e perguntou:

– O que está pretendendo com essa mudança de quarto, Harian?

Ele se fez de inocente.

– Conheço-o bem – continuou ela, olhos atentos a ele. – Está armando alguma coisa sórdida e, desta vez, contra o seu próprio filho.

– Pois se engana redondamente.

– Saiba que estou de olho em você. Atenta aos seus passos.

– Darice, tudo o que eu quero é o bem do nosso filho.

– Não seja cínico! Você não quer o bem de ninguém! Seu único interesse é semear a discórdia entre todos. Só isso!

Pouco depois, após muito refletir a respeito da ordem do rei, Heloá deixou o quarto e seguiu seu destino, fazendo mil votos aos céus para que ninguém a visse. Seria uma vergonha se a pegassem, atendendo às exigências de Harian.

Darice, certa de que algo muito grave iria acontecer na calada da noite, decidiu ficar vigiando o corredor que levava ao quarto que seria ocupado por Lohan. Por isso pôde ver Heloá, seguindo para lá e não precisou muito para concluir o que estava acontecendo.

– Foi por isso... – murmurou ela estupefata. – Por isso ele pôs Lohan ali, para que ele pense que a noiva lhe é infiel e, assim, acabe com a felicidade dos dois. Mas isso não pode acontecer, Lohan a ama, será um baque para ele se...

Harian que também estava de vigia, em surdina, segurou-a firme assim que ela deu o primeiro passo.

– Calada!

Ela voltou-se para ele, espumando de raiva e disse:

263

– Como você é sórdido...

– Lohan tem de saber quem é Heloá no íntimo.

– Ele vai morrer diante do choque... Ele não pode...

– Pois que morra! Antes morrer, sabendo quem é o ser humano de verdade, até onde ele é capaz de ir para realizar seus desejos, do que morrer feito um otário.

Ela ia gritar, mas ele tapou-lhe a boca e a arrastou para longe dali.

Enquanto isso, Heloá, discretamente, entrava no quarto e devido à claridade do luar que atravessava a janela, que era tudo o que iluminava o local, ela não pôde perceber que quem estava deitado na cama era na verdade seu noivo. Despiu-se e quando disse:

– Aqui estou!

Lohan acordou e saltou da cama, em choque.

– Heloá?! – exclamou, estarrecido.

Só então ela percebeu que era ele e não o Rei quem estava ali e, no mesmo instante, um grito de horror escapou-lhe do peito. Queria perguntar alguma coisa, gritar alguma coisa, mas sentia como se uma força sobrenatural estivesse apertando sua garganta.

– Você me traindo com meu pai... – ralhou Lohan, enfurecido.

– Não é isso, Lohan, você está entendendo tudo errado.

– Estou, é?

– O Rei exigiu que eu viesse até ele esta noite, caso contrário não consentiria com o nosso casamento. Tive receio de que se não fizesse o que ele ordenava, eu perderia você para sempre.

– Meu pai não faria uma coisa dessa comigo!

– Mas fez!

Ele deu-lhe um tapa.

– Pare de mentir! – berrou. – Ou vai ser escorraçada desse palácio a pontapés e por mim mesmo.

– Lohan, eu o amo!

– Se me amasse mesmo, não teria feito o que fez.

– Como pode você duvidar de mim, deixar de confiar em mim depois de tudo o que vivemos até hoje?

– Você não me merece. Fui iludido por você durante todo esse tempo em que ficamos juntos.

– Pois você vai se arrepender de suas palavras, Lohan.

E sem mais ele seguiu para a porta do quarto e disse, ríspido:

– Pegue suas coisas e suma deste palácio.

A moça, chorando, fez o que o príncipe ordenara e quando Lohan encontrou o pai em seu quarto, desabafou com ele, chorando sua desgraça.

– Eu jamais exigiria um absurdo desses, filho! – mentiu Harian com a cara mais deslavada do mundo. – Heloá inventou tudo isso para explicar por que invadira os meus aposentos, só para continuar de bem com você. Só agora entendo por que os deuses me pediram para mudar de quarto com você esta noite.

– Os deuses?! – espantou-se o jovem, arrepiando-se todo.

– Sim! Fizeram isso para você descobrir que merece uma moça mais digna de confiança e não uma qualquer como essa tal de Heloá.

E chorando, o filho admitiu:

– Eu pensei que ela me amasse de verdade, papai. Que me amasse realmente.

– Cuidado com as mulheres, Lohan. Elas podem ser perigosas.

E Harian se sentiu satsfeito novamente por destruir mais uma vez a felicidade alheia. Quando Darice quis abrir os olhos do filho, fazê-lo ver a maldade que seu pai fizera com ele, Lohan não lhe deu crédito mais uma vez.

XXVII

Dias depois, Heloá estava novamente frente ao Rei, pedindo para lhe falar a sós.

– Ainda não entendo por que fez aquilo comigo... – começou ela, esforçando-se para se manter forte e segura diante dele.

– Não?! – desafiou ele, lançando-lhe um olhar de soslaio.

– Não.

– Ora – respondeu ele com a maior naturalidade do mundo –, porque a felicidade alheia me incomoda. Sempre me incomodou.

– Eu suspeitei.

– Pois bem, diga a que vem. Não tenho tempo para perder com...

Ela o interrompeu bruscamente:

– Eu amo seu filho e meu amor por ele é sincero, algo que Vossa Majestade jamais compreenderia porque nunca amou ninguém de verdade.

– Meça suas palavras.

– Meça Vossa Majestade suas palavras! Não lhe tenho medo, não, mais! Tudo o que me importa nesta vida é Lohan e por ele sou capaz de tudo.

– Até mesmo de morrer por ele?

– Até isso! Mas prefiro a vida ao seu lado e, por isso, tenho uma troca a fazer com Vossa Majestade. Faça Lohan se reconciliar comigo e em troca eu direi a Vossa Majestade onde se encontra a pessoa que mais anseia localizar na face da Terra.

Harian saltou do trono como uma mola.

– Você está querendo dizer... – falou ele, ansioso.

– Dela mesmo! Aneska, a tal mulher da qual o senhor tanto deseja se vingar. Pois bem, eu sei onde ela se encontra.

– Diga-me, vamos!

– Não, sem antes Vossa Majestade chamar o seu filho aqui e contar-lhe toda a verdade. Toda a armação que fez para nos separar.

– Isso nunca!

– É pegar ou largar. Se me matar, morre comigo a informação que tanto anseia obter.

– Se você sabe onde ela está outros também devem saber.

– Mas não lhe dirão porque preferem a ela a Vossa Majestade.

Harian retesou o corpo e amarrou o cenho.

– Está bem, farei o que me pede, mas se estiver blefando...

Eu acabo com você de uma vez por todas.

– Não sou de blefar. Cumprirei o prometido se quando Lohan estiver aqui, Vossa Majestade lhe disser que tentou me seduzir um dia antes do episódio do quarto e que se eu não me rendesse ao senhor não consentiria o nosso casamento.

– Eu não vou dizer nada disso, não é necessário. Basta uma ordem minha e ele acatará.

– Será?

– Pode crer. Lohan é um bobo, mimado pela mãe, outro equívoco dos deuses, pois onde já se viu fazer de um rapaz bobo e tolo rei de um lugar como Sarmad? Ele puxou a ignorância da mãe, jamais a minha superioridade.

E nesse instante, Lohan entrou na sala, acompanhado de Darice. Ambos haviam estado ali o tempo todo, às escondidas por exigência de Darice para que o príncipe pudesse ouvir tudo que lhe provaria de uma vez por todas que o pai era mau caráter.

XXVIII

– Que espécie de ser humano é você? – perguntou Lohan, trêmulo e furioso.

– Sou aquele que não teme expor a todos a outra face da alma humana. O lado mau que está em todos e poucos têm a coragem de assumir.

– O senhor passou por inúmeras provações e mesmo assim continua o mesmo ser que todos desprezam.

– E desde quando as tais provações que você diz, fazem um homem mudar?

– Só mesmo um ser dominado pelo seu lado bestial não mudaria.

A resposta do príncipe surpreendeu o rei.

– É isso mesmo o que Vossa Majestade ouviu – continuou Lohan, desafiadoramente. – Vossa Majestade é um ser bestial, se bem que até mesmo no reino animal, animais da mesma espécie se respeitam e até amam de certo modo uns aos outros. Então, eu me pergunto: o que é você afinal de tudo? Penso que nem os deuses podem responder a essa pergunta.

As palavras do rapaz novamente tocaram Harian que imediatamente estufou o peito, empinou o rosto para não se deixar parecer abatido por elas.

– Eu ainda sou o rei e vocês todos me devem respeito. Têm, sim, de acatar as minhas ordens, fazer tudo o que eu desejar.

Lohan, muito certo do que dizia, respondeu:

– Se não podemos tirá-lo do poder, vamos embora como muitos desta cidade já fizeram assim que o senhor voltou para cá. Vossa Majestade será um exército de um homem só a partir de então.

– Eu mando matar vocês todos! – gritou Harian histérico. Nunca ninguém o vira chegar a esse ponto.

– Agora sei que seria bem capaz! – revidou o príncipe.

– Falo sério, garoto, não me desafie.

Lohan não respondeu, simplesmente deixou o aposento e foi apanhar alguns de seus pertences tal e qual fez Darice e quando estavam prontos para partir, Harian novamente os ameaçou:

– Se vocês passarem por essa porta, estarão mortos!

E lançando um olhar para as sentinelas, Lohan, não se deixou intimidar. Estendeu a mão para a mãe e disse:

– Vamos, mamãe.

Saíram aos berros de Harian, ordenando a seus guardas que os matassem.

– Majestade, nós não podemos fazer isso! – respondeu o general do exército. – Trata-se da rainha e do príncipe e...

Harian pulou sobre o homem e gritou:

– Eu dei uma ordem! É sua obrigação atendê-la!

– Eu sinto muito – respondeu o sujeito, e jogando sua espada, sua lança e seu elmo ao chão, falou: – Estou me depondo do meu cargo.

– O quê?!

O homem preferiu não dizer mais nada e quando Harian ordenou que sua guarda o atacasse, todos também jogaram suas armas ao chão porque todos queriam bem àquele que os ensinara praticamente tudo. A seguir, um por um dos homens foi deixando o palácio com a sensação crescente de liberdade e integridade, explodindo no peito, o que os fez respirar aliviados e muito melhor desde então. Eles não mais serviam ao mal e isso era uma libertação para a carne e o espírito.

Lá fora, Lohan encontrou Heloá, aguardando por ele e juntos partiram de Sarmad, acompanhados daqueles que sempre foram fiéis ao príncipe.

Mais tarde, um dos súditos mais fiéis a Harian chegou, informando que muitos moradores estavam indo embora com o príncipe. Harian, furioso, ordenou-lhe que sua guarda matasse qualquer um que se atrevesse a sair da cidade.

– Que guarda, Vossa Majestade? – indagou o súdito.

– Como assim, que guarda? – espantou-se Harian a olhos vistos.

– Nem um deles vai se voltar contra seus próprios familiares, amigos e conhecidos. Vossa Majestade está só nessa batalha, não há mais o que fazer.

E só então Harian caiu em si, novamente havia sido derrotado, mas não pelo filho como pensou a princípio e, sim, pelo seu desejo insano de semear a discórdia entre todos.

Em menos de um mês o reino de Sarmad havia perdido praticamente todos os seus moradores. A revolta fora geral, ninguém mais teve medo de sua ira, porque o povo todo havia compreendido que unidos, eram mais fortes que qualquer líder no poder, destinado a massacrar e destruir seu povo a seu bel prazer. Restava agora apenas Harian no seu palácio cada dia mais imundo porque ninguém mais trabalhava ali.

Quando Lohan e os que o acompanharam chegaram a Kansbar, Javed o recebeu imediatamente acompanhado de Darice e Heloá no palácio de Azur onde eles lhe explicaram o que havia acontecido.

– Certamente que abrigarei seu povo, meu sobrinho – respondeu Javed com grande satisfação –, afinal, eles são também o povo de Yasmine, minha esposa, minha rainha.

Sim, aquilo era a mais pura verdade, Yasmine fora destinada pelo pai a ficar no poder de Sarmad por ver nela caráter, bondade e determinação para comandar um reino e, agora, mais uma vez, o povo de Sarmad estava em suas mãos como seu pai tanto desejara.

Era um novo começo para todos que deixaram de sofrer nas mãos de Harian durante seu exílio e voltaram às amarguras

269

de antes com sua volta.

– Liberdade! Direito! Amor, acima de tudo! – gritou Lohan para todos que o acompanharam até sua nova morada.

XXIX

Perambulando pelo palácio, com roupas sujas e cabelos e barba crescida, Harian se assemelhava muito à época em que fora escravo em terras distantes e vivera sob domínio de Hestia. E novamente as palavras de Eleazar voltaram a ecoar em sua mente:

"Eu o avisei tanto... Foi mais do que um aviso, foi um alerta. Vossa Majestade poderia ter evitado tudo isso se tivesse optado pelo bem, escolhido seguir pelos caminhos do que é direito, digno e espiritual... Vossa Majestade podia ter escolhido, foi alertado para fazer as escolhas certas e, no entanto, você continuou insistindo em comungar com a maldade, fazer dela seu guia e seu mentor."

E o que o vidente lhe disse quando concordou em comprá-lo de seu segundo senhorio:

"Ainda que eu o compre, Vossa Majestade continuará sendo escravo. Vossa Majestade fez de si mesmo um escravo do desejo insano de se vingar dessa mulher (Aneska) e do ódio contra si mesmo por ter se deixado cair nas mãos dela. Transtorna sua vida diariamente por causa disso, criando as piores tempestades em sua alma. Se Vossa Majestade não se libertar disso tudo não mais poderá gozar de liberdade como antes, acredite-me!"

E mais um trecho da conversa entre os dois foi recordado:

"Eu já tentei e não consigo!", respondeu-lhe Harian.

"Então, é como eu disse: por mais que eu o liberte, Vossa Majestade continuará sendo escravo de si mesmo."

"Que seja assim, o que se há de fazer? Eu não sei viver diferentemente."

"Aprenda!"

"Para quê?"

"Para que possa pagar de vez suas dívidas de amor, porque uma coisa é certa: nessa vida, nada ganhamos senão o que desenvolvemos de bom em nós mesmos. Você pode nascer rei, rainha, príncipe, morar num castelo de ouro, ter tudo, enfim, que se pode conquistar de mais precioso no mundo material, mas somente as conquistas interiores, despertas no íntimo é que farão com que você, na alma, sinta-se verdadeiramente vitorioso e próspero."

Emergindo de suas lembranças, Harian, com raiva, murmurou:

– Dívidas de amor... Jamais poderei pagá-las... – ele riu. – Minha morte se aproxima, depois dela, sem chances de pagar o que devo.

E novamente ele riu.

– Serão dívidas eternas!

E uma nova gargalhada irrompeu de sua garganta até que a tristeza voltou a ocupar seu lugar. Lançando um olhar entristecido para as paredes, novo lamento ecoou de seu peito:

– O pior de acabar só é não ter mais ninguém com quem brigar e espezinhar, ser o alvo de minhas sementes da discórdia. Isso é o que dói mais.

E então ele viu algo que o surpreendeu: um vulto aqui, outro acolá e novamente seu rosto voltou a se iluminar quando reconheceu o espírito de Aneska. Emocionado, ele deu um passo à frente e falou:

– Você veio... Finalmente você tomou coragem para me encarar.

Ele deu um novo passo, mirando bem os olhos dela e sorriu, feliz.

– Eu sabia que iria encontrá-la! Dia mais, dia menos, eu iria encontrá-la.

Finalmente ela falou:

– Estou morta, Rei...

Ele, rindo com escárnio, respondeu:

– Não tente me iludir.

– Estou, sim.

– Os mortos não voltam porque uma vez mortos, mortos eternamente.

– E quanto aos deuses? E toda a ideia de que seguimos para junto deles?

– Por um tempo eu acreditei nessa teoria, depois, não mais. Para mim não passa de uma história criada para confortar o coração das pessoas diante do fato inevitável de que vamos todos morrer.

– Mas eu pensei que Vossa Majestade ainda acreditasse que um rei é a personificação de um dos deuses.

– Acho que é na verdade o único deus que existe.

– Pois eu estou aqui para lhe provar que sobrevivemos, sim, à morte e que a vida continua muito além do que julga nossa filosofia.

Ainda não acreditando que ela era um espírito, Harian foi severo:

– Por que demorou tanto para vir?

Ela não lhe respondeu, apenas disse:

– Percebo que está só... Depois de todas as sementes da discórdia semeadas entre seus semelhantes por Vossa Majestade, o Rei acabou só, sozinho. Sua maldade se volta contra Vossa Majestade. Não há mais ninguém para importunar e, isso, deve ser horrível, a pior lição que poderia receber da vida.

Ele suspirou, nervoso, pois a constatação era verdadeira e lhe feriu a alma. Houve uma pausa até ele dizer:

– E tudo ficou assim por sua culpa. Se eu não quisesse tanto encontrá-la, não teria acreditado que Heloá havia descoberto seu paradeiro e, com isso, ajudado aquela inútil a me desmascarar perante o meu filho. Teria ficado tudo como sempre ficou, mas eu me deixei empolgar pela hipótese de que ela realmente sabia onde você estava e, assim, poder destruí-la de uma vez por todas.

– Vossa Majestade não precisava se dar a esse trabalho, pois já me destruiu, de certo modo, há muito tempo, quando me humilhou na frente de todos.

– Ainda assim, vou acabar com você.

– Só se puder atingir meu espírito, pois na carne nada mais poderá fazer.

– Eu vou!

Ele foi para cima dela na esperança de agarrá-la e quanto mais abraçava o ar mais irritado e enlouquecido se tornava.

– Volte aqui! – gritou ele repetidas vezes até cair de joelhos e chorar.

Tudo o que ouviu como resposta foi o eco de sua própria voz.

– Isso não pode terminar assim, não é certo – lamentou entre lágrimas. – Destruído por uma mulher, uma gorda qualquer...

E ele chorou por mais algum tempo sua desgraça até algo iluminar seus pensamentos, fazendo-o sorrir novamente.

OITAVA PARTE

DO AMOR SE PROLONGA A VIDA

I

O palácio de Kansbar estava em festa, pois dentro em breve aconteceria a cerimônia de casamento de Lohan e Heloá. O jovem príncipe voltava de uma visita ao seu povo que, entusiasmado construía novas casas para morarem numa região cedida gentilmente por Javed, quando foi surpreendido por um homem chamando seu nome.

– Lohan.

Imediatamente ele reconheceu o dono daquela voz. Ao avistar o pai, cabeludo e barbudo, vestindo roupas surradas e gastas, mal pôde acreditar no que via. Toda soberba do Rei havia se desmoronado juntamente com o reino de Sarmad.

– Filho... – balbuciou Harian, aproximando-se dele com cautela. – Diga alguma coisa, por favor. Diga que está feliz por me ver, porque eu estou por revê-lo.

E sem pedir permissão, Harian abraçou o rapaz que se manteve duro entre seus braços.

– É assim que recebe seu pai? – perguntou o Rei, parecendo transbordar de emoção.

Só então Lohan baixou suas defesas, deixando seu coração falar mais alto, voltando a ser o filho amoroso que sempre fora com seu pai. Abraçou-o forte e emocionado.

Uma hora depois tentava convencer a todos no palácio a darem uma nova chance a Harian.

– Muitas chances já lhe foram dadas, meu filho – respondeu Darice muito certa do que dizia.

– Eu sei, mamãe, mas ele é meu pai, gostaria muito de poder ajudá-lo.

– Eu não confio nele. Confiança é algo que, quando perdida, jamais volta a ser forte como antes.

– Mamãe, por favor.

O tom do filho acabou convencendo a mãe e também Javed e Yasmine e todos mais ali. Assim, Harian foi abrigado no palácio de Azur onde depois de se banhar e receber roupas novas ganhou um aposento para morar. Yasmine e Javed ainda se perguntavam se haviam feito a coisa certa. O temor de que ele pudesse voltar a lhes fazer mal ainda era persistente.

II

Foi durante um almoço quando Harian partiu em busca de um vinho especial na adega do palácio, que encontrou uma das serviçais, depositando algo dentro das taças.

– O que é isso? – perguntou e diante do choque da moça, compreendeu logo tratar-se de uma maldade qualquer.

Ele se aproximou dela, olhando-a com muita atenção e perguntou:

– O que pôs na bebida?

Quando ela fez menção de partir dali, correndo, ele a segurou e a prensou contra a parede.

– Responda a minha pergunta!

Ela, muito a contragosto, o atendeu:

– Veneno!

– Veneno?!

– Mortal!

– Por que e para quem?

Diante do espasmo de seu olhar, ele logo compreendeu que seria para o Rei.

– Javed... É para ele, não é?

Ela imediatamente respondeu que sim, balançando a cabeça.

– Quem é você? O que ele fez de tão grave para você querer envenená-lo?

– Meu nome é Fiamma...

– Fiamma...

– Sim.

E a seguir ela lhe contou toda a sua história.

– Então você pretende vingar-se dele de uma vez por todas!

– Exato!

E voltando o olhar para a bandeja, com seis taças ali, Harian percebeu que a vingança contra Javed seria muito maior do que ele supunha.

– Seis taças... – murmurou ele. – Não é só Javed que você quer ver morto, há mais pessoas, não é mesmo? Deixe-me pensar... Uma taça é para Javed, a outra para Yasmine, por ela ter estragado seus planos de casamento, a outra é para o filho do casal, a outra é para Darice, Lohan e Heloá, não é isso?

Ela não precisou responder que sim, seus olhos entregaram tudo.

– E eu que pensei que só existia um Harian na Terra. Você é tão sórdida quanto eu, sabia?

– Harian.... – murmurou ela.

– Sim, o Rei de Sarmad.

– Ah, sim... Ouvi mesmo falar que havia se mudado para cá.

– É temporário. Só até eu me...

Ele suspendeu a frase enquanto ela disse:

– Eu me lembro de Vossa Majestade quando menina. Minha família era de Sarmad, mudamos para Kansbar depois da morte do meu irmão. Era sofrido demais viver lá, sabe? Às vezes penso que teria sido muito mais feliz se não tivéssemos mudado de cidade, se...

Ele a interrompeu:

– Se pretende realmente dar cabo dessa gente, faça bem feito. Vá e faça seu trabalho bem feito, ouviu?

– Mas Vossa Majestade não vai me deter? Afinal são seus parentes que serão atingidos com a bebida envenenada. Sua irmã, esposo, seu filho...

– Eles me desprezam tanto quanto eu os desprezo. Eu jamais os mataria porque sempre soube que somente vivos e ao meu lado é que eu poderia me deliciar com o prazer de vê-los sofrer... Para mim, ninguém sofre mais do que em vida. A morte é uma libertação, portanto... Mas se você os quer mortos, siga em frente, eu nada farei para detê-la. Com sua vingança bem feita, o palácio de Azur ficará sem rei e talvez eu possa ocupar o trono então.

Fiamma, ainda olhando muito assustada para ele, ao fazer menção de apanhar a bandeja, ele a deteve:

– Espere!

Ela novamente olhou assustada para ele que disse:

– Esse é o pior momento para envená-los, porque todos logo saberão que foi você quem o fez. Ligarão os fatos, você, a noiva desprezada por Javed e tudo mais... O melhor é servir a bebida envenenada amanhã, durante a cerimônia de casamento do meu filho, pois assim todos pensarão que qualquer um dos presentes à festa poderia ter depositado o veneno na bebida, pois todos, de certo modo, terão chance.

– Bem pensado... Mas eu não me importo em ser apanhada.

– Comigo de volta ao trono posso fazer de você minha esposa e, com isso, uma rainha como teria sido se tivesse se casado com Javed.

Os olhos dela brilharam.

– O que acha?

Ela soltou um risinho amarelado pelo canto da boca.

– Combinado?

– Combinado.

III

A cerimônia de casamento de Lohan com Heloá começou na hora marcada e tornou-se uma das mais lindas já presenciadas por todos em Kansbar. Comes e bebes foram preparados e servidos com grande pompa juntamente com a bebida de diversos sabores para todos. Javed e Yasmine estavam felizes por poderem propiciar tamanha alegria ao sobrinho e sua esposa. Darice também estava feliz por ver o filho realizado enquanto Harian se fingia de contente pelo acontecimento.

Quando ele avistou Fiamma, levando a bandeja com as seis traças, um sorriso vitorioso despontou em sua face. Javed estava tão empolgado com tudo que nem reconheceu a moça, que de qualquer modo seria difícil, pois ela pintara seu rosto de uma forma exuberante, para que ele realmente não a reconhecesse. Cada um da família real tomou o cálice que ela servia e juntos brindaram ao futuro de Lohan e Heloá.

– Vida longa ao casal! – desejou Simin, o príncipe de Kansbar.

– Vida longa aos meus sobrinhos! – desejou Yasmine e Javed.

– Ao meu filho e nora – desejou Darice.

E todos entornaram os cálices.

Logo, Fiamma juntou-se a Harian e lhe serviu também um cálice com vinho, propondo um brinde.

– A nós! – disse ela, olhando com grande alegria para ele.

– A nós! – respondeu ele, sorrindo, mergulhando fundo em seus olhos.

Os dois entornaram a bebida. Quando ela terminou, disse, sem tirar os olhos dele:

– Eu era irmã de Gilvan... O jovem que salvou sua irmã do lago em que Vossa Majestade, na época, um príncipe, a induziu a pular para que morresse afogada.

– Gilvan... – murmurou ele, começando a sentir forte dor no estômago.

– O próprio! O que morreu numa noite de tempestade, quando Vossa Majestade o procurou em casa, fingindo precisar de ajuda, para que ele pudesse ser atingido por um raio.

Os olhos de Harian agora estavam turvos e só então ele compreendeu o que estava lhe acontecendo.

– Você também me envenenou...

– Não! – respondeu ela imediatmente. – Foi Vossa Majestade quem envenenou a si próprio, semeando sementes da discórdia entre todos. Pessoas assim não merecem viver. Como eu lhe disse quando me encontrou na adega, eu teria sido muito mais feliz se não tivesse me mudado com minha família para Kasnbar e nós só mudamos por causa da morte de Gilvan, que Vossa Majestade direta ou indiretamente, provocou.

E Harian se recordou mais uma vez das palavras de Eleazar:

"Ele será subjugado por uma mulher."

E diante das palavras do vidente, Nizan e Harian se empertigaram:

"Uma mulher?! Tem certeza?"

E o vidente afirmou que sim com a cabeça.

"Quem será ela, Eleazar?"

Somente após limpar a garganta, o homem respondeu com seu vozeirão:

"Isso, só o tempo poderá nos revelar."

E a seguir Eleazar lhe fez um alerta:

"Mas você pode mudar seu destino, Harian. Para isso existem as previsões, para nos precaver e mudar o futuro. Torne-se bom, siga o exemplo de seu pai que é um rei justo, amado e querido por seu povo e você terá um futuro tão brilhante quanto o dele. Ouça o meu conselho, jovem príncipe. Ouça-o enquanto é tempo!"

E tudo o que o jovem Harian respondeu foi:

"Pois eu continuarei a ser quem sou e ainda derrotarei você, o destino e todos mais que se opuserem a mim. Você verá! O que mais desejo é que se mantenha vivo para presenciar a minha vitória."

Emergindo de suas lembranças, Harian soltou um grunhido e quando seu corpo caiu ao chão sem vida, muitos gritaram. Javed imediatamente correu para lá e ao perguntar o que houve, reconheceu Fiamma que lhe respondeu sem rodeios:

– Ele matou meu irmão! Ele acabou com a alegria da minha família... Ele mudou o meu destino que poderia ter sido feliz. Mas uma coisa ele fez de bom, o veneno era para Vossa Majestade e todos os seus. Ao me pegar, preparando a bebida e concordando minutos depois com meu plano sórdido, percebi o quanto era desprezível uma pessoa dessa espécie. Eu não queria ser mais uma, não mais, pois se concluísse aquilo que eu pretendia, estaria me rebaixando ao mesmo nível, o pior que pode haver no ser humano.

Todos então olharam estarrecidos para ela.

IV

Anos mais tarde, Lohan ensinou ao filho, que teve com Heloá, uma preciosa lição:

– Alguns seres humanos são como uma fruta podre, basta uma para estragar as outras que estão no mesmo cesto. Precisamos ficar atentos, estar cientes de que há pessoas determinadas a gastar seu tempo, o tempo precioso que os deuses lhes deram para fazerem somente o mal, estragar a vida de seus semelhantes, semear, enfim, a discórdia entre todos.

E focando os olhos do garoto, com eloquência, Lohan completou:

— Cuidado, meu querido filho, meu amado príncipe de Sarmad. Muito cuidado! Uma vez passando para o lado do mal, o retorno ao bem pode ser um caminho sem volta.

E o menino guardou com grande carinho o conselho recebido do Rei, seu pai.

O mundo não é dos espertos, é das pessoas honestas e verdadeiras. A esperteza, um dia, é descoberta e vira vergonha. A honestidade se transforma em exemplo para as futuras gerações. Uma corrompe a vida; a outra enobrece a alma.

Autor desconhecido

EPÍLOGO
DOIS SÉCULOS DEPOIS...

Uma criança de olhos vivos e cabelos negros encaracolados, cansada de brincar sozinha pelas ruas de Alexandria, parou junto a um muro de pedras para descansar à sua sombra. Não notou que havia ali uma senhora junto a uma menina de não mais que oito anos de idade, conversando. Mãe e filha olhavam na direção do farol de Alexandria*, um dos mais belos marcos arquitetônicos à época.

– Está vendo aquele farol, Yasmine?

– Sim, mamãe.

– Ele é tal como Deus na vida de todos nós.

– Um farol?! É mesmo? Como assim?

– O farol existe para impedir que os barcos colidam contra as rochas em meio à escuridão da noite. Deus faz o mesmo, porém, ao contrário dos navegantes, o homem não presta atenção ao Seu farol. Até o vê, mas o ignora e, com isso, tromba contra os rochedos da vida. Depois, julga-se desamparado e a vida indigna de ser vivida por correr entre choques, feridas e decepções.

A mãe voltou seus olhos bonitos para a filha e acrescentou:

– Portanto, minha querida, nunca se esqueça de que há um farol onde quer que você vá, e esse farol é Deus, não O ignore.

– Como O verei se Ele é invisível, mamãe?

– Com os sentidos da alma!

A mãe riu e se corrigiu rapidamente:

– Vou tentar me explicar melhor por meio de uma história que aconteceu já há muito, muito tempo. Tem paciência para me ouvir enquanto a conto?

– Sim, sim, por favor, conte, adoro quando a senhora me conta histórias.

– Essa é uma historiona e dizem que aconteceu de verdade.

– É mesmo?! – a menina se empertigou ainda mais, tanto quanto o garoto, sentado próximo, ouvindo tudo sem que elas o notassem.

– Contam que um rei muito bom, generoso, justo e amável para com seu povo, certa vez, ao viajar, acompanhado de seu filho, o herdeiro do trono, encontrou-se com um famoso vidente da época que fez um alerta para o garoto. Disse a ele que optasse sempre por ficar do lado do bem que assim teria uma vida triunfante e feliz. Caso se debandasse para o lado do mal, acabaria sendo subjugado por uma mulher e jamais poderia conhecer a paz e a alegria de ser e existir na vida. Entretanto, o garoto decidiu desafiá-lo, afirmando que ficaria do lado do mal e, mesmo assim, acabaria sendo vitorioso no final da vida, jamais sendo subjugado por uma mulher, provando a todos que ele era um péssimo vidente.

Muito bem, podemos dizer que esse foi o primeiro facho de luz emitido pelo farol de Deus para que esse menino não se arrebentasse mais tarde contra as rochas do mal. Mas ele ignorou esse raio de luz.

A menina se empertigou e o menino ali perto também. Em seguida a mulher retomou sua narrativa.

– Mas Deus que tudo vê, tudo ouve e cuja bondade é infinita deu nova chance para esse garoto mudar seu destino, fazer de seu futuro um futuro bom, sonhado e cheio de amor. O rei, ao perceber que seu filho, aquele que assumiria o trono, não tinha bom caráter, seria uma tragédia para todos se assumisse o poder, prendeu-o numa espécie de calabouço na esperança de que ele refletisse melhor sobre seus atos e mudasse seu comportamento.

A menina se empolgou:

– E ele mudou?

– Infelizmente não, filha. Continuou comungando com o mal, semeando sempre a semente da discórdia entre todos que poderiam amá-lo.

– Que pena...

– Sim. Mas o farol de Deus iluminou novamente seus caminhos para desviá-lo das rochas para as quais esse jo-

282

vem conduzia sua vida. Pôs no seu caminho uma mulher que acabou se apaixonando por ele da mesma forma que ele por ela e, assim, os dois se casaram e tiveram uma linda criança. Nessa ocasião ele já havia se tornado rei. Pois bem, ele mais uma vez ignorou a luz do farol de Deus, deixando-se levar por um ciúme doentio. Por achar que a esposa preferia o filho a ele, afastou o menino dela, provocando-lhe dor e revolta. Com isso fez com que ela matasse o próprio irmão sem querer, o que transformou sua vida num profundo desgosto até a morte. Para piorar a situação, por ódio e desejos de vingança, ele afastou a própria irmã que também foi posta na sua vida por Deus para ajudá-lo a ser um homem de bem e feliz. E quando tudo isso não lhe foi suficiente, ele começou a espezinhar seu povo, cobrando altos impostos e conduzindo jovens, ainda crianças, para lutarem em batalhas.

– Que horror...

– Sim, filha... E esse homem não era um qualquer que poderia dizer que a vida lhe fora ingrata. Ele nascera príncipe e virou rei, podia viver no luxo e na fartura e diziam até que tinha o poder de atrair tempestades. Por isso era chamado por muitos, a principio, de Príncipe das Tempestades e, depois que assumiu o trono, de Rei das Tempestades. Ele foi, enfim, um ser agraciado pela vida, cuja graça nada significou para ele. Seu maior propósito ainda continuava sendo o de semear discórdia entre todos, fazer dívidas e dívidas de amor.

A mulher tomou ar e prosseguiu:

– Mas um dia apareceu uma mulher para cobrar essas dívidas e, com a ajuda de alguns, ela conseguiu fazê-lo refém e transformá-lo num escravo que foi levado para terras distantes das que pertencia. Ali ele passou as piores provas, mas mesmo entre amarguras e decepções, a vida novamente pôs em seu caminho uma mulher de bom coração que poderia desviá-lo novamente das rochas do mal, fazê-lo não mais somar dívidas e dívidas de amor. Mas ele desprezou tudo isso, inclusive a chance de reconstruir sua vida, poder ser finalmente feliz ao lado da esposa, do filho e de seu povo. Por ter novamente permitido que a ruindade continuasse dominando seu coração, ele estragou tudo novamente e, com isso, acabou sendo escravo

283

outra vez em terras longínquas.

– Pobre homem, mamãe.

– Sim, filha. Pobre de espírito. Tinha riqueza e poder, um belo corpo e uma bela aparência, dotado de incrível inteligência, todavia, desperdiçou tudo por ter permitido que os piores sentimentos regessem seus passos e atitudes. Essas forças malignas existem em nós, e nosso maior desafio é saber dominá-las. Silenciá-las dentro de nós.

– O que houve com ele depois de ser vendido como escravo novamente?

– Recebeu em troca mais uma vez tudo o que fez aos outros sem se importar com os seus sentimentos. Após muito sofrimento e maus-tratos ele se ergueu novamente ainda que por meios ilícitos e regressou novamente a suas terras.

– É mesmo?

– Sim, filha. Deus sempre nos dá uma nova chance para despertar o melhor que há em nós.

– E o que ele fez então?

– Ele ainda era o mesmo, filha. Movido por um desejo insano de vingança, de ódio e de ruindade. Disposto a todo custo a destruir aqueles que acreditava serem responsáveis pela sua infelicidade. Mas ninguém, senão ele, era o responsável por ser infeliz. Só ele não percebia, ou talvez percebesse, mas sua arrogância não lhe permitia encarar o fato.

– Quer dizer então que ele ignorou o farol de Deus mesmo depois de tanto sofrer?

– Sim. Novamente. Por isso findou no mar da desilusão e da amargura novamente.

– Que pena!

– Sim, filha, é uma pena. Ele era muito teimoso. Um turrão nato.

– Coitado.

– Sim.

– E o que aconteceu, depois?

– Quando ele finalmente compreendeu que não era livre, que mesmo sendo rico e poderoso era tal e qual um escravo só que de seus próprios sentimentos maléficos, ele já havia perdido todos que ainda o amavam ou poderiam vir a amá-lo.

– Qual era o nome dele, mamãe?

– Isso ninguém diz, conta-se apenas que o chamavam de Príncipe ou Rei das Tempestades.

– Essa foi a história mais bonita que a senhora já me contou. E também a mais empolgante e triste.

– Sim, minha querida, é muito triste saber que Deus nos dá a chance para sermos felizes e desprezamos essa chance para fazer valer mais os piores sentimentos que há no ser humano. São esses sentimentos ruins que tornam o ser humano impuro. E a pureza se conquista quando se aprende a dominar esses sentimentos, quando se aprende a viver pelo bem, a ser o bem encarnado. Só vence na vida quem aprende a deixar ser guiado pelo farol de Deus.

– Eu pensei que com os príncipes e rei tudo fosse diferente. Que eles eram tão felizes quanto poderosos.

– Por que haveria de ser diferente, Yasmine? Uma simples vestimenta não pode encobrir o caráter de uma pessoa. Nem joias das mais valiosas. Diante de Deus somos todos nus, nada pode encobrir o que realmente acontece dentro de nós. Nem o melhor manto, nem um trapo nem uma coroa.

A mãe beijou a fronte da filha e acrescentou:

– Yasmine, minha querida, nunca se esqueça de que quanto mais o ser humano nega amor a todos, mais dívidas de amor acumula. E a vida cobra de todos essas dívidas.

– Até mesmo depois da morte?

– Sim e segundo os orientais...

– Orientais?

– Sim. É um povo de olhinhos puxados.

– Ah, sei!

– Pois bem, eles acreditam que nascemos, morremos e voltamos a nascer novamente neste planeta porque só assim podemos pagar nossas dívidas de amor que não puderam ser pagas em nossa última existência na Terra. Só mesmo fazendo esses acertos, poderemos viver ou voltar a viver com mais sabedoria e dignidade.

– Sabedoria e dignidade...

– Sim, filha. Sabedoria é o que enobrece o homem, enobrece a alma e nos permite ter uma vida mais digna.

A mãe beijou a filha e apontando ao longe, perguntou:
– Está vendo aquele barquinho ali? Pois bem, eu, você, todos nós somos como um barco ou um barquinho, fazendo travessias entre um porto e outro, ou seja, entre uma vida e outra, e a cada ida e vinda, cada vida vivida, podemos aprender a lidar melhor com o mar da vida, evitando, com sabedoria, nos estilhaçar contra as rochas do mal.

E a menina adorou tudo o que ouviu enquanto o garoto ali próximo se perguntava onde e quando já havia ouvido aquela história.

Ele voltava para casa quando a mãe chamou por ele num berro:
– Harian?
De susto, ele quase tropeçou num paralelepípedo saltado.
– Sim, mamãe!
Aneska abraçou o filho e disse:
– Você está todo suado, por onde andou?
– Brincando por aí.
E a seguir ele contou a ela a fascinante história que tinha ouvido.
– É uma história famosa – comentou Aneska. – Dizem que ele existiu realmente.
– O tal Príncipe... Rei das Tempestades?
– Sim... E que de fato o seu maior prazer era semear a maldade entre os seus e o desrespeito.
– Enquanto a mãe da menina contava, eu tive a impressão de já ter ouvido essa história antes... Pareceu-me muito familiar.
– Talvez já a tenha ouvido mesmo, como lhe disse, é muito popular.
– Sei...
E Harian cresceu nessa vida em questão, acreditando que somente se tivesse nascido rei é que teria sido feliz. Apesar dos grandes ensinamentos que recebeu dos pais que teve nessa reencarnação, ele ainda tinha muito que aprender para liquidar de vez com suas dívidas de amor para com seu semelhante e para consigo mesmo.

– Ser rei não significa que você será feliz – explicou Aneska sempre muito pacientemente com ele. – Inclusive as responsabilidades são muito maiores e os riscos também, enfim...
– Mas todo rei é lembrado...
– Nem todos. Na verdade pouquíssimos são. O que permanece mesmo por entre as areias do tempo é a paz que conquistamos para o nosso espírito, a nossa alma. E Harian nunca mais se esqueceu disso.

Outros séculos depois, Harian se casou com Zuleika que realmente lhe devotou um amor puro e sincero, capaz de fazê-lo se sentir amado e amar reciprocamente. Chegou então o momento tão ansiado pelo espírito da moça, algo desejado e carregado consigo ao longo de muitas reencarnações: o desejo de encontrar um ser humano cuja bondade em si prevalecesse em todos os sentidos.
– É ele! – exclamou ela, assim que reencontrou o marido certa tarde.
– Ele?! Ele quem? – espantou-se Harian, surpreso com a alegria radiante da esposa.
– Aquele que desde menina eu procuro encontrar. Cuja bondade é acima de qualquer maldade – explicou ela e antes que ele dissesse mais alguma coisa, ela simplesmente o puxou pelo braço, dizendo: – Venha, comigo, por favor...
E eles seguiram até um vale onde um hebreu pregava palavras de amor, ganhando cada dia mais seguidores por onde passava. Seu nome era Jesus e Harian ficou impressionado com o que ouviu e com o que sentiu diante daquele que mudou a história do mundo para sempre, tornando-se de fato o Rei dos Reis.
E as palavras de Jesus foram tão fortes para ele que desde então o único rei que ele desejou ser, foi um semelhante a Cristo, pois este realmente se tornou imortal e amado por todos. A paz finalmente começou a se alojar em seu peito e outras dívidas de amor começaram a ser pagas nesta e noutras vidas que vieram desde então.

OUTRAS OBRAS DO AUTOR

1. A OUTRA FACE DO AMOR
2. A VIDA SEMPRE CONTINUA
3. A SOLIDÃO DO ESPINHO
4. A LÁGRIMA NÃO É SÓ DE QUEM CHORA
5. FALSO BRILHANTE, DIAMANTE VERDADEIRO
6. DEUS NUNCA NOS DEIXA SÓS
7. DEPOIS DE TUDO, SER FELIZ
8. E O AMOR RESISTIU AO TEMPO
9. NENHUM AMOR É EM VÃO
10. NINGUÉM DESVIA O DESTINO
11. NEM QUE O MUNDO CAIA SOBRE MIM
12. O QUE RESTOU DE NÓS DOIS
13. PAIXÃO NÃO SE APAGA COM A DOR
14. POR ENTRE AS FLORES DO PERDÃO
15. QUANDO E INVERNO EM NOSSO CORAÇÃO
16. QUANDO O CORAÇÃO ESCOLHE
17. SE NÃO AMÁSSEMOS TANTO ASSIM
18. SÓ O CORAÇÃO PODE ENTENDER
19. SUAS VERDADES O TEMPO NÃO APAGA
20. SEM AMOR EU NADA SERIA –
21. PAIXÕES QUE FEREM – VOLUME 1
22. O LADO OCULTO DAS PAIXÕES – VOLUME 2
23. A ETERNIDADE DAS PAIXÕES - VOLUME 3
24. VIDAS QUE NOS COMPLETAM
25. MULHERES FÊNIX
26. O AMIGO QUE VEIO DAS ESTRELAS
27. O DOCE AMARGO DA INVEJA
28. AMANDO EM SILÊNCIO
29. POR UM BEIJO ETERNO
30. DÍVIDAS DE AMOR

Maiores informações: www.barbaraeditora.com.br
Facebook: Américo Simões - Livros